# 과학소설 속의 포스트휴먼

# 과학소설 속의 포스트휴먼

초판1쇄 발행 2021년 8월 20일
초판2쇄 발행 2022년 10월 13일

지 은 이 손나경
펴 낸 이 신일희
펴 낸 곳 계명대학교 출판부
출판등록 제347-1998-1호(1970. 9. 1)
주 소 대구광역시 달서구 달구벌대로 1095
대표전화 053-580-6233
팩 스 053-580-6235
홈페이지 www.kmupress.com

ISBN 979-11-6516-087-6 93800 정가 19,000원



"본 연구는 2019년도 계명대학교 비사연구기금으로 이루어졌음"

# 과학소설 속의 포스트휴먼

손나경 지음

계명대학교 출판부

# Prologue
## 머리말

투명인간, 외계인, 우주선이 등장하는 과학소설을 어린 시절에 한 번쯤 읽어보지 않은 사람은 많지 않을 것이다. 설령 이런 소설을 읽어보지 않았던 사람이라도 일상생활에서 SF 영화나 드라마를 피하는 것은 불가능하다. 이렇듯 과학소설, 즉 Science Fiction은 장르에 대한 선호와 상관없이 무의식적으로라도 향유할 수밖에 없는 현대의 삶의 한 부분이 되었다.

과학소설은 20세기가 시작되며 현대 과학 문명의 성장, 영화산업의 등장과 함께 실체가 형성되고 발전한 문학 장르이다. 물론 과학소설의 기원을 플라톤(Plato)의 『국가』(*Republic*)까지 거슬러 올라가는 경우도 있지만 과학적 상상력을 갖춘 과학소설이 등장한 것은 프랑스의 쥘 베른(Jules Verne, 1828~1905)과 영국의 H. G. 웰스(Herbert George Wells, 1866~1946) 이후, 과학소설 작가들이 대거 등장하고 영국과 미국에서 출간된 과학소설 잡지를 통해 이들의 작품이 널리 보급된 20세기라고 할 수 있다. 그런 점에서 과학소설은 현대와 그 이전을 가르는 지표 중 하나라고 부를 수도 있다.

문학을 포함한 인문학과 과학의 관계를 보는 관점은 21세기를 전후로 바뀌었다. 찰스 퍼시 스노우(Charles Percy Snow, 1905~1980)는 1959년도에 출판한 『두 문화』(*The Two Cultures*)[1]를 통해 과학적 문화와 인문학적 문화 사이에는 전통적으로 단절과 대립이 존재했으며 이런 경향이 20세기까지 유지, 내지는 확대되어 왔다고 하였다. 이렇듯 오랫동안 인문학과 자연과학은 마음(mind)과 물질(matter)이라는 각기 다른 실체를 다루는 분리된 세계로 인식되어 왔다.[2] 과학소설은 용어 자체에서도 볼 수 있듯, 과학적 상상력과 문학적 상상력이 공존하고 과학과 인문학의 융합이 일어나는 가상의 공간이라고 부를 수 있다. 다시 말해 과학소설은 스노우가 이질적이고 단절되어 있다고 말했던 두 문화가 만나는 지점이며, 별개의 것이라고 여겨지는 과학적이고 인문학적인 문제의식이 함께 발휘되는 공간이기도 하다.

우리는 과학소설에서 등장한 과학기술이 몇 년, 혹은 몇십 년 후 실현되었다는 이야기를 많이 들어왔다. 또한 과학소설 속의 미래사회와 미래의 등장인물이 맞닥뜨리는 문제가 현실 속에서 우리가 마주치는 문제와 같은 것이어서 친숙함을 느끼기도 하다. 이렇듯 과학소설 속의 세계는 시공간적으로 낯선 곳이면서도, 우리가 오늘 위치한 이곳과 다르지 않다. 그렇기 때문에 과학소설은 문학적 향유라는 기본적인 기능 외에도 오늘의 우리를 비춰보고, 내일의 우리를 상상하게 하는 매개가 되었다.

---

1 찰스 퍼시 스노우는 일찍이 학문 간의 통섭의 문을 연 사람으로 평가받고 있는 영국의 물리학자이자 문학작가이다. 그를 유명하게 했던 것은 케임브리지 대학에서 열린 리드 강연인데, 이 강연에서 스노우는 과학적 문화와 인문학적 문화 사이에 전통적으로 존재해 왔던 단절과 대립이 20세기에 들어서도 유지되고 확대되어 온 것을 '두 문화'라는 용어로 지칭하였다.

2 에드워드 슬링거랜드 『과학과 인문학: 몸과 문화의 통합』 2015, p. 43.

『과학소설 속의 포스트휴먼』은 과학소설의 시발점으로 평가되는 메리 셸리(Mary Shelley, 1719~1851)의 과학소설 작품에서 라이브러리 오브 아메리카(Library of America) 총서에 수록된 SF 작가 필립 K. 딕(Philip K. Dick, 1928~1982)의 작품까지 영국과 미국의 과학소설 작품들을 다룰 것이다. 이들 작품은 모두 인간과 닮았으면서도 인간과는 다른 존재들, 즉 "포스트휴먼"과 관련된 대표적인 과학소설들이다. 또한 개별 작품을 살펴보기에 앞서서 과학소설이라는 용어의 사용 유래와 우리나라와 영미국의 지난 과학소설의 역사에 대해 간단하게 먼저 다루려고 한다.

'포스트휴먼'은 과학의 발달로 인해 미래에 탄생하게 될 인류, 즉 현재의 인류를 뛰어넘은 신인류를 의미한다. 과학기술의 도움으로 더 큰 능력을 가지게 될 신인류를 의미하는 용어이며, 인간적 요소를 가졌지만 인간과는 다른 과학소설 속의 존재들을 통칭하는 용어이기도 하다. 과학소설의 여러 주제 중에서 포스트 휴먼을 다룬 소설들로 범위를 한정하는 것은 과학소설의 대상이 한 책에 담기에는 너무 넓기 때문이기도 하지만 과학소설의 본질적인 핵심이 과학이 아닌 "인간"이기 때문이기도 하다. 포스트휴먼이라고 불릴 수 있는 과학소설의 여러 상상의 대상을 살펴보며 우리는 오늘날의 우리의 모습을 반추하고, 미래의 우리의 모습을 떠올릴 수 있을 것이다.

마지막으로 이 책에 쓰인 많은 이미지들은 Wikipedia Commons의 공용 이미지에서 가져온 것이다. 저작권이 해제된 이미지를 사용하다 보니 우리에게 가장 익숙하고 널리 알려진 이미지를 이용하게 되었음을 이해해주시기를 바라는 바이다.

# Contents
# 차 례

## 03_ 시간여행을 통해 만나는 미지의 존재들



## 04_ 로봇이야기, 『아이, 로봇』

## 05 _ 인간됨을 묻다:
## 필립 K. 딕의 『안드로이드는 전기양의 꿈을 꾸는가?』

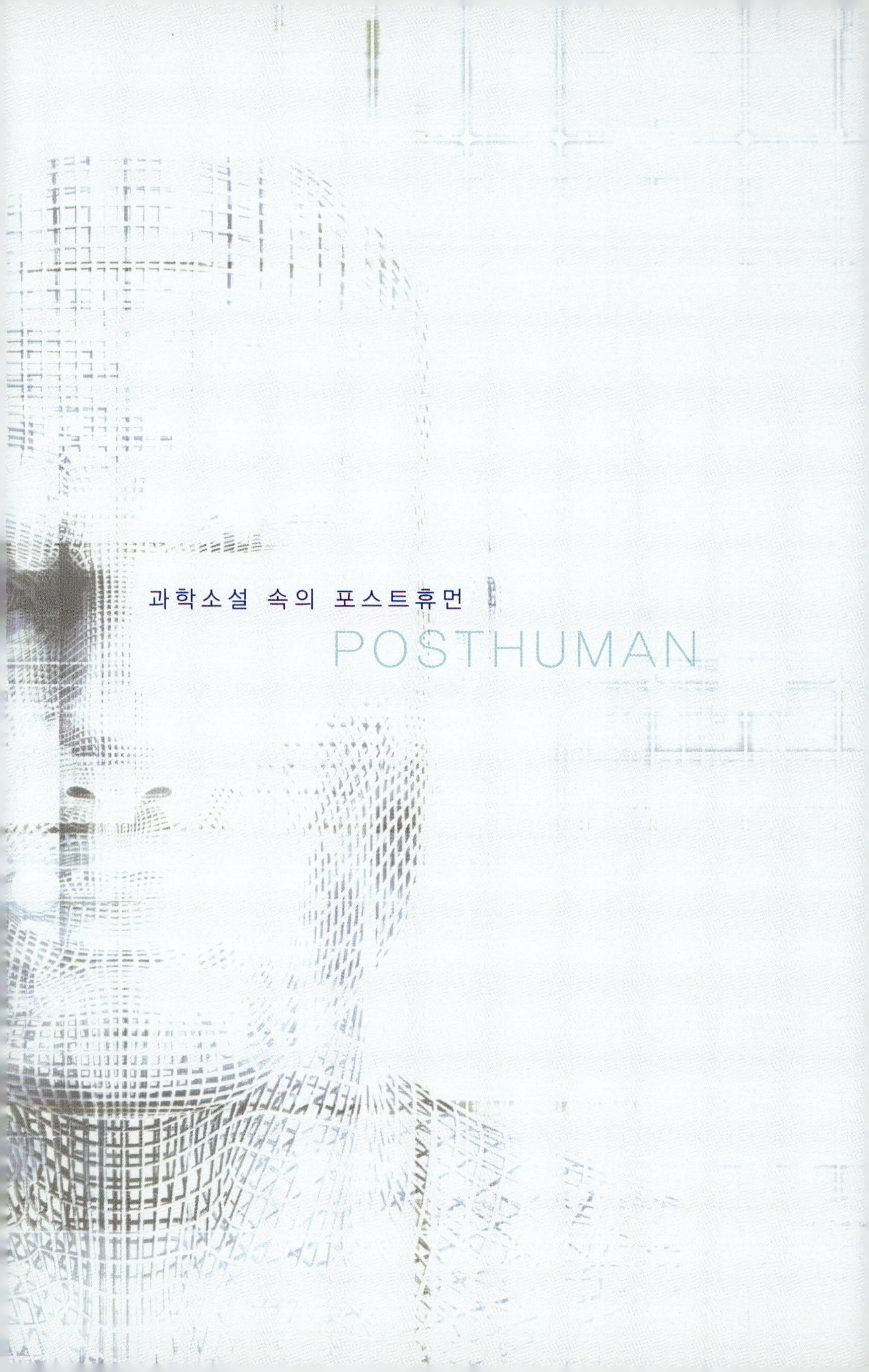

# 과학소설 속의 포스트휴먼

# POSTHUMAN

[ 제1장 ]

# 과학소설의 정의와 발전

'과학소설' 용어의 시작

과학소설의 정의

과학소설의 유래

19세기 후반에서 2차 세계대전 이전까지의 과학소설

2차 대전 이후의 과학소설

우리나라 과학소설의 시작

# 제1장

# 과학소설의 정의와 발전

## '과학소설' 용어의 시작

'과학소설' 즉 영어로 'Science Fiction'이라는 용어는 1923년 휴고 건스백(Hugo Gernsback, 1884~1967)이 『과학과 발명』지에서 'Scientifiction'이란 과학적 사실과 예언적 비전이 뒤섞인 멋진 로맨스라고 규정했던 것에서 시작되었다.[3] 휴고 건스백은 『27세기 발명왕』이라는 제목으로 우리나라에 소개가 되었던 과학소설 『랄프 124C 41+』(*Ralph 124C 41+*, 1925)의 작가이며 발명가이기도 하다. 그는 자신이 창간한 또 다른 과학소설 잡지, 『어메이징 스토리』(*Amazing Stories*, 1926)에서도 쥘 베른, H. G. 웰스, 에드거 앨런 포(Edgar Allan Poe, 1809~1849) 등의 소설이 다른 소설과 다른 점을 설명하며 이 소설들을

3 임성래 『과학소설의 전반적 이해』 서울: 국학자료원 2000. p. 5

'Scientifiction'이라 지칭하기도 했다.

과학소설을 지칭하는 용어는 Science Fiction이라는 용어 외에도 여러 가지가 사용됐다. 그중 '과학적 로맨스'(Scientific Romance)는 'Science Fiction'이란 용어가 나오기 전부터 쓰이기 시작하여 일정 기간 함께 쓰인 용어이다. 고장원의 『세계과학소설사』에 의하면 이 용어는 19세기 말에서 2차 세계대전까지 영국과 미국에서 쓰였다.[4] 앞서 휴고 건스백이 scientifiction을 로맨스라고 정의를 내렸음을 볼 수 있는데, 이는 건스백 역시 scientifiction이라는 용어를 쓰기 전에 '과학적 로맨스'라는 용어를 사용했기 때문이었다.

리버풀대학 도서관이 소장한 *Ralph 124C 41+*

로맨스는 소설(novel)이라는 양식이 있기 전부터 존재했던 산문 형태의 글이다. 아서왕이나 원탁의 기사 이야기와 같이 현실성이 떨어지고 초자연적인 요소가 많이 가미된 대중문학이 로맨스라고 불렸다. 19세기 말에 발표된 쥘 베른과 H. G. 웰스의 작품은 사실성을 기반으로 하는 '소설'(novel)이라기보다, 로맨스의 특징에 더 부합했기 때문에 '과학적 로맨스'라고 불렸고, 이 용어가 미국까지 전파되었던 것이다.

하지만 『어스타운딩 스토리』(*Astounding Stories*) 등을 통해서 과학소설이 대거 발표되면서 '과학적 로맨스'라는 용어가 이 장르 소설의 특징을 표현하기에는 충분치 않다는 인식이 자라게 되었다. 즉 '로맨스'라

4 고장원 『세계과학소설사』 서울: 채륜 2007. P.23. 고장원에 의하면 "과학적 로맨스"라는 명칭은 1889년 영국의 찰스 하워드 힌턴(Charles Howard Hinton, 1853~1907)의 소설집의 명칭 『과학적 로맨스 집』(1884~1885)까지 거슬러 올라간다.

는 양식이 가진 특성과 '과학적'이라는 용어 사이에 모순이 있다는 점과 '로맨스'라는 용어가 과학소설의 특성을 충분하게 구현하고 있지 않다는 것에 대한 인식이 용어의 변화를 가져왔고 점차 Science Fiction이라는 용어가 널리 쓰이게 되었다.

과학소설을 지칭하는 여타 용어 중에서 20세기 후반에 나온 또 다른 용어로는 'speculation novel'('사변소설' 혹은 '추론소설')이라는 용어가 있다. 1953년 휴고 건스백은 『과학소설저널』의 「세계 발전에 과학소설이 끼친 영향」("The Impact of Science Fiction on World Progress")이라는 논문에서 과학소설 속의 각종 장치를 빨리 현실화할 수 있도록 법적 절차를 간소화해야 한다는 주장을 하였다[5]. 그의 말에서 볼 수 있듯이 건스백은 과학소설 장르를 일반 과학기술 소재를 대상으로 하는 작품에 한정하고, 과학소설의 순기능을 과학기술 발전과 연관 지었다.

리버풀 대학이 소장한 1953년 『과학소설저널』

하지만 2차 대전 이후, 특히 1960년대에 과학소설이 문학비평의 대상이 되기 시작하고 '뉴웨이브' 운동이 나타나기 시작하면서, 과학소설은 과학기술 관련 주제의 경계를 넘어서 젠더, 인권, 정치 같은 사회과학적 주제로까지 저변이 확장되었다. 이와 동시에 '과학소설'이라는 용어를 대체할 용어로 '사변소설'(혹은 '추론소설')이라는 용어가 등장하게 되었던 것이다.

5 Gernsback, Hugo (1953). "The Impact of Science Fiction on World Progress," *The Journal of Science Fiction*. 1(4), pp. 22~25

'사변소설'이라는 용어는 어슐러 르 귄(Ursula Krober Le Guin, 1929~2018)과 같은 여성주의 과학소설 작가들이 많이 사용하는 용어였다. 필립 K. 딕도 1974년 「과학소설 작가는 어떤 사람인가」("Who is an SF Writer?")라는 글에서 과학소설 작가를 추론하는 사람으로 표현하기도 하였다(194). 딕의 설명에 의하면 과학소설 작가는 여러 사물을 다른 우주, 다른 사회에 대한 단서로 본다. 그가 말한 단서, 즉 추론은 미래의 과학적 추론뿐만 아니라 비평적 관찰자로서 보는 현실에 대한 추론까지도 포함한다. 그러므로 사변소설이라는 용어는 과학적, 인문학적인 추론을 하는 문학작품이라는 의미를 가지고 있는 것이다.

현재 '추론소설'이라는 용어는 마거릿 애트우드(Margaret Atwood, 1939~현재) 등이 자신의 소설을 일반적인 과학소설과 구별하기 위한 용어로 쓰는 등, 명확하게 구분하여 사용되고 있지는 않다. 또한 '과학소설'이라는 용어를 대체할 정도로 넓게 사용되고 있지도 않다. 하지만 과학소설의 역할을 과학에 관한 단순한 상상력에 한정하지 않고 새로운 문명과 문화에 대한 추론까지로 넓힌다는 점에서 의의가 있는 용어라고 할 수 있다.

우리나라에서는 1990년대 초반까지 과학소설이라는 용어보다는 '공상과학소설', 혹은 여기에 '소년소녀', '청소년'을 덧붙여 '소년소녀(청소년) 공상과학소설'이라는 용어가 많이 쓰였다. 과학소설을 공상과학소설이라고 부르게 된 이유는 영미 과학소설 작품이 우리나라에 들어올 때 일본을 거쳐 중역의 형태로 들어왔던 시대적 상황과 관계가 깊다.

1959년 하야카와 출판사(早川書房)가 미국의 과학소설 잡지 『판타지와 과학소설 잡지』(*the Magazine of Fantasy and Science Fiction*, 1949)와 제휴하여 월간 잡지 『S-F 매거진』(S-F マガジン)을 창간하여 미

국의 과학소설을 소개할 때, 잡지의 표지에 '공상과학소설지'(空想科学小説誌)라는 용어를 붙였다. 이는 과학소설과 판타지를 함께 엮어서 번역한 용어였다. 이후 일본을 통해 우리나라에 영미 과학소설이 들어올 때 별다른 문제의식 없이 자연스럽게 이 용어를 쓰게 되었던 것이다. 하지만 21세기 전후 서서히 과학소설을 공상과학소설로 부르는 것이 적절하지 않다는 인식이 확산되면서 과학소설은 '과학소설', 혹은 줄임말로 'SF'라고 불리고 있다.

'SF'라는 용어는 '과학소설'이라는 용어보다 훨씬 친숙하게 여겨지고 일반화된 용어이며, 정확하게는 과학소설보다는 과학소설을 기반으로 제작된 영화를 지칭하는 용어로 널리 쓰이고 있다. 그런데 재미있는 사실은 현재 미국에서는 과학소설의 줄임말로 'SF'라는 용어보다 'Sci-Fi'라는 용어를 쓴다는 것이다. 이래저래 우리나라에서는 '과학소설'의 정의가 정립되는 데 더 많은 시간이 필요한 것 같다.

## 과학소설의 정의

과학소설의 정의는 명칭 자체에서 출발한다. 명칭이 말하고 있듯 과학소설은 과학적 사실과 원리를 근거로 둔 문학이다. 과학소설이 허무맹랑한 공상, 혹은 판타지로 끝나지는 않는다는 것은 과학소설의 효시라고 알려져 있는 『프랑켄슈타인』(*Frankenstein*, 1818)이나 『1984』의 작가 조지 오웰(George Orwell, 1903~1950)의 작품에서 동시대인의 과학적 인식과 미래의 전망이 반영되는 것을 통해 알 수 있다. 『프랑켄슈타인』의 경우, 이 작품은 괴기 소설로 널리 알려져 있지만, 이 소설의 이면에는 연금술로 대표되는 중세과학과의 결별과 근대의 과학적 인식의 성장이 자리 잡고 있다. H. G. 웰스나 조지 오웰의 작품 역시 파시즘과 공산주의의 등장에 대한 당시의 우려가 작품의 기저에 있다. 이와 같이 과학소설은 동시대의 과학적 담론과 미래에 대한 전망이 문학적으로 구현된 것이다.

마거릿 애트우드 by Larry D. Moore,(출처: Wikimedia Commons) Public domain

과학소설의 정의는 여러 과학소설 작가의 말을 통해서 알 수 있다. 페미니즘 작가 마거릿 애트우드(Margaret Atwood)는 과학소설(Science Fiction)을 "우리가 아직 할 수 없거나, 시작할 수 없는 것을 담고 있는 것, 또한 우리가 결코 만날 수 없는 것과 우리가 갈 수 없는 장소에 대해 말하는 것"(Atwood 513)이라고 정의하였다. 20세기 3대 과학소설가 중 한 명으로 거론되는 로버트 A. 하인라인(Robert Anson Heinline, 1907~1988)은 과학소설을 "현실 세계, 과거와 미래에 대한 충분한 지식 그리고 자연과 과학적 방법의 중요성에 대한 철저한 이해에 굳게 토대를 둔 미래의 사건에 대한 현실적인 사색"이라고 정의하였다. 또 다른 과학소설 작가인 윌리엄 슬리터(William Sleator, 1945~2011) 역시 「과학소설이란 무엇인가」("What Is It about Science Fiction?" 1988)[6]에서 "과학소설이란 실제로 일어난 적은 없지만 언젠가 일어날지도 모르는 어떤 일에 대한 문학"이라고 하였다. 그는 "'일어날지도 모른다'는 부분

6 『창비어린이』 3권 2호에 "과학소설이란 무엇인가?"라는 제목으로 번역, 소개되었다.

이 과학소설과 판타지를 가르는 기준”인데, “과학소설 작가라면 한 가지가 더 필요하다. 바로 과학이다”라고 말하기도 했다.

과학소설은 1990년대 포스트모더니즘의 부상 이후 비평과 학문의 영역 안으로 들어왔다. 이는 포스트모더니즘이 순수 문학인 정전(Canon)의 권위를 부정하고 하류 문화의 가치와 중요성에 주목했기 때문이었다. 포스트모더니즘 비평가 중에서 다르코 수빈(Darko Suvin, 1930~현재)은 과학소설을 이론화하는 데 큰 역할을 한 비평가이다. 그는 자신의 저서 『과학소설의 변형: 과학소설의 정치와 문화에 대하여』(*Metamorphoses of Science Fiction: On the Poetics and History of a Literary Genre*, 1979, 2016 재출판)에서 과학소설을 ‘인식적 낯설게 하기의 문학’(372)이라고 정의하기도 했다.

수빈(2016)은 ‘인식’(cognition)의 측면과 ‘낯섦’(estrangement)의 측면을 축으로 하여 각 문학 양식의 인식과 낯섦의 정도의 차이를 비교하였다. 그중에서 ‘인식’이란 그 문학이 현재의 상태에 얼마나 부합하는가, 그리고 그 상상력이 얼마나 정직하게 현실을 반영하고 있는가에 대한 원칙이며, ‘낯섦’이란 또 다른 가상의 세계에 대한 상상력에 추진력을 주는 ‘차이의 원칙’(the principle of difference)(Suvin 2016, xviii)으로, 현실과 동떨어진 정도의 차이를 의미한다.

사실성을 중요하게 간주하는 리얼리즘 소설의 경우는 현실적인 인식은 매우 높은 반면 낯섦의 측면은 낮다. 판타지는 리얼리즘 소설과는 정반대로 낯섦의 정도는 강하나 인식의 정도는 약하다. 현실적 논리나 한계를 벗어나는 상상력을 펼치고 있기 때문이다. 과학소설의 경우는 인식의 측면과 낯섦의 측면을 모두 높게 가진다는 점에서 다른 장르와 구별된다. 즉 과학소설은 존재하지 않은 대상을 그린다는 점에서 낯섦의 측면이 강하게 나타나면서, 그런 상상의 세계가 실제로 존재함 직하다는 환상을 만들어 내기 위해 과학이라는 현실적인 논리를 이용한다는 점에서 인식적인 측면도 높은 것이다.

수빈은 과학소설에서 인식적인 면과 낯선 측면의 긴장을 야기하는 것을 노범(novum)이라고 불렀다(Suvin, 2016 80). 노범이란 우리가 과학소설에서 볼 수 있는 비현실적인 요소들을 지칭하는 것인데 과학소설의 노범이 다른 로맨스나 판타지 문학처럼 허황되다는 느낌을 가지지 않도록 과학소설은 현실적인 논리, 즉 과학 내지는 과학적이라고 독자가 생각하게 하는 상상의 논리를 동원한다.

과학소설 속의 과학이 굳이 실제의 과학과 부합하는 것은 아니다. 오히려 중요한 것은 독자들이 소설적 박진감을 느끼게 하는 소설 내의 논리, 즉 과학적으로 뒷받침되고 있다는 환상을 불러일으키는 가상의 논리를 가져야 한다는 것이다. 외계인의 침공이나 타임머신이 등장하더라도 그 가상의 세계 속에서 현실적인 논리나 현실적이라고 느껴지는 가상의 논리를 찾을 수 있기 때문에 과학소설을 읽게 되는 것이다.

## 과학소설의 유래

휴고 건스백은 1926년 『어메이징 스토리』(*Amazing Stories*, Vol 1 no.3 1926)에 실린 자신의 글, 「과학소설의 유혹」("the Lure of Scientifiction")에서 과학소설의 기원을 레오나르도 다빈치(Leonardo da Vinci, 1452~1519)와 에드거 앨런 포(Edgar Allan Poe, 1809~1849)

에 두었다. 이 두 사람을 거명한 것은 문학과 예술작품에 과학적인 요소를 가미했던 예술가와 문학가를 과학소설의 시발점으로 해석했기 때문이다. 이 외에도 사상가 볼테르(Voltaire or Francois-Marie Arouet, 1694~1778), 독일의 과학자 케플러(Johannes Kepler, 1571~1630), 혹은 미국 문학가인 피츠 제임스 오브라이언(Fitz James O'Brien, 1826~1862) 등도 과학소설의 기원을 연 사람으로 거명되기도 한다.

피츠 제임스 오브라이언의 「다이아몬드 렌즈」("The Diamond Lens," 1858)라는 단편소설은 성능이 뛰어난 현미경을 발견한 과학자가 현미경으로 본 한 방울의 물속에서 아름다운 여인을 발견하여 사랑하게 된다는 이야기이다. 또 다른 단편, 「놀라운 대장장이」("The Wonder Smith," 1859)는 로봇과 비슷한 형태의 자동인형이 창조자에게 반항하는 내용이다. 에드거 앨런 포우도 1849년에 『상상의 여행, 멜론타 토타』(*An Imaginary Journey*, "*Mellonta Tauta*" 1849)에서 기구를 타고 먼 미래인 2848년 우주를 여행하는 타임머신 장르 소설을 썼다. 이 두 사람은 이렇듯 과학소설적인 소재와 장치를 다루는 소설을 써서 미국의 초기 과학소설가로 일컬어지고 있다.

한편, 다르코 수빈은 『과학소설의 변형』에서 과학소설의 기원을 조너선 스위프트(Jonathan Swift, 1667~1745)의 『걸리버 여행기』(*Gulliver's Travels*, 1726), 토마스 모어(Sir Thomas More, 1478~1535)의 『유토피아』(*Utopic*, 1516), 이상 사회를 논한 플라톤(Plato, B.C. 428~B.C. 348)의 『국가』(*Republic*, B.C. 4C)로 거슬러 올라가기도 하였다(Suvin, 2016 xviii). 이 작품들이 존재하지 않는 가상의 세계를 묘사하고 있다는 점에서 과학소설과의 유사점을 찾을 수 있기 때문이다.

이 중 『걸리버 여행기』는 과학자들이 등장하고 과학적인(?) 내용을 다루고 있다. 라퓨타섬에 대한 작가의 묘사는 여느 과학소설의 묘사와 흡사하다. 라퓨타섬은 하늘을 떠다니는 일종의 비행물체인데, 이 인공섬이 하늘을 떠다닐 수 있는 이유에 대해 걸리버는 다음과 같이 개연성을 느낄 수 있을 정도로 상당히 구체적으로 묘사하고 있다.

> 섬의 중심부에는 직경 45미터 정도로 움푹 팬 곳이 있는데 천문학자들은 그곳에 위치한 둥근 천장의 거대한 건물로 들어간다.... 가장 흥미로우면서도 라퓨타의 운명과 직결되어 있는 것은 베를 짜는 틀의 북처럼 생긴 것이었다. 그것은 6미터나 되는, 가장 굵은 부분만도 2미터인 거대한 천연 자석이었다.... 이 자석은 깊이와 두께가 약 120센티미터, 지름이 약 10미터인 철석으로 둘러싸여 수평으로 놓여있었다. 그것은 높이가 546센티미터인 여덟 개의 기둥으로 받혀 있었다. 오목한 면 가운데는 깊이가 30센티미터 정도의 홈이 파여 있었으며, 그곳에 축의 양쪽 끝에 붙어 있어서 필요할 때마다 돌릴 수 있도록 만들어져 있었다.... 천연 자석을 이용해 섬은 올라가거나 내려갈 수 있었으며, 어느 장소에서 다른 장소로 옮겨갈 수도 있었다. (『걸리버 여행기』 문학수첩 212~213).

흔히 『걸리버 여행기』는 걸리버가 소인국이나 거인국을 방문하고 쓴 여행기 형태의 아동문학 작품이라고 생각한다. 사실 이 작품은 작가 조너선 스위프트가 당대의 영국사회를 풍자하기 위해 쓴 정치사회소설이었으며, 그의 풍자 대상에는 당시의 학자와 과학자들도 포함되어 있었다.

작중 주인공인 걸리버는 거인국과 소인국 외에도 천공을 떠다니는 섬, '라퓨타'라는 곳을 방문하여 그곳에서 다양한 실험을 하는 과학자들과 학자들을 만난다. 공중에서 자유자재로 조종하며 떠다닌다는 점

1856년 판에 그려진 조너선 스위프트『걸리버 여행기』(1726)의 천공의 섬 라퓨타 삽화. By Jean Ignace Isidore Gerard Grandville(1803~1847)(출처: Wikimedia Commons) Public domain

에서, 섬이라기보다 거대한 비행선이라고 할 수 있는 라퓨타는 수학과 과학이 지배하는 사회로 그려지고 있다. 걸리버는 라퓨타의 주민들이 일어날 일이 없는 재난이 발생할까 봐 마음의 평화를 한순간도 누리지 못하고 있는 것을 본다. 라퓨타의 주민들은 태양이 지구를 집어삼키지 않을까, 불타는 태양의 표면이 노폐물로 덮여서 빛을 더 이상 주지 못하는 것이 아닐까, 혜성과 부딪히지 않을까 하는 걱정을 안고 사는 것이다. 걸리버는 라퓨타의 크기, 비행속도, 혹은 비행을 하는 과학적인 원리에 대해 앞의 인용문에서와 같이 상당히 구체적인 진술을 하는데, 이러한 점에서 이 소설의 과학소설적인 면모를 찾아볼 수 있다. 또한 라퓨타 주민들이 걱정하는 미래가 과학소설에서는 쉽게 찾을 수 있는 가상의 상황이라는 점에서 이 작품을 과학소설의 효시라고 평가하는 것이 어느 정도 근거가 있다고 여겨지기도 한다.

한편 걸리버가 말하는 라퓨타의 모습은 당대 영국인 혹은 유럽인들이 가진 (당시는 자연철학이라고 불리기도 했던) 과학과 과학자들에 대한 불편한 편견을 드러내고 있기도 하다. 걸리버는 라퓨타의 과학자들이 모인 '아카데미'를 방문하게 되는데, 그곳에서 그는 과학자들이 하는 실험과 연구가 현실 논리가 떨어진 망상에 불과하다는 것을 알게 된다. 아카데미에 있는 과학자들은 대변으로 음식을 만드는 실험을 하고, 얼음에 열을 가해 화약을 만들고, 촉각과 후각만으로 색을 구별하는 법,

돼지로 밭을 가는 방법, 거미를 이용하여 실을 짜는 연구를 한다. 하지만 현실성을 도외시하고 새로운 도구와 새로운 공법을 만드는 것에만 열성을 다하는 아카데미 덕분에 라퓨타의 사람들은 제대로 지어지지 않은 집에서 헐벗고 굶주리며 살아야 한다. 이런 극단적인 설정은 연금술, 점성술과 정확한 학문적 경계도 없고, 과학적 실험 방식과 실험 윤리에 대한 인식도 부재한 당시 과학계와 상식을 벗어난 실험을 하는 당대 과학자들에 대한 비아냥거림이라고 할 수 있다.

또한 과학소설은 비현실적 세계를 그린다는 점에서 유토피아 문학과 비슷하다고 평가되기도 한다. 다르코 수빈은 『공허에 의해 정의된』(*Defined by a Hollow*, 2010)에서 유토피아 문학을 과학소설의 '사회 정치적 하위 장르이자, 딸은 아니라도 질녀 정도는 될 수 있는 존재'로 지칭하였다. 흔히 유토피아는 이상적인 정토라고 생각한다. 하지만 수빈은 유토피아가 종교적으로 초월적인 세계를 가리키는 것이 아니라 '이 세상과 비슷하면서도 다른 세계'(this-worldly other world)이며 '역사적으로 현실을 대체할 수 있는 사회 정치적 상황과 장소, 작가가 사는 사회보다 더 잘 정비된 허구의 공동사회'라고 정의한다(17-45). 즉 과학소설이 인식적 낯섦을 가지고 있듯, 유토피아 역시 현실 사회를 대신할 대안 사회에 대한 상상력이라는 점에서 이 두 장르의 유사성을 찾을 수 있는 것이다.

현실 사회에 대한 비판을 위해 이상향을 그린 대표적인 유토피아 문학은 토마스 모어의 『유토피아』(1516)이다. 작품의 화자인 라파엘 휘틀로다이우스(Raphael Hythlodaeus)는 영국에 대해 '양이 사람을 게걸스럽게 먹어치운다고 들었다'(36)고 말하는데, 그의 말은 영국에서 인클로저 운동으로 인해 목축업이 유행을 하면서 농노들이 지주에게 토지

토마스 모어 『유토피아』(1516)의 유토피아 섬의 지도를 그린 판화. By Universitätsbibliothek Base(출처: Wikimedia commons) Creative Commons Attribution-Share Alike 4.0 international에 의해 사용 허가됨.

를 몰수당하고 생존의 위협에 내몰리게 된 역사적 사실을 비꼬는 것이었다. 그러므로 토마스 모어가 그린 가공의 세계는 헨리 8세라는 강력한 군주가 통치하는 전제적 상황에서 감히 직설적으로는 말하기 힘든 정치, 사회적 문제에 대해 비판하기 위한 우회적 도구로 사용된 것이다. 작품의 제목 '유토피아'(Utopia)는 '아무 곳에도 없는 곳'이라는 의미를 가지고 있다. 이렇듯 작품 제목이 존재하지 않는 사회를 의미하는 것을 뒤집어 본다면, 실제 존재하고 있는 사회는 유토피아와 정반대의 사회일 것이라는 논리를 낳는다. 그런 의미로 유토피아 문학은 역으로 현실을 말하고 있는 것이기도 하다.

앞서 인용된 작품들이 과학소설 작품인지 아닌지 이견이 있을 수 있다면, 이견의 여지없이 과학소설의 시작이라고 평가받을 수 있는 작품은 메리 셸리(Mary Wollstonecraft Shelley, 1797~1851)의 『프랑켄슈타인: 현대의 프로메테우스』(*Frankenstein; or, The Modern Prometheus*, 1818)일 것이다. 정치철학자 윌리엄 고드윈(William Godwin, 1756~1836)과 여권운동가인 메리 울스턴크래프트(Mary Wollstonecraft, 1759~1797) 사이에서 태어난 메리 셸리는 1816년 남편 퍼시 비시 쉘리(Percy Bissy Shelley)와 같이 떠났던 제네바 여행에서 무서운 이야기 쓰기 내기를 위해 불과 19세의 나이에 이 작품을 썼다고 전해지고 있다.

과학소설에서 전형적으로 볼 수 있는 모티브인 과학에 의한 생명체의 탄생을 기반으로 하여, 빅터 프랑켄슈타인(Victor Frankenstein)이라는 '미친 과학자'가 등장한다는 점에서 이 작품은 과학소설의 장르적 요건을 다 갖춘 최초의 작품이라고 할 수 있다. 란(J. M. Van der Laan)은 이 작품을 초기 과학소설로 보는 여러 견해를 소개하고 그 중 로저 쉐턱(Roger Shattuck)의 말을 통해 이 작품이 후대 과학소설가들에게 끼친 영향을 설명하였다. 로저 쉐턱은 "소설 형태이든 영화든 모든 과학소설 작품은 금지된 지식에 접근하는 방식이 괴테(Johann wolfgang von Goethe, 1749~1832)의 『파우스트』(*Faust*, 1774~1831)와 『프랑켄슈타인』에 뿌리를 두고 있다"(Laan, 298)고 하였다. 란은 작품 내에서 주인공 빅터 프랑켄슈타인이 잉골슈타트 대학에 진학하기 전에 아그리파(Heinrich Cornelius Agrippa, 1486~1535)와 파라켈수스(Philippus paracelsus, 1493~1541) 같은 연금술사의 책에 빠지는 것과 괴테의 희곡 『파우스트』의 파우스트 박사가 겪는 일들이 비슷하다고 보았다.

『프랑켄슈타인』 이전의 작품들이 주로 과학자가 등장하거나 과학(소설)적 소재를 다루고 있다는 단순한 이유로 과학소설의 시발점으로 평가받았다면, 『프랑켄슈타인』은 과학소설의 장르적 요소들을 모두 포함한다는 점에서 명실공히 과학소설로 평가받는 최초의 작품이었다. 이 작품이 처음 출간된 해는 1818년이다. 이후 과학소설 작가가 활발히 나타나기까지 거의 100년간의 차이가 있다는 점을 생각해볼 때 이 작품이 가진 선구적 면모는 더욱 놀랍게 다가온다.

## 19세기 후반에서 2차 세계대전 이전까지의 과학소설

휴고 건스백이 언급한 것처럼, 과학소설이 본격적으로 시작된 때는 쥘 베른과 H. G. 웰스가 작품을 내놓기 시작했던 19세기 말이라고 할 것이다. 그러므로 과학소설의 발전은 우리가 현대의 시작이라고 생각하는 20세기의 시작과 비슷한 시기에 이루어졌다. 또한 현대 과학과 영화의 발전에 동반하여 성장했다. 『프랑켄슈타인』에서 빅터 프랑켄슈타인은 근대과학의 성과가 생명체의 창조도 가능하게 할 것이라고 확신했는데, 그의 이러한 확신 뒤에는 과학의 발전에 대한 근대인들의 기대와 확신이 있었다. 이렇듯 17, 18세기를 거치며 현대적 면모를 갖추며 발전해 왔던 과학에 대한 낙관적 전망과 비관적 우려가 과학소설 안에 녹아들어 갔고, 과학소설의 주제도 과학의 발전과 함께 다양해질 수 있었다.

20세기 전후로 영화기술이 발명됨에 따라 과학소설의 상상력은 영상으로 구현되기 시작했다. 영화는 19세기 말 미국, 영국, 프랑스 등지에서 에디슨(Thomas Edison, 1847~1931)과 뤼미에르 형제(Auguste and Louis Lumière)에 의해 거의 비슷한 시기에 발명되었다. 이 중 뤼미에르 형제는 1895년 2월 10일 시네마토그라프의 특허권을 얻어 같은 해 3월 22일 뤼미에르 공장 노동자들의 모습을 담은 <뤼미에르 공장을 나서는 노동자들>(*La Sortie des Ouvriers de L'usine Lumière*)을 공개하였고, 일반적으로 이 작품을 영화의 출발점으로 보고 있다.

최초의 SF 영화는 쥘 베른의 소설, 『지구에서 달까지』(*De la terre à la lune*, 1865)를 각색하여 만든 조르주 멜리에스(Marie-Georges-Jean Méliès, 1861~1938) 감독의 흑백 무성영화 <달세계 여행>(*Le Voyage dans la Lune*, 1902)이다. 이 영화는 약 16분 정도 길이의 흑백 무성영화로 제작되었다. <달세계 여행>은 당시에는 상상을 뛰어넘는 엄청난 효과기법인 연속 커팅 기법을 사용하여 달과 달세계인의 모습을 표현하였다. 흑백 버전과 함께 제작되었던 컬러 버전은 복원이 완료되어 현재는 컬러 버전의 영화를 감상할 수 있다. 토마스 에디슨 역시 영화제작에 뛰어들어 1910년에 『프랑켄슈타인』을 영화화하기도 하였다.

조르주 멜리에스의 〈달세계 여행〉(1902)의 한 장면(출처: Wikimedia Commons) Public domain

쥘 베른과 H. G. 웰스는 메리 셸리 이후 과학소설을 본격적으로 시작하게 한 과학소설의 양대 산맥이라고 할 수 있다. 자크 베르지에(Jacques Bergier)는 이 두 작가에 대해서 풍부한 문학적 대상을 만들고 과학소설의 꿈을 이루어 낸 대표적인 작가라고 평가하였다. 베르지에는 "과학소설의 틀이 그들의 작품 대부분에서 나타난다. 네모선장이 그의 잠수함을 만드는 일, 시간여행자가 혼자서 타임머신을 만드는 것을 성공하는 것, 카보가 무중력 화상기를 조종하는 것, 정복자 로버가 헬리콥터를 만들어 조종하는 일 등은 전혀 있을 법하지 않았지만... 이들로부터 나왔다"[7]라고 하였다.

쥘 베른(Jules Verne, 1828~1905)은 우리나라에도 일찍부터 널리 알려진 프랑스 작가로 총 80여 편의 과학소설과 모험소설을 썼다. 그의

7 자끄 베르지에 「과학소설」『과학소설이란 무엇인가』 김정곤 옮김, 국학자료원 대중문학연구회(편). 2013. p. 31~32.

대표작은 『기구를 타고 5주일』(*Cinq Semaines En Ballon*, 1863), 『지구 속 여행』(*Voyage au Centre de la Terre*, 1864), 『해저 2만 리』(*Vingt Mille Lieues sous les Mers*, 1870), 『80일간의 세계일주』(*Le Tour de Monde en Quatre-vingts Jours*, 1873), 『인도 왕비의 유산』(*Les Cinq Cents Millions de la Bégum*, 1879) 등이다. 그의 작품은 주로 우주선, 기구, 잠수함과 같은 과학기술 산물을 이용하여 신세계를 탐구하는 여행기적인 작품들이다. H. G. 웰스의 작품에 비해 쥘 베른의 작품은 번안소설, 혹은 번역작품으로 일제 강점기 이전부터 우리나라 사람에게 많은 사랑을 받았고, 오늘날에는 아동문학으로 널리 사랑받고 있다.

H. G. Wells (1922). Wikimedia commons.(출처: The Project Gutenberg ebook, *Analyzing Character*) Public domain

이 시기 쥘 베른과 함께 거명되는 또 한 명의 중요 과학소설 작가는 H. G. 웰스이다. H. G. 웰스(Herbert George Wells, 1866~1946)는 과학 교육을 받은 과학 교육자이자 작가이자 문화비평가였다. 총 100여 편의 작품을 쓴 웰스는 우리가 과학소설의 이미지를 떠올린다면 떠오를 각종 주제를 다 건드렸다고도 할 수 있다. 대표작으로는 『타임머신』(*Time Machine,* 1895), 『모로 박사의 섬』(*The Island of Mr. Moreau*, 1896), 『투명인간』(*The Invisible Man*, 1897), 『우주전쟁』(*The War of the Worlds*, 1898) 등이 있다.

이 중 『우주전쟁』의 원제목은 '세계들의 전쟁'으로, 19세기 말 유럽인들의 제국주의적 야욕을 화성인 침공에 빗대고 있다. 이 작품은 이탈리아 천문학자 조반니 스키아파렐리(Giovanni Virginio Schiaparelli, 1835~1910)가 화성에서 인공운하처럼 생긴 강바닥 카날리(canali)를 발견한 사건(1877)과도 관련이 있다. 당시 스키아파렐리의 발견은 일반인들에게 화성인이 존재할 수도 있다는 인식을 심어주었는데, 그런 일반인들의 인식이 이 작품을 통해 다루어진 것이다.

다른 작품 『모로박사의 섬』 역시 당시 동물에게 자행되었던 잔혹한 생체실험을 다루어서 사회적인 파장을 일으켰고 생체실험의 비윤리성에 대한 인식을 고취하였다. 이와 같이 웰스의 작품은 과학적인 신지식이나 미래의 과학적 소산을 다루었지만 보다 엄밀하게 보면, 미래세계에 대한 상상력을 통해 당대 정치 사회적인 문제에 대한 간접적인 비판을 제기하고 사회문제를 환기시켰다고 할 수 있다. 웰스는 과학소설 작가이면서, 정치사회적 문제에 대한 평론가와 미래학자로 활동했다. 그런 그에게 과학소설은 자신의 정치 사회적 견해를 문학적으로 표현할 수 있는 장소였던 것이다.

웰스의 사례뿐만 아니라 과학소설은 미래에 대한 문학이면서 당대 사회에 대한 비판의 수단으로 사용되는 경우가 많았다. 토머스 모어가 『유토피아』를 통해 헨리 8세의 치세를 비판했듯이 과학소설은 대안 세계를 통해 현실 세계를 우회적으로 비판하기가 용이했기 때문이다.

20세기 초중반의 과학소설 중에는 독재나 개인성이 말살되는 사회에 대한 비판적인 시각이 드러나는 작품들을 찾아볼 수 있다. 이런 작품에는 주로 20세기 초반에 등장한 파시즘과 공산주의 등 전체주의적 사회 이념에 대한 우려가 깔려있었다. 개인성이 말살되는 디스토피아적인 세계를 그린 20세기 초중반 과학소설 중 대표적인 작품 2개를 소개하자면, 예브게니 자마찐(Yevgeny Ivanovich Zamyatin, 1884~1937)의 『우리들』(*We*, 1924)과 조지 오웰(George Orwell, 1903~1950)의 『1984』(*1984*, 1949)를 들 수 있다. 『우리들』은 전체주의적 거대 권력하에서 개인의 자유와 개인성이 억압되고, 과학기술이 개인성을 말살하기 위한 도구로 전락하는 미래세계를 그리면서 현실 세계에서 부상하고 있는 전체주의에 대한 우려를 담았다. 작가 자마찐은 『우리들』을 통해서 1920년대 공산주의하의 소련 체제를 비판하였는데, 그 후 이 작품은 올더스 헉슬리(Aldous Leonard Huxley, 1894~1963)의 『멋진 신세계』(*Brave New World*, 1932)와 조지 오웰의 소설에도 영향을 주었다.

조지 오웰은 『1984』에서 '빅브라더'(Big Brother)라는 독재자에 의해 모든 것이 감시되고 통치되는 미래사회를 그렸다. 작품을 완성한 해가 1948년이었는데 '1984'라는 제목은 작품을 완성한 해의 숫자를 뒤집은 것이라고 한다. 빅브라더는 독재 정권을 항구적으로 유지하기 위해 사상경찰, 텔레스크린, 마이크로폰을 이용하고, 각종 문서와 녹음기록을 조작하고 과거의 기록을 말살하고 생각을 통제하기 위해 새로운 언어를 창조한다. 당시로는 실현될 수 없을 것 같은 상상이었지만, 이 작품이 출간된 후 공산 독재정권이 등장하여 사상을 검열하는 일이 생기고, cctv와 녹음장비가 일상화되었다는 점에서 조지 오웰의 상상은 상당히 적중했다고 할 수 있다. 조지 오웰은 H. G. 웰스와 마찬가지로 사상을 통제하는 미래 디스토피아의 묘사를 통해 전체주의에 대해 경고를 한 것이다.

이 시기의 과학소설 작품들이 모두 『우리들』이나 『1984』와 같이 작품성이나 주제의식이 높은 작품들이었던 것은 아니었다. 오히려 미래의 과학적 산물에 대한 단순한 상상력을 펼친 작품들이 많았다. 이런 작품들은 과학소설 잡지를 통해 소개되었다. 그중 휴고 건스백은 1908년 『모던 일렉트릭스』(*Modern Electrics*), 1926년에는 『어메이징 스토리즈』(*Amazing Stories*)를 통해 자신이 쓴 과학소설과 함께 다른 과학소설가의 작품을 발표했다. 『어메이징 스토리즈』에 실린 휴고 건스백의 글을 읽어보면, 이 당시 휴고 건스백이 문학적 완성도보다 과학적 유용성을 보다 강조하고 있는 것을 알 수 있다. 즉 그에게 과학소설이란 과학적 상상력을 이용하여 세상을 보다 이롭게 할 수 있는 과학적 발견이나 발명을 예견하는 수단으로 여겨졌던 것이다.

가장 유명하고, 역사가 긴 과학소설 잡지는 '어스타운딩'이라는 이름으로 알려졌던 『아날로그 사이언스 픽션 앤드 팩트』(*Analog Science Fiction and Fact*)이다. 이 잡지는 1930년 『어스타운딩 스토리』(*Astounding Stories*)라는 이름으로 창간하고 그 후 『어스타운딩 사이언스 픽션』(*Astounding Science Fiction*)으로 이름을 바꾸었다가 1992년 지금의 이름으로 다시 바뀌게 되었다. 이 잡지 편집장으로 유명했던 존 캠벨(John W. Campbell, 1910~1971)은 대학 재학 중 자신의 과학소설을 발표하기 위해 이 잡지와 처음 인연을 맺었다가 1937년부터 잡지 편집장이 되었고 그를 통해 필립 K. 딕 등 많은 과학소설 작가들이 탄생했다.

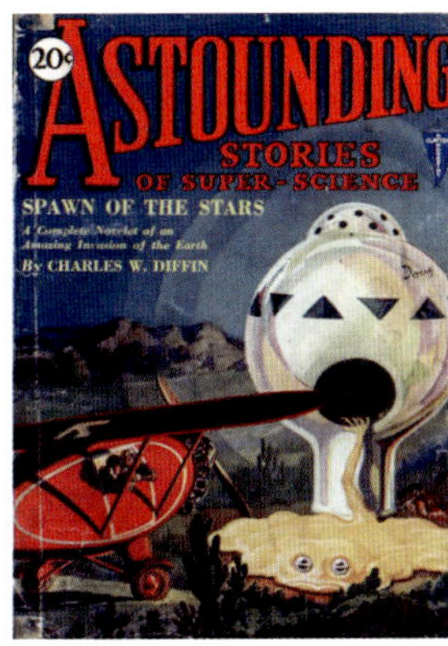


『어스타운딩 스토리즈』 1930년 2월호 표지(출처: Widimedia Commons, Internet Archive identifier: Astounding Stories of Super Science 1930) Public domain

그는 잡지의 이름을 『어스타운딩 사이언스 픽션』으로 바꾸어 최초의 과학소설 전문 잡지가 되게 하였다. 아서 C. 클라크(Arthur C. Clarke, 1917~2008), 로버트 A. 하인라인(Robert Anson Heinlein, 1907~1988), 아이작 아시모프(Isaak Asimov, 1920~1992) 등 20세기 3대 과학소설가들이 그의 영향권하에서 작가로 데뷔하였다. 1930년대부터 그가 작고 했던 1970년대 초까지 작가들이 작품을 출간하도록 길을 열어주었다는 점에서 캠벨과 그의 잡지가 미국 과학소설 잡지 역사에 끼친 영향은 지대하다.

## 2차 대전 이후의 과학소설

20세기에 벌어진 2차례의 세계대전은 이전의 전쟁과는 다른 양상으로 전 세계인에게 다가왔다. 화학무기와 원자탄을 만드는 데 과학자들이 동원되었고, 이런 신무기를 통해 인류를 전멸시킬 수도 있는 대량 살상이 가능하다는 것도 1945년 8월에 히로시마와 나가사키에 떨어진 원자탄을 통해 입증되었다.

2차 대전이 연합군의 승리로 끝난 후에는 전 세계가 자유진영과 공산진영으로 다시 양분되어 한국전, 월남전을 거쳤다. 양 진영은 경쟁적으로 더 치명적인 군사무기, 그중에서도 더욱 강력한 핵무기를 개발하려고 노력했다. 미국과 소련의 대륙 간 탄도 미사일(ICBM) 생산 성공은 소련과 미국이 상대국에 치명적인 핵무기를 날려 보낼 수 있다는 것을 의미했다. 이어 1960년대 쿠바 미사일 위기나 월남전 등으로 인해 냉전으로 인한 위기감과 3차 대전에 대한 공포는 더욱 강력하게 고조되었다. 특히 1957년 10월 소련이 스푸트니

최초의 수소폭탄 Ivy Mike 2(1952)(출처: Wikimedia Commons) Public domain

크(Sputnik) 위성 발사(ICBM인 R-7 이용)에 세계 최초로 성공함으로써, 미소 간의 핵무기 경쟁은 우주개발 경쟁으로까지 확대되었다.

이 시기의 과학소설도 세계대전 이전과 다른 양상으로 나타났다. 세계대전, 우주개발, 핵무기의 공포, 매카시즘으로 표상되는 냉전 이데올로기의 부상으로 인해 과학소설이 새로운 정치 사회적 의미를 가지게 되었던 것이다. 요약하자면 이때 본격적으로 과학소설의 교육적 잠재력이 드러났고(미래의 우주 전사를 키우기 위해 과학소설을 읽는 것을 장려하기 시작했다), 과학소설의 과학적 상상력의 의미가 자연과학과 기술에 대한 상상력을 넘어 정치와 사회에 관한 상상력으로 확대되기 시작했다.

여성 과학소설 작가들이 등장했고 '재앙 이후'(post-catastrophe) 장르의 과학소설이 부상하기도 했다. 과학소설 연구가인 박상준의 말을 인용하자면 "SF가 아닌 주류문학 작가들이 SF적 형식을 차용하여 작품을 쓰기 시작하고 SF와 주류문학의 경계가 모호해지는 결과"[8]가 나타나기 시작한 것도 이때이다.

1960년대부터 나타난 과학소설의 이러한 경향은 '뉴웨이브'(New Wave)라고 불렸다. 뉴웨이브는 1960년대 영국에서 일어나 미국으로 전해진 SF계의 문예운동으로 기존 과학소설의 자연과학과 첨단기술에 대한 상상력을 넘어 사회과학적 인문학적 상상력으로 과학소설의 외연을 확장했다. 문학적으로 세련된 기법을 지향했으며 사회의 구조적인 문제나 인간의 내면세계를 과학소설적 시각으로 접근하려 시도하였다. 또한 이 시기에 과학소설을 지칭하는 용어로 앞서 살펴보았던 '사변소설'(추론소설, Speculative Novel)이라는 용어가 쓰이기 시작했으며, 과학소

8 박상준, 「SF와 21세기 과학문화: 회고와 전망」, 서울대학교 홈페이지, 『서울대 소식』, 2008. 04. 06.

설을 분석하는 평론 작업 역시 본격적으로 시작되었다.

1961년 우주 비행에 최초로 성공한 소련의 우주비행사 유리 가가린(Yuri Alekseyevich Gagarin, 1934~1968)이 어린 시절 과학소설을 읽고 우주비행사의 꿈을 키웠다고 말한 이후 B급 대중 예술로 간주하던 과학소설이 우주 패권의 쟁취와 부국강병을 위한 교육자원이 될 수 있다는 인식이 본격화된 때가 이때쯤이었다. 미국에서는 1960년대부터 대학에 과학소설 관련 과목이 나오기 시작했고, 우리나라를 비롯한 여타 지역에서도 청소년이 과학소설을 읽고 우주비행사나 과학자의 꿈을 키우는 것이 권장된 때도 이즈음이었다.

하지만 동시에 여권신장운동, 마틴 루터 킹(Martin Luther King, Jr, 1929~1968)의 흑인 인권운동, 베트남 전쟁을 전후로 한 반전운동, 유럽에서는 68혁명과 공산주의 독재에 대한 반항과 같은 사회 정치적 문제가 과학소설을 통해 표출되기도 했었다. 특히 직설적인 반정부적 발언이 불가능했던 소비에트 공화국(지금의 러시아)을 비롯한 공산국가에서 과학소설은 정권에 대한 비판과 반항의 수단으로 이용되었다. 폴란드의 스타니스와프 렘(Stanisław Lem, 1921~2006)이나, 러시아의 스트루가츠키 형제(Arkady and Boris Strugatsky)의 작품은 인간을 압도하는 새로운 개념의 천체 혹은 외계인의 방문이 일으킨 공포를 다루면서, 공산 독재정부에 대해 우회적으로 비판하였다. 결과적으로 이들의 작품은 서구권 국가에서는 환영을 받는 대신 자국에서는 출판하는 데 많은 어려움을 겪거나 금서가 되기도 했다.

핵전쟁으로 인한 인류의 종말과 그 이후의 삶을 다루는 과학소설인 '재앙 이후' 장르는 네빌 슈트(Nevil shute, 1899~1960)가 1957년에 낸 장편소설 『해변에서』(*On the Beach*, 1957)가 대표적이라고 할 수 있다.

이 작품은 그레고리 펙과 에바 가드너 주연으로 영화화되기도 했는데(1959) 이스라엘과 아랍 간의 전쟁이 미국과 소련의 전쟁으로 확대되고 핵무기에 의해 북반구의 인류가 멸망한 후 남반부까지 방사능 낙진이 확산되면서 서서히 종말을 맞이하는 것을 내용으로 한다.

인류를 멸망으로 이끄는 전쟁이 강대국들의 오해에서 시작되었다는 설정과 작품의 배경이 냉전국이 아닌 호주라는 점은 인류를 멸망시키게 될 미래의 전쟁이 이성적인 판단이 아닌 사소한 계기로 출발할 수도 있고, 냉전 국가 사이의 문제가 전혀 상관없는 제3의 국가까지도 미치게 될 것이라는 암울한 전망을 낳는다. 당시 소련과 미국이 인류 전체를 충분히 멸망시키고도 남을 정도로 많은 핵무기를 경쟁적으로 비축하고 있었다는 점은 이런 암울한 전망이 전혀 근거가 없지 않다는 점을 보여주기도 한다.

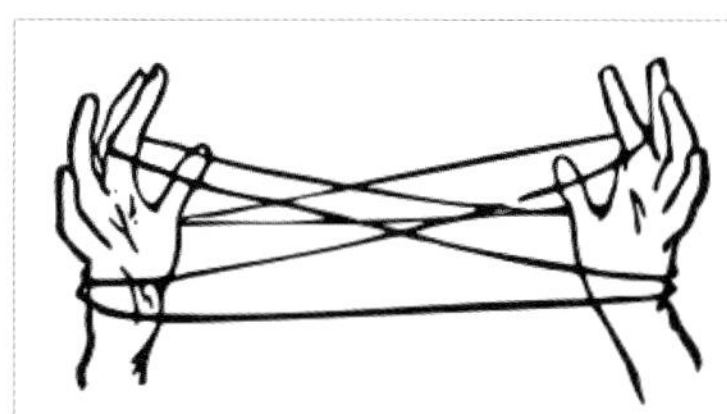
고양이 요람(Wikimedia Commons) Public domain

커트 보니것(Kurt Vonnegut Jr. 1922~2007)의 『고양이 요람』(*Cat's Cradle*, 1963)에서도 인류의 종말은 의도하지 않은 루트를 통해 이루어진다. 한 천재 과학자에게 해병대 장군이 병사들이 지나가기 힘든 진흙길을 지나가게 해 줄 신물질을 만들라고 명령하자, 이 과학자는 놀이 삼아 45.8도 이하의 물이 닿으면 얼어서 고체가 되게 하는 '아이스나인'(Ice-Nine)이라는 물질을 발명하였다. 하지만 소시오패스인 이 천재 과학자는 이 위험한 물질이 초래하게 될 결과에 전혀 관심이 없었다. 과학자가 죽고 난 후 불행하게도 이 위험한 물질은 책임감은 없고 정신적인 문제는 많았던 자식들에게 상속되게 되었다. 그 결과 온 세계가 얼어붙어 멸망을 맞이하게 되는 것이다. 작가 커트 보니것은 이 작품을 통해서 1960년대 초 소련과 미국의 무분별한 군비 경쟁에 대한 우려를 담았고, 핵무기를 앞세워 패권을 휘두르는 데에만 열성을 기울이는 정치지도자들과 당시의 종교인, 지식인들을 우회적으로 풍자, 비판하였다.

1970년대를 전후하여 여성 과학소설 작가들이 대거 등장하여 기존 질서에 얽매이지 않는 현실 전복적인 상상력이라는 과학소설 본연의 속성을 페미니즘에 접목한 작품을 내고 활약하기 시작하였다. 이 당시에 활약한 대표적인 여성 과학소설가들은 제임스 팁트리 주니어(James Tiptree Jr.), 어슐러 르 귄(Ursula K. Le Guin), 조안나 러스(Joanna Russ)를 꼽을 수 있다.

1977년의 '팁트리 쇼크'는 과학소설이 남성의 전유물이라는 고정관념을 흔들어 놓은 사건이었다. 과학소설 작가 제임스 팁트리 주니어의 본명은 앨리스 B. 셸던(Alice B. Sheldon, 1915~1987)이다. 아프리카에서 야생 고릴라를 본 최초의 백인 여성 중 한 명이라고 기록이 되기도 했다는 팁트리는 1942년 군에 입대하여 공군 조종사, 군 정보원, CIA 정보원, 심리학자 등으로 활동하다가 1967년 스트레스 해소를 위해 제임스 팁트리 주니어라는 필명을 이용하여 과학소설을 쓰기 시작했다. 그녀는 40대 중년 남성으로 간주되었다가 1977년에 사실은 여성 작가였다는 점이 밝혀져서 비평가와 독자들에게 충격을 안겨 주었는데 이 사건을 '팁트리 쇼크'라고 부른다. 「접속된 소녀」

군복을 입은 제임스 팁트리 주니어. 1946년 1월 24일자 『시카고 트리뷴』지
Public domain

("The Girl Who Was Plugged in", 1973), 「보이지 않은 여자들」("The Women Men Don't See", 1973), 「휴스턴 휴스턴 들리는가」("Houston, Houston, Do you Read?", 1976), 「체체파리의 비법」("The Screwfly Solution", 1977) 등의 작품을 썼고 우리나라에도 『팁트리 주니어 걸작선』으로 번역되어 있다. 1991년부터는 젠더 문제와 관련된 과학소설과 환상소설을 대상으로 제임스 팁트리 기념상이 수여되고 있다.

1960년대를 전후로 페미니즘 과학소설가의 대표를 꼽으라면 어슐러 르 귄일 것이다. 우리나라에서는 판타지 소설인 <어스씨 시리즈>(*Earthsea Series*)와 <헤인 연대기 시리즈>(*Hainish Cycle Series*)로 유명한 르 귄은 1960년대부터 헤인 시리즈의 일부이자 그녀의 대표작들인 『로캐넌의 세계』(*Rocannon's World*, 1966), 『유배 행성』(*Planet of Exile*, 1966), 『환영의 도시』(*City of Illusions*, 1967), 『어둠의 왼손』(*The Left Hand of Darkness*, 1969), 『세상을 가리키는 말은 숲』(*The Word for World Is Forest*, 1976) 등을 발표하였다.

르 귄은 여성문제와 생태계 파괴 문제에 진지한 관심을 가지고 있었고 그런 관심이 과학소설을 통해 표현되었다. 하지만 1960년대에 페미니즘 운동이 일어날 때는 여성문제에 크게 관심이 없었다고 한다. 그 후 주변의 요청과 본인의 작품활동을 위해 여성주의와 생태문제에 관심을 가지기 시작하면서 쓰게 된 작품이 『어둠의 왼손』이었다. 그녀의 대표작인 『어둠의 왼손』에는 일정한 주기로 성이 바뀌는 외계인 종족이 등장하는데, 이는 백인 남성문화의 타자로 존재하는 여성, 어린이, 소수민족에 대한 다양성의 비유라고 볼 수도 있다.

르 귄은 저명한 인류학자와 동화작가를 부모로 둔 덕에 아메리카 인디언의 문화에 친숙했고 이런 작가의 개인적인 경험이 작품에 반영되었다. 어린 시절부터 부모님을 통해 인디언의 신화나 관습에 대해 들어서 환경문제에 익숙했고, 1970년대를 전후로 인간과 자연환경과의 공존과 조화의 필요성이 대두되었다는 점도 그녀의 작품에 영향을 끼쳤다. 원시문명을 이루고 사는 외계 종족에게 폭력을 행사하고 노예화하는 인간과 외계 원주민 간의 전쟁을 그린 『세상을 가리키는 말은 숲』을 읽어보면 이 작품이 영화 <아바타>(*Avatar*, 2009)에 영향을 주었으리라는 것을 알아볼 수 있다.

르 귄은 『어둠의 왼손』의 서문에서 과학소설의 역할을 '외삽'을 넘어선 '사고실험'이라고 했다. 외삽(Extrapolation)이란 이전의 실험에서 얻은 데이터에 비추어 아직 실험이나 경험을 하지 못한 경우를 예측하는 과학적인 기법이다. 즉, 상상력을 과학적으로 사용하는 방식이라고 할 수 있는데, 과학소설이 당장 현실화되지는 않지만 언젠가는 나타나게 될 각종 과학적 산물을 등장시키는 것을 외삽이라고 부를 수 있다. 그런 의미에서 휴고 건스백은 과학소설의 역할을 미래의 과학산물을 상상하고 만들어 내는 통로라고 했다.

'사고 실험'(Thought Experiment)이란 사회과학에서 사용하는 실험방식으로, 실제의 실험실이 아닌 가상의 시나리오를 사용하여서 하는 실험을 의미한다. 사고 실험은 과학소설의 상상력을 인문학적, 사회과학적인 영역으로 확대하는 것을 의미한다. 즉 지금은 존재하지 않는 대상을 상상하는 것을 넘어서서, 그것이 인류에게 초래하게 될 여파와 결과를 추적하려고 하는 것이기 때문이다.

조안나 러스(Joanna Russ, 1937~2011)는 1983년에 쓴 『여자들이 글 못 쓰게 만드는 방법』(*How to Suppress Women's Writing*, 1983)으로 유명해진 페미니스트 문학 비평가이자 과학소설 작가이다. 조안나 러스는 급진주의 페미니스트로 간주된다. 그녀는 기존의 과학소설이 계급이나 인종차별 문제에는 민감하게 반응하면서 성의 문제에 대해서는 무관심했다는 것에 주목하고 과학소설이 젠터와 타자의 문제에 대해서만 보수적이었다고 비판하였다(김경옥2). 대표작으로는 1972년에 발표한 「변했을 때」("When it Changed")와 시공이 다른 평행우주에 사는 네 여성의 삶을 그린 『여자 사람』(*The Female Man*, 1975) 등이 있다. 「변했을 때」의 내용은 최소 600년 동안 전쟁과 역병이 발생하여 남성이 사라지고 여성만 남아있는 와일어웨이(Whileaway) 행성에 지구의 남성들이 찾아오는 것으로 시작한다. 이 작품의 등장인물 재닛과 와일어웨이는 『여자 사람』에서도 다시금 언급되고 있다. 또한 팁트리 주니어의 『휴스턴 휴스턴 들리는가?』(*Houston, Houston, Do You Read?*, 1976)도 뜻하지 않게 시간여행을 하게 된 남자 비행사 3명이 여자들만 남은 300년 후 미래의 지구를 방문한다. 지구에서 온 남성 우주비행사가 여성들로만 구성된 행성에 도착한다는 발상은 여성들만이 사는 세계를 상상한다는 점에서 우리나라의 과학소설 문윤성의 『완전사회』(1967)를 떠올리게 하기도 한다.

『완전사회』가 「변했을 때」나 『휴스턴 휴스턴 들리는가?』보다 거의 10년이나 일찍 출간된 것을 보면 여성만이 사는 세계를 그린 소설로는 『완전사회』가 더 빨리 나온 것이다. 하지만 『완전사회』가 이런 유의 소설의 원조는 아니었다. 이런 판타지 소설, 일명 '페미니스트 유토피아' 장르 소설은 1666에 발표된 마거릿 캐번디시(Lady Margaret Lucas Cavendish)의 『찬란한 세계』(*The Blazing World*)와 20세기 초 샬롯 퍼킨스 길먼(Charlotte Perkins Gilman, 1860~1935)의 소설집 『허랜드』(*Herland*, 1915)가 원조라고 평가된다.

이 중 『허랜드』는 여자들만 사는 미지의 여인국을 그린 환상소설이다. 전쟁으로 인해 여성국가가 세워졌다는 설정이나 이 나라에 도착한 남성의 시선으로 여인국을 서술한다는 설정은 희한하게도 『완전사회』와 유사하다. 하지만 『완전사회』의 여성중심 세계가 사회적인 모순으로 가득 차 있는 반면, 3명의 미국남성이 방문하는 여성국가인 『허랜드』는 모성애와 자매애를 기반으로 높은 수준의 물질적 정신적인 발전을 이룩했다는 점에서 차이가 있기도 하다. 『허랜드』는 조안나 러스와 팁트리 주니어의 작품에도 영향을 주었다고 알려져 있다.

1960년대를 전후로 조안나 러스, 어슐러 르 귄, 제임스 팁트리 주니어가 페미니스트 유토피아 소설을 잇달아 낸 것에는 1960년대에 불었던 페미니즘 운동과 관련이 있다. 이때의 페미니즘을 제2물결 페미니즘(Second-wave Feminism)이라고 부르고 있다. 제1세대 페미니즘이 주로 여성의 참정권과 재산권과 같이 제도적 측면에서 여성인권과 성평등을 위한 운동이었다면, 제2물결 페미니즘은 여성이 느끼는 성적 억압에 대한 인식, 사회와 가정 내에서의 성적인 차별 등 성적 차별에 대한 인식 자체를 문제 삼았다. 결과적으로 남성중심적인 가부장제가 이 당시 페미니즘의 주 공격대상이 되었다. 또한 이들은 여성만이 사는 세계, 가부장적인 논리에서 벗어나 다양성이 인정되는 평등한 대안 세계를 소설 속에서 그림으로써 현실 세계를 비판할 수 있었다.

1980년대 이후 과학소설의 새로운 경향은 '사이버 펑크'(Cyberpunk) 장르라고 할 수 있다. 사이버 펑크는 먼 미래의 모습보다는 비교적 가까운 미래를 다루며, 고도로 발달한 과학 문명, 즉 컴퓨터와 인공지능 등으로 인해 인류사회가 위협을 받고, 인간이 소외되는 디스토피아적 미래를 그리는 문학 장르이다. '펑크'(punk)란 1970년대에 일어났었던 반체제, 반문화 운동인 '펑크' 문화에서 유래된 말인데, 여기에 컴퓨터 통신망을 의미하는 '사이버'(Cyber)가 결합되어 '사이버 펑크'라는 용어가 만들어졌다. 즉 1980년대 컴퓨터의 발전과 함께 나타난 해커들의 반체제 반문화 정서를 의미하는 용어가 '사이버 펑크'라고 할 수 있다.

해커, 사이보그, 컴퓨터, 인공지능, 가상현실 등이 사이버 펑크에서 자주 등장하는 SF적 요소이다. 또한 <블레이드 러너>(*Blade Runner*, 1982)에서 나오는 네온사인이 가득하고 비에 젖어 있는 동양풍 도시의 분위기가 사이버 펑크 영화에서 흔히 볼 수 있는 배경이다. 필립 K. 딕의 작품이 사이버 펑크 과학소설에 큰 영향을 끼쳤으나 그의 작품은 5장에서 다루기로 하고 여기서는 사이버 펑크 장르를 시작했다고 알려진 윌리엄 깁슨의 장편 『뉴로맨서』(*Neuromancer*, 1984)에 대해 알아보겠다.

윌리엄 깁슨은 사람의 두뇌와 컴퓨터 통신망을 결합시켜 만든 가상의 공간을 사이버 스페이스(Cyper Space)라고 부른다. 그는 이 사이버 스페이스에 접속하여 기업 비밀을 훔치는 디지털 카우보이를 주인공으로 한 작품 『뉴로맨서』를 썼다. 추재욱은 「『뉴로맨서』에 나타난 포스트휴먼 스케이프」에서 이 작품이 1984년도에 나온 것은 조지 오웰이 『1984』를 썼던 것을 염두에 두고 했던 일이라는 생각이 든다고 하였다. 오웰의 소설이 미래사회를 예견했듯 『뉴로맨서』 역시 미래에 컴퓨터가 세상에 어떤 변화를 가져다줄지 예견해 준 작품이기 때문이다.

『뉴로맨서』에는 컴퓨터 사이버 스페이스에서 활동하는 해커를 주인공으로 하여, 가상현실, 매트릭스, 인공지능 등 지금 우리에게는 너무나 익숙한 컴퓨터 관련 개념을 다루었다. 실제로 이 작품은 지금의 사이버 공간 개념과 사이보그화된 인간의 미래상을 정립하는 데 이바지하였다고 한다. 하지만 역설적이게도 작가인 윌리엄 깁슨은 이 작품으로 번 돈으로 컴퓨터를 샀으며 컴퓨터의 CD 롬이 무엇인지 모를 정도로 컴맹이었다고 전해진다. 최근에 다시 조명된 또 다른 사이버 펑크 소설로는 닐 스티븐슨(Neal Town Stephenson)의 <스노 크래시>(*Snow Crash*, 1992)도 있다. 이 작품에서 '아바타,' '메타버스'라는 용어가 사용되었기 때문이다.

과학소설사에 있어서 20세기 후반부에서 현재까지 두드러진 경향은 과학소설을 쓰는 작가군에 일반 소설작가들이 합세하였다는 것이다. 1990년대 포스트모더니즘 문학과 문학 비평은 '정전'(Canon)과 대중문학을 구별하지 않고, 장르 간의 경계도 허물었다. 이 말은 순수문학을 하는 문학가들도 과학소설이나 판타지 문학적 요소를 자신의 작품에 이용하는 경우가 더 빈번해졌다는 것을 의미한다.

2017년 노벨문학상을 받은 가즈오 이시구로(Kazuo Ishiguro)나 같은 해 노벨문학상의 후보자였던 캐나다 작가 마거릿 애트우드(Margaret Eleanor Atwood)의 경우에도 주류 소설가이지만 복제인간을 다룬 『네버 렛 미 고』(*Never Let Me Go*, 2005)나 인구수를 늘이기 위해 재혼자와 미혼모를 시녀로 만드는 가상의 세계를 다룬 『시녀이야기』(*The Handmaid's Tale*, 1985) 등을 출간하였다. 또한 영화나 드라마 영역에서 굳이 SF라는 명칭을 붙이지 않는 작품들에서도 시간 이동과 같은 SF적 요소를 쉽게 볼 수 있다. 그런 점에서 21세기는 과학소설이 널리 퍼진 발전의 단계라고도 볼 수 있고 반면 과학소설이라는 장르가 가지고 있는 정체성이 와해되는 과학소설의 위기라고도 볼 수 있다.

## 우리나라 과학소설의 시작

### 1) 과학소설의 도입

한국 과학소설의 역사는 서구의 '소설'(novel)이라는 양식이 우리나라에서 자리 잡게 되는 소설사와 맥락을 같이 한다. 먼저 우리나라에서 '소설'이 시작되게 된 경위를 살펴보자면, 널리 알려져 있듯 1917년 『매일신보』에 연재되었던 이광수의 『무정』으로 근대소설이 시작되었다. 또한 이 작품 이전에는 조선 시대의 『홍길동전』과 같은 고전소설과 대비되는 '신소설'과 '번안소설'이 있었다. 신소설과 번안소설은 우리나라에 서구적 '소설'이 등장하기 이전 일종의 준비단계의 역할을 하였다. 다시 말해 이 시대 소설가들은 신소설과 번안소설 작업에 참여함으로써 '소설(novel)'이라는 새로운 장르에 대해 학습할 수 있었던 것이다. 마찬가지로 우리나라의 과학소설도 서구의 과학소설을 번안하는 것으로 시작되었다.

'번안소설'이란 외국어로 된 원작의 줄거리는 대체로 살려두면서 자국의 등장인물이 등장하고, 자국의 배경하에서 자국의 언어로 사건이 진행되는 일종의 각색이다. 개화기 때 중국과 일본 역시 일본어와 중국어로 서구의 소설을 번안하였고, 일본어와 중국어로 번안이 된 서구 소설은 우리나라에서 한국어로 다시 번안되었다. 번안소설은 외국 작품을 각색하고, 예술작품으로서의 창조성이 모자란다는 점에서, 혹은 외국 문학을 모방하고 전통과 단절되었다는 점에서 오랫동안 폄하되어 왔다. 하지만 21세기에 들어서는 외국 문학의 번역이 주는 이질감을 해소하고 해외문화를 수용하는 데 도움을 주었다 하여 새롭게 긍정적인 평가를 받고 있다.

한국의 초창기 과학소설은 프랑스 소설가 쥘 베른 소설의 번안으로 시작되었다. 1908년 이해조가 쥘 베른의 소설 『인도 왕비의 유산』(*Les Cinq Millions de la Bégum*: 1879)의 중국어 번역본 『철세계』(1903)와 일본어 번역본인 『프랑스 독일 두 박사의 이야기』를 바탕으로 한국어로 재번안한 것이 한국 과학소설의 시작이다. 이보다 앞선 1907년에 박용희가 쥘 베른의 『해저 2만 리』를 『해저여행기담』이란 제목으로 번안하여 『태극 학보』에 연재했으나 중간에 번역자가 박용희에서 다른 사람으로 최소 2번 이상 바뀌고 완결되지는 못하여 완전한 번안작품으로 평가받지는 않는다.

『철세계』

1887년 이해조가 『인도 왕비의 유산』을 한국어로 번안하면서 『철세계』라는 제목을 붙였다. 『인도 왕비의 유산』의 내용은 다음과 같다. 인도의 왕비인 라자 부인이 5억 프랑에 달하는 유산을 친척인 프랑수아 사라쟁(Francois Sarrasin) 박사와 슐츠 교수(Dr. shultze)에게 상속하고 이 두 과학자는 이 유산으로 각자 자신들이 이상적이라고 생각하는 도시를 미국의 오리건주에 건설한다. 사라쟁 박사는 '프랑스빌'이라는 평화로운 마을을 만들고 슐츠 교수는 '슈탈슈타트'(Stahlstadt)라는 강철도시를 만들어 무기를 수출하여 돈을 번다. 사라쟁 박사를 시기하는 슐츠 교수는 프랑스빌을 파괴하기 위해 거대한 대포를 만들지만 위력이 너무 강해 대포의 포탄이 지구궤도를 이탈(오늘날의 눈으로 본다면 슐츠 박사가 만든 대포는 대륙간 탄도미사일과 유사하다)하여 프랑스빌을 파괴하지 못하고 슐츠 박사는 자멸한다.

이해조는 원작의 프랑스빌을 '장수촌'으로, 슈탈슈타트는 '연철촌'으로, 사랴쟁과 슐츠는 '좌선'과 '인비'로 명칭을 바꾸었다. 좌선은 '위생'을 내세우며 무병장수하는 이상사회인 장수촌을 건설한다. 하지만 화학사이자 세계 제일의 강철제조가인 연철촌의 인비는 탄환과 무기를 제조하여 주변 인종을 말살하려는 계획을 짠다.

이 작품의 제목인 '철세계'는 좌선이 건설한 '장수촌'보다는 인비의 '연철촌'과 의미적으로 가깝다. 이에 대해서는 이 작품이 나온 당시의 시대적 상황과 연관이 있다는 평가가 일반적이다. 즉 연철촌은 대한 제국 말기의 일본의 제국주의적 야욕을 비유한 것이면서, 동시에 국권 상실 위기에 있는 대한 제국 말기의 국내에도 부국강병을 위한 과학의 필요성을 시사하는 이중적 시각이 반영되었다는 것이다(최애순 134).

쥘 베른의 원작이 19세기 말에 출간되었다는 것을 생각해보면 그의 작품이 생각보다 빨리 번안되었다는 것을 알 수 있다. 『인도 왕비의 유산』이 1879년에 출간되었는데 이 작품이 일본어로 번안된 것이 1887년, 중국어로 번안된 것이 1903년, 이어 한국어로 번안된 것이 1908년이었으니 불과 30년 만에 우리나라에까지 소개가 된 것이다. 당시 우리나라에 'novel'이 나오기 전이라는 것을 감안하면 우리나라 과학소설의 시작이 결코 늦지 않았음을 알 수 있다.

이 작품 외에도 김교제의 『비행선』이 『동양서원』을 통해 1912년에 발표되었다. 『비행선』은 이해조의 『철세계』처럼 '과학소설'이라는 장르 명칭을 표지에 밝혔다. 또한 『철세계』와 『해저여행기담』은 국한문 혼용체였지만 『비행선』은 한국어로 쓰여 있어서 일반 대중이 더욱 쉽게 접근할 수 있었다. 『비행선』의 원작은 쥘 베른의 『기구를 타고 5주간』이었으리라고 생각되어 왔지만, 최근 프레드릭 데이(Frederick Van Rensselaer Dey, 1861~1922)가 1907년 미국의 『뉴 닉 카터 위클리』

New Nick Carter Weekly의 표지(출처: Wikimedia Commons) Public domain

(*New Nick Carter Weekly*)에 연재한 "닉 카터 연작물" 중 1~4회분의 에피소드가 원작이 밝혀졌다[9]. 『비행선』은 이 영어원작을 번역한 것이 아니라 1908년 중국에서 역자 미상으로 『신비정』(新飛艇)으로 번역된 것을 대본으로 하여 한국어로 재번역된 것이다.

1920년대에 들어서는 더 많은 과학소설이 번안, 번역되었다. 쥘 베른의 『지구에서 달까지』를 번안한 『월세계 여행』(신일용 번안, 1924), 까렐 차페크(Karel Capek, 1890~1938)의 『로숨의 유니버설 로봇』(*Rossum's Universal Robot*, 1920)을 번안한 『인조노동자』(박영희 번역, 1925), H. G. 웰스의 『타임머신』을 번역한 영주생의 『80만 년 후의 사회』(1926) 등이 있었다. 이 중 『80만 년 후의 사회』는 『별건곤』 창간호에 실렸으나 2회 만에 중단되었다.

쥘 베른의 작품에 비해 H. G. 웰스의 작품이 박대를 받았던 이유에 대해서는 여러 가지 설명이 있다. H. G. 웰스가 공산주의자라는 평가를 받고 있었고 『타임머신』이 계급투쟁을 반영하였기 때문에 일본 제국주의 총독부가 방해했다는 설도 있고, 80만 년 후의 세계를 다루는 작품 내용이 당시 독자들이 받아들이기에는 지나치게 거리감이 있었다는 설명도 있다. 쥘 베른이 주로 잠수함이나 기구를 이용해 새로운 곳을 탐구하는 여행기적인 작품이 많았던 것을 보면, 새로운 문명에 관심이 많았던 개

9 강현조. 김교제 번역, 「번안소설의 원작 및 대본 연구-『비행선』, 『지장보살』, 『일만구천방』, 『쌍봉쟁화』를 중심으로」. 『현대소설연구』. 48. 2011. pp. 197~225.

화기 사람들의 호기심을 좀 베른이 훨씬 쉽게 자극했으리라고 짐작된다.

번안소설과 번역소설은 기본적으로 다른 문화나 다른 양식을 전파하는 매개이다. 번안소설과 번역물에 의해 서구의 문물과 서구의 문화에 대해 접할 수 있기 때문이다. 그래서 번안소설과 번역소설은 문학작품 내용의 단순 전달이 아니라 원본이 가진 이념과 사상을 전달하고, 번역자(번안자)의 이념과 사상 역시 투영한다. 개화기와 일제 강점기는 제국주의가 극에 달했던 시기이자 공산주의가 발흥하던 시기이기도 했다. 조선의 지식인들이었던 번역자들은 번안소설과 번역물을 소개하면서 제국주의와 서구 과학 문명에 대한 자신의 견해를 간접적으로 전파할 수 있었다. 『철세계』를 통해 제국주의 강대국의 야욕을 비판하고, 『인조노동자』를 통해 프롤레타리아 혁명을 꿈꾸는 카프 문학의 이념을 전달하고, 『비행선』을 통해 새로운 세상과 과학 문명을 통해 조선의 부국강병을 이뤄야 한다는 열망을 전달할 수 있었을 것이다.

일제 강점기 동안 과학소설은 번안소설과 번역소설 형태가 주를 이루었고, 작품의 편수나 독서계의 영향력 면에서 전반적으로 부진했다는 평가를 피할 수는 없었다. 정탐소설로 불렸던 탐정소설도 우리나라에서 맥을 못 추기는 마찬가지였다. 가까운 일본과 비교해서 왜 우리나라에서 과학소설이 부진했는가에 대해서는 "유학의 전통과 문사 정신이 상상소설(또는 환상소설)의 성장에 저해가 되었으리라는 견해, 식민지 현실이 처한 암울한 미래 탓에 부국강병과 경세제민을 위한 과학기술 인력의 양성과 국민 대중의 계몽운동 차원에서 과학소설을 바라볼 동기부여가 부족했으리라는 점"[10]을 생각해 볼 수 있다. 또한 일본 총독부가

10 고장원, 『한국에서 과학소설은 어떻게 살아남았는가?』 2017, p. 95

식민지의 과학발전을 크게 달가워하지 않았다는 점도 영향이 있었을 것이다.

개화기 과학교육은 김윤식, 신기선 등이 주창했었던, 전통적인 사상은 지키되 근대 서구 기술은 받아들이자는 '동도서기론'(東道西器論)으로 설명할 수 있다. 이것은 전통적인 유교를 버리지는 않되 국가발전을 위해 서양의 과학기술 문명을 수용하자는 개화사상가들의 주장이었다. 최초의 근대학교라고 할 수 있는 <원산학사>(1883년 함경남도 원산에 설립된 최초의 민간학교)에서는 산수와 기기 사용, 광산채굴 등을 가르쳤다.

하지만 을사조약(1905) 이후 일제 강점기 동안의 과학교육은 부국강병을 위한 도구가 아니라 일상생활에서 실용적 목적을 해결하기 위한 학문으로 한정지워졌다. 『별건곤』은 1926년 11월 창간호의 후기에 '취미와 과학을 갖춘 종합잡지'라고 본 잡지를 소개했고, 같은 해 5월 주요한(1900~1979)이 창간한 『동광』 역시 과학과 기술의 학습을 장려하여 혁신·진취의 정신으로 실생활을 개선하자는 강령을 제시했다.[11] 당시 과학의 위상이란 일반인에게 만연된 미신을 타파하고, 생활에 편의를 해결할 수 있는 과학 상식을 전달하는 수준이었던 것이다.

1920년 이화여전 졸업사진 한국설교대전집 12(평신도편) 1978년 출판(출처: Wikimedia Commons) Public domain

11 강영심 외. 『일제 시기 근대적 일상과 식민지 문화』 서울: 이화여자대학교 출판부, 2008, p. 218

### 2) 우리나라 최초의 과학소설 「K 박사의 연구」

번역이나 번안이 아닌, 우리나라 최초의 창작 과학소설은 김동인의 단편, 「K 박사의 연구」(1929)이다. 이 작품은 『신소설』을 통해 발표되었고, 작가 김동인은 이 작품 외에 다른 과학소설을 쓰지는 않았다. 「K 박사의 연구」는 K 박사의 조수 C가 대변으로 음식을 만드는 K 박사의 실험이 어떻게 실패하게 되었는지에 대해 '나'라는 사람에게 전하는 액자형 소설이다. 이 작품을 과학소설로 보는 이유는 과학자가 등장한다는 이유도 있지만, K 박사의 실험이 '과학적'이라는 인식을 하게 하는 과학적(과학적일 것이라고 보이는) 근거를 제공하고 있기 때문이다. K 박사는 자신의 실험의 과학적 근거를 다음과 같이 말하고 있다.

> 박사의 말에 의지하건대 똥에는 음식의 불능 소화물, 즉 섬유며 결체 조직이며 각물질이며 장관내 분비물의 불요분(不要分), 즉 코라고산(酸), 피스린담즙 점액소 외에도 부패의 산물인 스카톨이며 인돌이며 지방산들과 함께 아직 많은 건락과 전분과 지방이 남아 있는데, 그것은 사람에 따라서 혹은 시간에 따라 각각 다르지만 그 양소화물이 3할에서 내지 7할까지는 그냥 남아서 항문으로 나온다네그려. 그리고 그 대변 가운데 그냥 남아 있는 자양분은 아무도 돌아보는 사람이 없이 헛되이 썩어버리는데 그것을 어떤 방식으로 추출할 수만 있다 하면 그야말로 식료품 문제에 위협받는 인류의 큰 복음이 아닌가. 그래서 연구하여 그 방식을 발견했다나. 말하자면 석탄의 완전 연소와 마찬가지로 자양분의 완전 소화를 계획하여 성공한 셈이지. 즉 대변을 분석해서 그 가운데 아직 3할 혹은 7할이나 남아 있는 자양분을 자아내어 그것을 다시 먹자는 말일세그려.

1883년 토마스 멜서스 초상
(출처: Wikimedia Commons)
Public domain

이 작품의 줄거리를 소개하자면 다음과 같다. 어느 날 나는 친구 C군을 만나 K 박사의 근황을 물었고, C는 K 박사가 시도했다가 실패로 돌아간 연구에 대해 말한다. K 박사는 맬서스(Thomas Robert Malthus, 1766~1834)의 『인구론』(*An Essay on the Principle of Population*, 1798)을 근거로 인류의 인구는 기하급수적으로 늘어나지만, 식량은 산술급수로만 늘어나 식량난에 처하게 되는 사태를 해결하기 위해 똥으로 식량을 만드는 연구를 한다. K 박사는 조수 C는 물론 하인들까지 실험대상으로 삼아 결국 연구에 성공하고 시식회를 연다. 50명을 초청한 시식회에서 박사는 자신의 이름을 딴 'OO병'을 손님들에게 대접하고 난 후 음식의 원료를 밝혔고, 시식회 참석자들은 난리가 난다. K 박사는 시식회의 실패 후 조수 C와 함께 자신의 토지가 있는 지방으로 내려간다. 박사 일행은 토지를 둘러보던 중 한 소작농의 집에 갔다가 그 집 개가 똥을 먹다가 더러운 입을 쩍쩍 벌리고 따라오는 것을 보게 되고 그것을 본 박사는 더러워한다. 그날 저녁에 개고기가 식탁에 올라 맛있게 먹던 K 박사는 그 개고기가 낮에 똥을 먹던 그 개라는 것을 알게 되자 더러워서 구토한다.

K 박사의 모습에서 우리는 『걸리버 여행기』에 등장하는 라퓨타의 과학자들의 모습을 떠올릴 수 있다. 라퓨타의 과학자들이 하는 황당한 실험 중에도 똥으로 음식을 만드는 실험이 있었기 때문이다. K 박사나 라퓨타의 과학자들은 과학소설에서 볼 수 있는 '미친 과학자'(Mad scientist)라고 불리는 유형에 해당한다.

‘미친 과학자’란 과학소설에서 자주 보이는 인물 유형 중 하나이다. 이들은 우수한 두뇌를 가지고 연구에 몰두하는 우수한 과학자이지만 사람들과 소통하지 못하고 상식을 벗어난 사고방식을 가진, 위험하거나 혹은 우스꽝스러운 반사회적 인간이다. 이 유형의 인간은 우수한 두뇌로 뛰어난 성과를 내지만 자신의 연구결과가 반인류적인 파국을 낼 수 있다는 것을 고려하지 못할 정도로 인간에 대해 무지하다. 『인도 왕비의 유산』에 등장하는 슐츠 교수(Dr. Schultze) 역시 이런 유형이라고 할 수 있다. 슐츠 박사는 피해망상에 사로잡혀서 거대 강철 공장도시인 슈탈슈타트(Stahlstadt)를 짓고, 대포를 만들어 평화로운 프랑스빌(Franceville)을 파괴하려고 했기 때문이다.

미친 과학자는 과학자가 가질 수 있는 교만과 무지를 형상화하였다고 할 수 있다. K 박사의 경우, 다른 사람에게는 OO병의 원료가 똥이라는 것을 말하지 않고 먹이지만, 정작 자신은 똥을 먹은 개고기조차 구역질 나 하는데 이런 그의 모습에서 자신과 다른 사람을 동일한 선상에서 고려하지 않는 오만함을 볼 수 있는 것이다.

자신도 먹기 싫었을 것을 하인들, 조수, 50명의 손님에게까지 실험대상으로 하여 사전 허락을 받지도 않고 제공하는 데에 K 박사는 주저하지 않는다. 그는 시식회에서 사람들의 반응을 보고 의기소침해지는데, 이는 그런 실험이 타인을 불쾌하게 만들 뿐이라는 점을 이해하지 못하기 때문이다. 기본적으로 이백몇십 정보(1정보는 약 3,000평)나 되는 엄청난 토지를 소유한 대지주인 K 박사가 식량문제를 거론하는 것 자체가 이율배반적이다.

또한 K 박사는 자기 연구의 당위성을 다음과 같이 말한다.

생어(M. Sanger)라 하는 폭녀가 나타나서 산아제한을 주장한 것을 일부 인도주의자는 눈살을 찌푸렸지만 거기도 상당한 근거가 있는 것을 어찌하랴. 위생관념이 많아지면서 연년이 사람의 죽는 율은 주는데 그에 반하여 이 지구는 더 커지지 않으니까 여기 사람의 나아갈 세 가지의 길이 생겼으니 하나는 〈도로 옛날로 돌아가서 이 세상에서 위생이라 하는 것을 없이하고 살인 기관으로 전쟁을 많이 하여 사람의 수효를 도태하는 것〉이요, 또 하나는 〈사람의 출생을 적게 하는 것〉이요, 나머지는 〈아직껏 돌아보지 않던 데서 식원료를 발견하는 것〉이다. 여인인 생어는 이미 있는 인명을 없이하자 할 용기는 못 가졌었다. 여인인 생어는 신국면 발견이라 하는 천재적 두뇌도 못 가졌었다. 그는 마지막으로 고식적 구제책을 발견하였으니 그것이 〈산아제한론〉이다.

마거릿 생어(Margaret Sanger, 1879~1966)의 산아제한 운동은 식량문제의 해결을 위해 제기된 것이 아니라 다산과 빈곤으로 산모의 생존이 위협당하는 사회문제를 해결하려는 페미니즘 운동이었다. K 박사가 생어를 '폭녀'라고 지칭하는 것은 출산을 여성의 당연한 의무로 간주하는 전근대적 사고방식을 그가 가지고 있다는 것을 의미한다. 다시 말해, 가난 속에서 평생 반복되는 출산과 육아로 힘들게 살았던 가난한 여성들의 처지나 여성운동의 슬로건에 대한 이해가 없었다는 점을 보여주는 것이다.

그는 산아제한 운동을 생어가 천재적 두뇌를 가지지 못해서 찾은 차선책이라고까지 깎아내리는데, 이런 그의 모습에서 우리는 자기 세계에 빠져 우월감을 누리는 비정상적인 과학자의 모습을 보게 된다. 이 점에 대해 이학영은 『김동인 문학에 나타난 복잡성의 인식 연구』에서 "김동인은 인간에게 유리한 방향으로 자연을 조작하고 유용한 도구를 제작하는 과학기술의 활동에 지지를 보내지만, 그것이 인간성을 훼손하거나 낭만적 주체성에 위협이 될 때에는 그것을 신랄하게 비판한다. 특히 과학과 상식, 과학과 경험이 서로 충돌할 때 김동인은 상식과 경험의 손을 들어준다"(이학영 489)고 하였다.

### 3) 1950~60년대의 과학소설

일제 강점기를 지나 해방이 된 이후에도 과학소설의 창작과 번역은 일제 강점기와 마찬가지로 활성화되지는 않았다. 1950년대와 60년대에도 과학소설은 번역본이나 어린이들이 쉽게 읽을 수 있게 만든 각색이나 번안이 주를 이루었다. 하지만 일제 강점기 동안 번안작품으로 주로 소개되던 쥘 베른, H. G. 웰스의 작품이 한국어로 번역되어 우리나라 독자들도 원본에 가까운 과학소설을 읽을 수 있게 되었다.

이 당시에 발표된 번역작품으로는 조지 오웰의 『1984』를 번역한 『미래의 종』(번역자 라만식, 1950), H. G. Wells의 『투명인간』과 『우주전쟁』의 번역 등이 있었다. 해방 이후 창작된 국내 과학소설로는 한낙원(1924~2007)이 쓴 『금성탐험대』와 『잃어버린 소년』이 대표적이다. 1960년대에는 20세기 3대 SF 작가인 아서 C. 클라크(Arthur C. Clarke)와 로버트 앤슨 하인라인(Robert Anson Heinlein), 아이작 아시모프(Issac Asimov)의 작품이 처음으로 번역되어 소개되었다.

1960년대에는 『과학세기』, 『학생과학』, 『과학과 생활』과 같은 과학 잡지를 통해 창작 과학소설과 번역 과학소설이 그 이전보다 폭넓게 생산되어 유포되었고, 1968년에는 '한국 SF작가 클럽'까지 발족되었다. 하지만 전반적으로 볼 때 1960년대와 70년대까지 과학소설은 주로 청소년을 대상으로 한 '소년소녀 공상과학소설'이었다. 3대 SF 작가의 작품들도 청소년용으로 제작되는 경우가 많아서 과학소설이 청소년 문학이라는 선입관이 생기게 되었다.

한국 SF 작가 클럽

국내 최초의 SF 애호가 모임이다. <한국일보> 과학부 기자인 서광운(1928~1998)이 과학소설 장르에 관심을 가진 지인들을 규합하여 창작 스터디 그룹으로 결성하였다. 1968년 4월 15일 결성된 이 작가클럽의 창립회원은 회장 서광운 외에 오민영, 강민, 지기운, 이동성, 서정철, 강승언, 최규섭, 김학수, 윤실, 이흥섭, 최충훈, 만화가 신동우 등이었다. 이들은『한국과학소설 전집』(10권)을 펴냈고, 이 전집은 1976년부터 1978년 사이 아이디어 회관에서 발행한『세계SF명작』(총 60)에 포함되어 재간행되었다. <한국 SF작가클럽>은 1960년대 말부터 1970년대 중반까지 국내 과학소설의 저변 확대에 적지 않은 기여를 했으나 청소년 문학의 틈새시장 공략방식의 한계와 주 발표무대였던「학생과학」이 재정난에 시달려 다른 언론사에 인수되는 바람에 존립 기반을 잃고 점차 유명무실해졌다.(고장원,「초창기 한국 SF의 선구자들」,『The Science Times』, 2011년 5월 9일 기사)

1950~60년대 대표적인 과학소설가는 한낙원과 문윤성이다. 이 두 작가는 우리나라에서 장편 과학소설을 처음으로 쓴 작가로 평가된다. 이 두 작가 중에서 한낙원의 작품이 먼저 출간되었지만 청소년 잡지에 연재되고 청소년을 독자층으로 하였기에 아동문학가로 간주되는 반면, 1967년에 나온 문윤성의『완전사회』는 일반 잡지사의 작품 공모를 통해 발표되었으므로 이 작품을 우리나라 최초의 장편소설로 평가하는 경우가 많다. 2010년 이후 한낙원의 작품과 문윤성의 작품 모두 재출판되어

지금도 읽히고 있다.

1950년대에 작품 활동을 시작한 한낙원(1924~2007)은 과학소설을 번역하는 번역가로 출발하여 본인이 직접 과학소설을 쓰게 되었다. 그의 작품들은 『학원』, 『학생과학』, 『소년』, 『새벗』과 같은 청소년 잡지에 연재되었고, 그 후에는 어린이 문학 선집의 형태로 출간되었다. 1950년대는 6.25가 끝난 후 재건의 시대이자 이념 갈등이 심화되기 시작한 시대였다. 한낙원은 비록 과학자는 아니었지만, 당시 후진국이었던 대한민국이 근대화를 이루고 미래에 선진국이 되기 위해서는 과학이 절대적으로 필요하다고 생각했다. 그리고 어린이에게 과학소설을 읽히는 것이 미래의 과학자를 양산하여 냉전시대에 나라를 지킬 수 있는 길이라고 여겼다. 그래서 그의 작품은 미국과 소련의 대결을 기반으로 하여 우주 탐험에 뛰어들어 활약하는 한국인을 주인공으로 한다.

한낙원이 1957년에 발표했던 대표작 『금성탐험대』는 1969년까지 10쇄를 찍을 정도로 상당한 인기를 끌었다. 하와이 우주항공학교에 다니는 한국 청년, '고진'이 미국의 '금성 탐험호'에 탑승 직전 스파이에게 납치되어 뜻하지 않게 소련의 금성 탐사 우주선에 타게 되는 내용으로 1950년대의 미국과 소련, 그리고 우리나라까지 포함된 냉전구도가 작품에 반영되어 있다. 이 작품 외에도 한낙원은 『잃어버린 소년』(1959), 『화성에 사는 사람들』(1959), 『우주 항로』(1977) 같은 장편 과학소설들을 발표했다.

최초의 본격 창작과학소설로 평가받고 있는 『완전사회』(1967)의 작가 문윤성은 12개의 과학 작품을 남겼던 한낙원처럼 과학소설을 지속적으로 발표하지는 않았지만 서광운, 이동성, 강성철 등과 함께 국내 창작 과학소설의 주요 필자들로 구성된 한국 SF 작가 클럽의 회원으로 활동했다. 『완전사회』(1967)가 가진 의의는 과학소설 장르 자체에 대한 인식이 부족했던 시대적 상황에서 장르적 특성을 분명하게 나타내는 작품을 창작했다는 점에서 찾을 수 있을 것이다. 원래 『완전사회』는 <주간한국>의 제1회 추리소설 공모 당선작이었는데, 이 작품이 추리소설로 간주되었다는 사실은 당시 과학소설에 대한 인식이 얼마나 미비했었나를 보여주는 증거이기도 했다. 『완전사회』는 1967년에 수도문화사에서 단행본으로 출간되었다가 1985년 『여인공화국』이라는 이름으로 재간되었고 최근에 다시 원래의 제목으로 출판되었다.

작품의 내용은 인류 종말을 가져올 전쟁이 시작되기 전인 1994년에 현 인류를 대표할 '완전인간'으로 뽑힌 27세의 한국인 우선구가 <미래로의 수면여행 계획>에 의해 161년 후의 미래세상으로 보내지고, 여자들만으로 이뤄진 진성사회에서 다시 깨어나 그 사회의 사회적 문제와 직면한다는 것이다. 특히 우선구가 수면 장치에 들어가는 설정과, 여성으로만 구성된 사회인 헤어지루의 정치, 사회, 생활의 모습이 상당히 구체적이라는 점에서 소설적 사실성을 확보하고 있다. 이 작품에 대해서는 3장에서 좀 더 자세히 다룰 것이다.

### 4) 복거일의 『비명을 찾아서』

1980년대까지 과학소설은 어린이와 청소년들의 문학이자, 미래의 과학자 양성을 위한 목적문학으로 간주되었다. 또한 영국이나 프랑스의 과학소설이 일본을 통해 소개되면 이를 다시 중역하거나 원본을 축약하여 어린이나 청소년들이 읽기 쉬운 형태로 유통되거나 어린이 잡지를 통해 소개된 경우가 대부분이었다. 그중 1971년부터 출간된 아이디어 회관의 <세계SF명작>은 60여 권이 되는 유명 SF원작을 번역했다는 점에서 의의가 있다. 하지만 일각에서는 이 작품 역시 일본판 번역의 중역본이라고 보고 있다. 평론가 고장원의 말에 의하면 문윤성의 『완전사회』에서 1987년 복거일의 『비명을 찾아서』가 나오기까지 성인용 과학소설은 이렇다 할 작품이 나오지 않았다.

1990년대 이후 인터넷의 등장으로 과학소설은 새로운 전기를 맞이하게 되었다. 여러 동호회를 통해 창작 과학소설이 쏟아져 나오게 된 것이다. 또한 해외 과학소설의 번역도 이전에 비해 활발하게 진행되었고, 세계적인 조류에 걸맞게 기존 문학 작가들도 과학소설적인 요소를 자신의 작품에 차용하는 사례가 많아지게 되었다. 이로써 청소년 문학으로 치부되던 과학소설은 어른들도 함께 즐길 수 있는 과학소설로 저변이 확대되었다.

복거일의 『비명을 찾아서: 경성, 쇼우와 62년』은 1987년에 발표된 복거일의 대체역사소설이다. 이 작품은 필립 K. 딕의 『높은 성의 사내』에서 모티브를 찾았다고 하는데 여러 설정이 필립 K. 딕의 작품과 유사하다. 복거일의 작품은 대체역사소설이라고 분류되지만 또한 가상의 세계를 그린다는 점에서 과학소설로 분류되기도 한다. 작품 속에서는 현재의 시간인 1987년 일본 제국이 건재하고 조선과 대만이 일본의 식민지로 남아 있다. 일본은 2차 세계대전에서 중립노선을 지켜서 건재하고 미국의 원자폭탄은 일본이 아닌 독일에 떨어졌다. 조선의 역사와 언어는 완전히 말살되어 나이 먹은 사람들의 기억에만 남아 있다. 소설은 이런 가상의 세계를 살고 있는 조선인 기노시다 히데요의 1년간의 삶을 그린다.

기노시다 히데요는 일본에서 복사판으로 돌아다니는 다까노 다쯔끼

찌라는 사람의 『도우꾜우, 쇼우와 61년의 겨울』이라는 소설을 입수해서 읽게 되는데 소설의 내용은 일본이 2차 세계대전에서 패전하여 식민지를 잃고 미군정의 지도하에 민주주의 체계가 확립되어 있는 내용이다. 즉 대체역사 속에서 주인공이 소설을 읽는데 그 소설의 내용이 실재 역사인 것이다.

### 5) 21세기 한국 과학소설

2000년대 이후 한국의 과학소설은 20세기에 비해 양적으로나 질적으로 크게 성장하였다. 복거일은 『목성잠언집: 2002년』과 『그라운드 제로: 2007년』 등을 발표하였다. 그리고 여러 공모전이나 웹진, 인터넷 커뮤니티를 통해 새로운 작가와 작품이 대거 발굴되고 있으며 과학소설 평론도 양적으로 질적으로 성장하였다. 여성 과학자이자 작가인 김초엽의 『우리가 빛의 속도로 갈 수 없다면』이 SF 작품으로서 베스트셀러가 되었다는 사실은 한국 과학소설의 입지가 얼마나 성장했는가를 보여주는 실례이기도 하다. 즉 오랫동안 과학소설이 청소년, 어린이 문학이자 클래식한 작품과 구별되는 가벼운 대중문화로 간주되어왔지만, 21세기의 한국 과학소설은 소설과 영화의 영역을 넓혀가며 세계적인 수준으로 높아지고 있음을 알 수 있는 것이다.

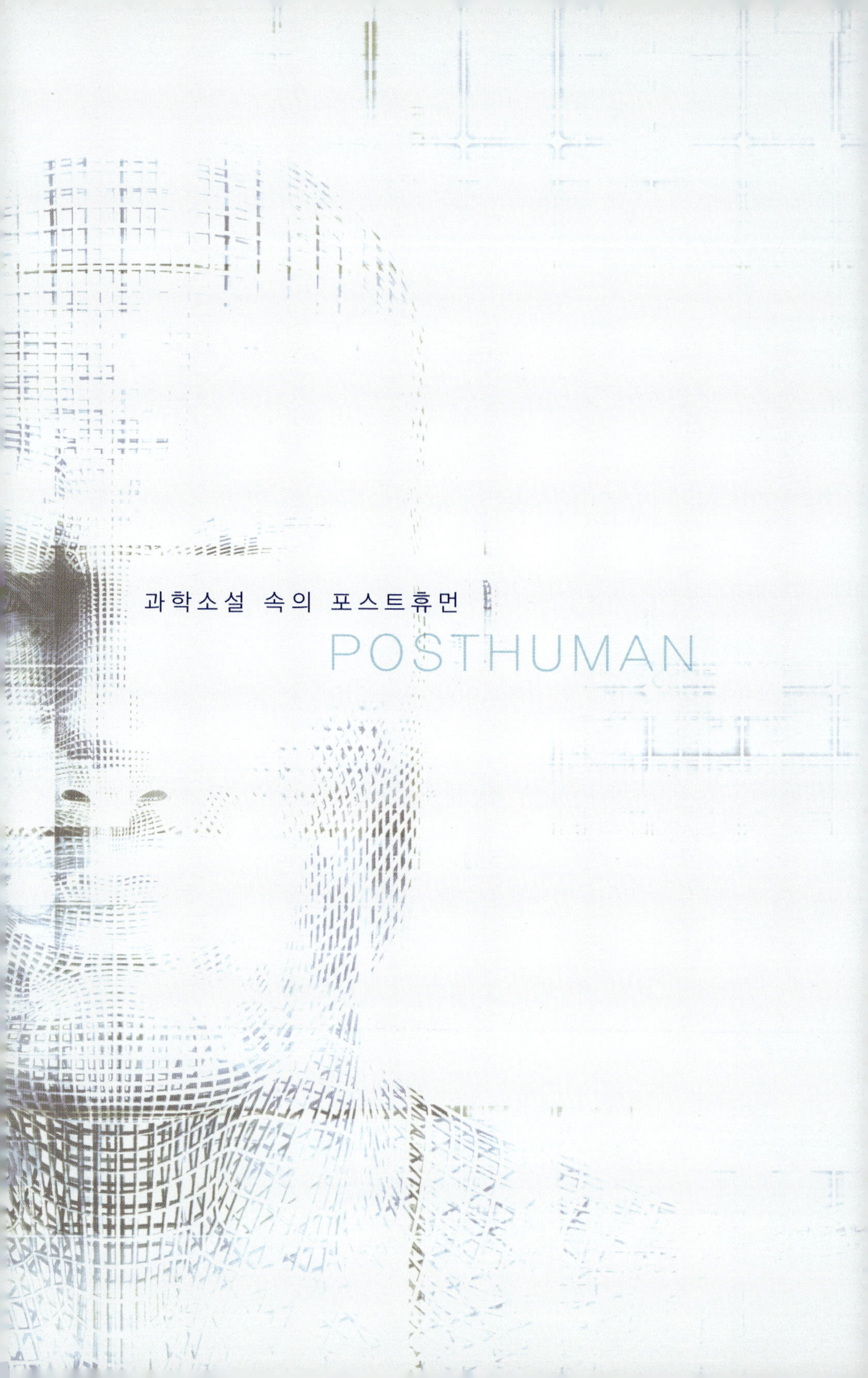

# 과학소설 속의 포스트휴먼 POSTHUMAN

[ 제2장 ]

# 근대과학의 성장으로 탄생한 괴물: 『프랑켄슈타인: 현대의 프로메테우스』

『프랑켄슈타인』의 작가 메리 울스턴크래프트 셸리와 그녀의 가족

『프랑켄슈타인』의 탄생에 얽힌 이야기

『프랑켄슈타인』의 구조와 내용

『프랑켄슈타인』과 근대과학의 성장

괴물은 왜 이름이 없는가?

『프랑켄슈타인』의 여성 등장인물들

메리 셸리의 또 다른 과학소설 『최후의 인간』

# 제2장

## 근대과학의 성장으로 탄생한 괴물: 『프랑켄슈타인: 현대의 프로메테우스』

『프랑켄슈타인』은 최초의 본격적인 과학소설 작품이라고 평가되고 있으며, 또한 과학으로 인해 탄생한 포스트휴먼을 다룬 첫 소설이라고도 할 수 있다. 이 작품에서 탄생한 포스트휴먼은 존재하지만 이름은 없는 미지의 대상이다. 흔히 사람들은 '프랑켄슈타인'이 이 생명체의 이름일 것이라고 오해를 하는데, 이런 오해의 바탕에는 생명체를 창조한 본인이자 작품의 제목이 된 빅터 프랑켄슈타인보다 이름 없는 이 생명체가 독자에게 훨씬 강렬한 인상을 주었기 때문일 것이다.

또한 『드라큘라』와 함께 오랫동안 괴기영화의 주인공이라고 간주되어왔던 이 괴물에 대한 이야기는 근대 과학의 발전과 19세기 초의 지식인들의 근대 과학에 대한 인식 위에서 창조된 이야기이기도 하다. 연금술이나 점성술을 더 이상 과학이라고 여기지 않으면서 생물학, 의학, 화학 등으로 분화되어 발전하는 과학의 미래 성장 가능성에 대한 기대와 두려움을 동반한 상상력의 결과물인 것이다.

## 『프랑켄슈타인』의 작가 메리 울스턴크래프트 셸리와 그녀의 가족

메리 울스턴크래프트 셸리(Mary Wollstonecraft Shelly, 1797~1851)는 영국 최초의 여성주의자라고 평가되는 메리 울스턴크래프트(Mary Woolstonecraft)와 정치 철학자 윌리엄 고드윈(Wiliam Godwin) 사이에서 1797년에 태어났다. 메리 셸리의 결혼 전 이름은 아버지와 어머니의 이름을 딴 '메리 울스턴크래프트 고드윈'이었다.

메리 셸리의 남편인 퍼시 비시 셸리(Percy Bysshe Shelley, 1792~1822) 역시 19세기 초 영국 낭만주의의 대표적인 시인으로 꼽히는 인물이다. 이렇듯 메리 셸리의 집안은 당대 최고의 지식인들과 문학가들로 이루어져 있었고, 이런 환경 덕분에 메리 셸리는 18, 19세기의 여성 교육의 시대적 한계를 벗어날 수 있었다.

메리 셸리의 작품을 이해하기 위해서는 그녀가 처했던 남다른 가정 환경을 언급하지 않을 수가 없다. 우선 메리 셸리의 어머니인 메리 울스턴크래프트는 '교양 있는 여성'(The accomplished Ladies)의 도덕적인 생활이 규범이 되었던 18, 19세기의 일반 여성들과는 확연히 구분되는 삶을 살았다. 또한 최초의 아나키스트라고 불리는 아버지 윌리엄 고드윈도 무신론자이자 왕정을 무너뜨린 프랑스혁명 옹호주의자였고, 독립적인 결혼 생활을 주장한 사람이기도 했다.

메리 셸리의 초상(영국 National Portrait Museum 소장, Wikimedia Commons) Public domain.

메리 셸리의 어머니 메리 울스턴크래프

트는 메리 셸리를 낳고 며칠 만에 사망하여 메리 셸리에게 직접적인 영향을 줄 수는 없었다. 하지만 메리 셸리가 주체적인 여성으로서 살아가는 간접적인 토양이 되었음은 분명하다. 그녀는 영국의 여성 지성사에서 반드시 언급되는 중요 인물이며, 특히 1792년에 쓴 『여성의 권리 옹호』(*A Vindication of the Rights of Woman: with Strictures on Political and Moral Subjects*)는 여성이 이성적인 주체가 되어야 할 것을 역설한 페미니즘 저서의 고전이다.

1759년 런던 인근에서 태어난 메리 울스턴크래프트는 1788년 저명한 출판업자인 조지프 존슨이 발간한 급진주의 잡지 『어낼리티컬 리뷰』(*Analytical Review*)에 소설의 서평과 에세이를 기고하고 독일어, 프랑스어, 이탈리아어 저서의 번역작업에 참여했다. 또한 결혼하지 않은 상태에서 페니 임레이(Fanny Imlay)라는 딸을 낳아 기르는 미혼모이기도 했다. 여성이 직업을 통해 경제력을 가지는 것이 거의 불가능했던 시대 상황에서 번역과 저술을 하여 가족을 부양하고, 미혼으로 아이를 낳아 키웠던 울스턴크래프트가 당시 일반적인 여성상과 얼마나 거리가 먼 삶을 살았는지는 쉽게 짐작할 수 있다.

메리 셸리의 어머니인 메리 울스턴크래프트의 초상(영국 National Portrait Museum 소장, Wikimedia Commons) Public domain.

메리 울스턴크래프트는 이미 닦인 길을 밟아가는 삶을 살지 않았다. 그녀는 유부남이었던 헨리 푸셀리와 길버트 임레이와 사랑에 빠져 사생아를 낳았으며 무정부주의 선구자이자 급진적 혁명주의자였던 윌리엄 고드윈(William Godwin)과 결혼하였다. 혼전 임신, 유부남과의 불륜 등 평탄하지 않은 사생활 때문에 그녀는 오랫동안 영국 사회에서 폄하되었다. 하지만 지금은 '근대 페미니즘의 어머니'라 불리며 여성을 남성의 부속물로 보는 당대의 여성관을 저술과 삶으로 배격한 페미니즘의 선구자이자 혁명가로 평가받고 있다.

메리 울스턴크래프트는 윌리엄 고드윈과 1797년에 결혼하여 같은 해 딸 메리 셸리를 낳았고 딸을 출산한 지 열흘 후에 산욕열로 38세에 사망하였다. 결과적으로 메리 셸리는 어머니인 메리 울스턴크래프트에 대한 기억은 없었다. 하지만 메리 셸리의 인생과 선택은 어머니 메리 울스턴크래프트의 삶과 크게 다르지 않았다.

아내가 사망하고 난 후 남편 윌리엄 고드윈은 의붓딸 페니 임레이와 갓 태어난 메리 셸리의 양육을 떠맡았는데, 그래서인지 메리 셸리는 아버지와 정신적으로 특별한 유대를 가지게 되었다. 부녀간의 지나치게 끈끈한 유대관계 때문에 계모의 질시를 받아 메리 셸리와 새어머니와의 사이는 좋지는 않았다고 한다. 아버지와의 특별한 유대감은 딸을 이성으로서 사랑한 아버지에 대한 이야기인 메리 셸리의 단편 「마틸다」(*Mathilda*, 1819)[12]에도 나타난다.

메리 셸리의 아버지 윌리엄 고드윈은 딸의 교육에 지대한 관심을 가졌고, 메리 셸리 역시 지적 욕구가 강했다. 또한 윌리엄 고드윈의 집에는 당대의 지식인들이 자주 방문했는데 지적 욕구가 강했던 메리 셸리는 이들과의 교류를 통해서 당시의 과학, 문학, 철학의 흐름을 읽을 수 있었다. 이 방문객 중에는 낭만파 시인으로 유명했던 퍼시 비시 셸리도 있었고 이들은 곧 사랑에 빠지게 되었다.

12 마틸다의 아버지는 아름다운 처녀 다이애나와 사랑에 빠져 결혼을 하지만 아이를 낳고 다이애나가 죽자 너무 충격을 받은 나머지 딸을 돌보지 않고 멀리 여행을 떠나버린다. 그 후 마틸다가 16살이 되어서야 아버지를 만나게 되는데 아버지는 죽은 아내와 같은 모습을 한 마틸다에게 사랑을 느끼고, 또한 그런 자신의 감정에 죄책감을 느끼게 된다는 내용이다.

메리 셸리의 남편이자 『프랑켄슈타인』의 저작에 많은 영향을 주었던 남편 퍼시 비시 셸리(Percy Bysshe Shelley, 1792~1822)는 영국의 저명한 시인으로, 조지 고든 바이런(George Gordon Byron, 1788~1824), 존 키츠(John Keats, 1795~1821)와 함께 영국 19세기 초 대표적인 낭만파 시인으로 꼽힌다. 1814년 메리 셸리와 만났을 때 그는 이미 해리엇 웨스트브룩이란 여성과 결혼한 상태였으며, 무정부주의자이기도 했다.

1819년에 Amelia Curran이 그린 퍼시 비시 셸리의 초상(National Portrait Gallery 소장, 출처: Wikimedia commons) Public domain

그는 역시 무정부주의자였던 메리 셸리의 아버지 윌리엄 고드윈의 사상에 영향을 받았기 때문에 고드윈의 집을 직접 찾아가 들락거렸고, 결과적으로 고드윈의 딸인 메리와 사랑에 빠지게 되었다. 그는 낭만파 시인이었지만, 과학에도 관심이 많아서 직접 몇 가지 과학실험을 하기도 했었다고 하는데, 이러한 그의 과학적인 관심은 『프랑켄슈타인』의 서문에도 반영되어 있다.

1814년 메리 셸리는 당시 유부남 상태였던 퍼시 비시 셸리와 프랑스 파리로 사랑의 도피행을 하였고 1816년에는 첫아들 윌리엄을 낳았다. 같은 해 메리 셸리는 퍼시 비시 셸리와 정식으로 결혼식을 올리기는 했지만, 혼인하기 15일 전 퍼시 비시 셸리의 전부인 해리엇 웨스트브룩이 자살했고 메리 셸리의 언니인 페니 임레이도 이즈음 자살했다. 또한 아들 윌리엄 역시 탄생한 후 얼마 지나지 않아 1819년에 사망하였다. 메리 셸리는 총 5명의 아이를 출산했으나 살아남은 아이는 아들 한 명밖에는 없었다.

남편과의 관계도 윌리엄의 사망 이후 점차 소원해졌고, 결국 다섯 번째 아이를 잃은 1822년에 퍼시 비시 셸리는 이탈리아 여행 중 터진 선박 사고로 익사했다. 윌리엄 워즈워스, 찰스 램과 같은 당대의 지식인들과 교류하는 집안 분위기, 불행했던 결혼 생활과 어머니, 자식, 친지들의 연이은 죽음 등 남다른 삶을 통해 메리 셸리는 자신의 감정의 소리에 귀를 기울이고 삶에 대한 깊은 성찰에 이를 수 있었던 것 같다.

메리 셸리의 대표작은 널리 알려진 『프랑켄슈타인: 현대의 프로메테우스』(*Frankenstein: or, The Modern Prometheus*) (1818)이다. 메리 셸리는 이 소설을 '추악한 내 자식'(My hideous progeny)라고 칭하였고, 내레이터인 로버트 월턴은 프랑켄슈타인의 사연을 "인간의 상상력이 만들어 낸 어떤 이야기보다 더 기괴한 사연"이라고 평가하였다. 『프랑켄슈타인』은 독서와 지식인들과의 교류, 남다른 경험을 통해 한 여성작가의 상상력이 어떻게 시대를 넘어 펼쳐질 수 있는가를 보여주는 작품이다. 또한 근대 과학소설의 효시, 과학 기술이 야기하는 사회문제를 다룬 최초의 소설, 혹은 『드라큘라』와 더불어 영국 고딕소설의 대표작으로 일컬어지는 이 소설 속에서는 작가 메리 셸리의 소박한 "가정"에 대한 근본적 결핍과 욕망을 읽을 수도 있다.

메리 셸리는 『프랑켄슈타인』 외에도 남편 퍼시 비시 셸리의 모습을 닮은 주인공을 등장시킨 『최후의 인간』(*The Last Man, 1826*), 『마틸다』(*Matilda*, 1819년 집필), 『발페르가』 (*Valperga*, 1823), 『로도어』 (*Lodore*, 1835) 등의 소설을 남겼으며, 남편과 함께 시극 『프로세르피테』(*Proserpine*, 1820)를 공동 집필하고 어머니가 쓴 여행기 『스웨덴, 노르웨이 덴마크에서 쓴 편지』(*Letters Written in Sweden, Norway, and Denmark*, 1796)를 모델로 여행기를 쓰기도 했다.

## 『프랑켄슈타인』의 탄생에 얽힌 이야기

### 1) 탐보라 화산 폭발과 1816년 여름 제네바 여행

탐보라 화산은 인도네시아 숨바와섬(Sumbawa Island)의 북부에 있는 화산으로 1815년 4월 역사적인 대폭발을 했다. 그 당시에 탐보라 화산 폭발의 위력이 얼마나 대단했던지 4천 미터가 넘던 산의 상부 1470미터가 폭발로 날아가서 지금은 2,730m의 산이 되었다(위키백과). 화산에서 나온 화산재가 성층권을 뚫고 올라가 전 세계로 퍼지는 바람에 3일간 낮에도 어둠이 지속되었다고 한다. 당시 숨바와섬의 주민이 대부분이 사망한 것은 물론 화산재로 태양에너지가 차단되어 이상기후와 흉작이 전 세계에서 발생했는데 당시 유럽에서는 식량 폭동과 콜레라의 2차 피해로 수십만 명이 사망했다. 탐보라 화산이 폭발한 다음 해인 1816년은 유럽인들에게 '여름이 없는 해'로 기억이 될 정도 여름에 비가 많이 내리고 기후가 좋지 않았다.

2011에 찍힌 인도네시아 탐보라 화산의 칼데라 정상 by NASA(Wikimedia Commons: Public domain) 탐보라 화산은 1815년 가장 크게 폭발을 일으켰다.

『프랑켄슈타인』의 서문에는 탐보라 화산과 『프랑켄슈타인』의 탄생에 관한 이야기가 실려 있다. 서문을 근거로 보면 1816년 여름 메리 셸리와 몇달 후 남편이 된 퍼시 비시 셸리는 메리의 의붓동생 클레어 클레어몬트(Claire Clairmont), 남편의 친구이자 유명 시인인 로드 바이런

(George Gordon byron, 1788~1824), 바이런의 주치의인 의사 존 폴리도리(John William Polidori, 1795~1821)와 같이 스위스 제네바에 있는 바이런의 별장으로 여행을 갔다. 이 해에 날씨가 워낙 좋지 않았기 때문에 그들은 제대로 된 휴가를 보낼 수 없었다. 폭풍우가 치던 어느 날 밤, 바이런은 재미있는 제안을 하나 하는데, 그것은 각자 무서운 이야기를 하나씩 써보자는 것이었다. 그들은 각자 무서운 이야기를 하나씩 했고, 그 이야기 중 일부는 후일 작품으로 출간되었다.

스위스 제네바에 있는 바이런의 별장 La Villa Diodati. 1816년 메리 셸리 일행이 이곳에 묵었을 때 바이런을 보기 위해서 망원경을 든 사람들이 주변을 어슬렁거리며 돌아다녔다고 한다.(Wikimedia Commons) Public domain

바이런은 단편, "A Fragment of a Ghost Story"를 썼으나 출판하지는 않았다. 폴리도리는 바이런이 했던 이야기에서 영감을 받아 『뱀파이어』(*The Vampire*, 1819)라는 작품을 썼는데 이 작품은 영국 최초의 뱀파이어 장르 소설이 되었다. 메리 셸리 역시 남편과 함께 무서운 이야기를 하나 구상하게 되었고, 그 이야기가 후일 『프랑켄슈타인』의 모태가 되었다.

『프랑켄슈타인』은 1818년에 초판이 출판되고 『뱀파이어』는 이듬해인 1819년에 출판되었는데, 두 작품 모두 출판 당시 작가에 대한 오해가 있었다. 『프랑켄슈타인』은 작가의 이름을 밝히지 않고, 퍼시 비시 셸리가 서문을 썼기 때문에 당연히 그 작품이 퍼시 비시 셸리의 것이라는 오해를 받았고, 『뱀파이어』는 표지에 작가의 이름이 바이런으로 표기되어 있었던 것이다.

### 2) 『프랑켄슈타인』의 모델이 된 과학자들

왜 주인공의 이름이 '프랑켄슈타인'인가에 대해서는 여러 가지 설이 존재하고 있다. 그중 하나의 설은 메리 셸리가 스위스 제네바에 가기 전해인 1815년에 독일의 라인강을 따라 여행을 하다가 게른스하임(Gernsheim)에 있는 프랑켄슈타인 성(Frankenstein castle)을 직접 방문한 일이 바탕이 되었다는 것이다. 그 성은 연금술사들과 요한 콘래드 디펠(Johann Conrad Dippel, 1673~1734)이라는 사람이 태어났다고 전해지는 곳이다.

디펠은 '프러시안 블루'(Prussian blue)라는 파란색 염료와 간질병 치료제, 해충약 등을 개발하였고, 화학, 의학, 생물학에 뛰어난 과학자였다. 당시 파란색 염료가 상당히 고가였기 때문에 디펠은 프러시안 블루를 개발하고 싼값에 보급하여 많은 돈을 벌 수 있었다. 이 돈으로 그는 프랑켄슈타인 성에서 연금술과 해부학을 연구하였는데, 그가 시체의 영혼을 다른 시체로 옮기는 실험을 하기 위해서 무덤을 파헤쳐서 시체를 도굴했다는 소문이 돌았다. 과연 메리 셸리가 콘래드 디펠을 빅터 프랑켄슈타인의 모델로 한 것이 확실한지는 알 수 없으나 그녀가 작품을 쓰기 전에 프랑켄슈타인 성을 방문했다는 것은 확인되었다.

또 다른 빅터 프랑켄슈타인의 모델로 꼽히는 사람은 갈바니즘을 창안한 루이지 갈바니(Luigi Aloisio Galvani, 1737~1798)의 조카인 조반니 알디니(Giovanni Aldini, 1762~1834)이다. 1780년 갈바니는 해부한 개구리의 다리에 전류를 흘려보내자 경련이 일어나면서 꿈틀거리는 모습을 보고 이 현상을 동물의 체내에 전기를 발생시키는 조직이 있다고 하는 생체전기 현상으로 보았다. 반면 전지를 처음으로 개발한 알레산드로 볼타(Alessandro Volta, 1745~1827)는 이런 현상이 금속으로 전류가 흐르는 현상에 불과하다고 보았다.

지금의 눈으로 보면 볼타의 생각이 옳다는 것이 당연하지만, 당시에는 갈바니의 생체전기설이 꽤나 설득력이 있었고, 과학적인 것으로 간주되었다. 갈바니의 생각은 전류를 통해서 죽은 생명체를 다시 살릴 수 있다는 논리로 이어졌고, 이 논리를 본격적으로 발전시킨 사람이 그의 조카인 조반니 알디니였다. 알디니는 당시 유럽 각지를 여행하면서 양, 돼지, 소, 말 등의 시체에 고압 전류를 흘려보내는 실험을 계속하다가 결국은 사형수의 시체를 대상으로 한 실험까지 하게 되었다.

그는 몸 안에 전기를 흘려보내어 죽은 생명체를 되살리거나 더 나아가 생명체를 창조하는 것까지 가능하다고 굳게 믿었고 그런 자신의 믿음을 입증하기 위해서 시체가 필요했다. 급기야 1803년 런던에 사는 조지 포스터라는 사람이 아내와 자식을 죽인 살인혐의로 체포되는 일이 터졌을 때 알디니는 교수형을 당하게 될 포스터의 시체를 자신의 실험에 쓰고자 하였다. 알디니는 조지 포스터가 사형을 조속하게 언도받고 집행되도록 막후에서 노력했다고 한다. 알디니는 사형집행 직후 시체를 가져와 죽은 포스터의 입과 귀에 쇠막대기를 꽂고 전기를 흘려보냈다. 전류가 흐르자 시체는 한쪽 눈을 뜨고 손을 들어 올리는 등 심한 경련을 일으켰고, 실험을 지켜보던 사람들은 이것이 시체가 다시 살아나는 생명 반응이라고 생각했다. 이 실험은 유럽 전역으로 유명해졌고, 메리 셸리 역시 이 실험에 대해 잘 알고 있었다.

1816년 제네바에 일행이 모였을 때도 메리 셸리 일행은 갈바니즘에 대해 함께 이야기를 나누었고, 또한 영국의 저명한 화학자인 '험프리 데이비'(Sir Humphry Davy, 1778~1829)에 대해서도 이야기를 나누며 '생명의 원리와 그 원리를 발견하고 알아볼 만한 가능성이 있는지에 대해 토론했다.[13] 안젤라 라이트의 기사에 의하면, 메리 셸리는 1812년에 아버지와 함께 험프리 데이비의 강연을 들었고 『프랑켄슈타인』을 쓸 때즉, 1816년 제네바의 여름휴가를 끝낸 10월과 11월에 험프리 데이비의 대표작인 『화학 철학의 요소』(*Elements of Chemical Philosophy*, 1812)를 읽었다고 한다. 험프리 데이비는 『프랑켄슈타인』에서 잉골슈타트 대학의 발트만 교수의 모습과 비슷하다고 평가되고 있다.

## 『프랑켄슈타인』의 구조와 내용

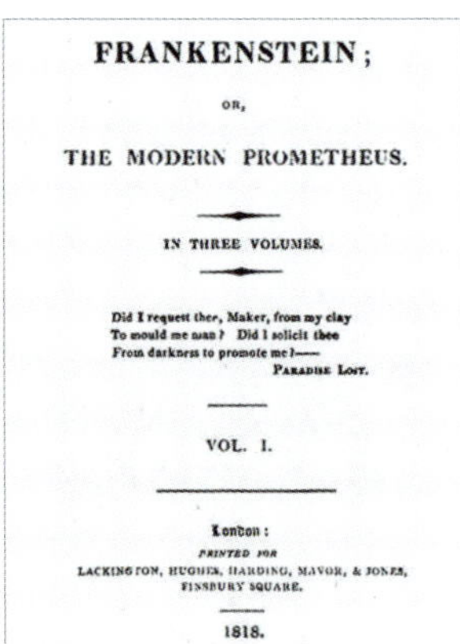
FRANKENSTEIN;
OR,
THE MODERN PROMETHEUS.
IN THREE VOLUMES.
Did I request thee, Maker, from my clay
To mould me man? Did I solicit thee
From darkness to promote me?——
PARADISE LOST.
VOL. I.
London:
PRINTED FOR
LACKINGTON, HUGHES, HARDING, MAVOR, & JONES,
FINSBURY SQUARE.
1818.

1818년 판 『프랑켄슈타인』의 표지
(Public domain)

『프랑켄슈타인』은 1818년 1월 1일 초판본이 출판되었다. 초판본에는 메리 셸리가 작가로 표기되지 않았고, 서문은 남편인 퍼시 비시 셸리가 적었기 때문에 퍼시 비시 셸리를 작가로 생각하게 되는 오해를 불러일으켰다. 이 책은 메리 셸리의 아버지, 윌리엄 고드윈에게 헌정되었다.

두 번째 판은 연극 <프랑켄슈타인>이 성공한 후인 1823년도에 나왔으며 이때는 작

13 Angela Wright, "Frankenstein at 200 and why Mary Shelley was far more than the sum of her monster's parts." *The Conversation*. January 23, 2018. https://theconversation.com/frankenstein-at-200-and-why-mary-shelley-was-far-more-than-the-sum-of-her-monsters-parts-90206

가의 이름을 밝혔다. 『프랑켄슈타인』은 1831년도에 다시 출판되었는데, 이때 메리 셸리는 직접 서문을 쓰고 작품의 내용 중 일부를 변경하였고 자신이 작품을 쓰게 된 동기도 밝혔다. 이렇게 사실을 밝힌 데에는 이미 남편인 셸리가 사망했다는 이유도 작용했으리라고 짐작된다.

1818년판 서문에서는 퍼시 비시 셸리가 소설의 내용이 과학적으로 근거가 있다는 내용으로 시작한다. 반면 메리 셸리가 쓴 1831년판 서문은 『프랑켄슈타인』이 나오게 된 스위스 제네바의 무서운 이야기하기 내기의 전말을 밝히는 것으로 시작하였다. 오늘날 『프랑켄슈타인』은 1831년도 판 내용으로 주로 출판되고 있다.

### 1) 작품의 제목과 구조

『프랑켄슈타인』은 총 24장으로 구성되어 있다. 1931년판을 기준으로 하면 1부에는 8장이 있고 2부는 9장, 3부는 7장으로 구성되어 있는데, 우리나라의 번역본은 주로 31년판을 기준으로 한 것이다.

1부 앞에는 화자(narrator)인 로버트 월턴(Robert Walton)이 누이 마거릿 새빌(Margaret Saville)에게 보낸 편지 4통이 있고, 3부 뒤쪽에도 에필로그 형식으로 월턴의 편지가 첨가되어 있다. 앞서 말한 대로 서문은 판본에 따라 퍼시 비시 셸리와 메리 셸리가 각각 썼다.

작품을 전체적으로 보자면 로버트 월턴이 북극 탐험 중 만난 빅터 프랑켄슈타인에게서 괴물에 대한 이야기를 듣고, 자신이 들은 이야기를 다시 누이인 마거릿 새빌에게 전하는 액자소설 형태를 이룬다. 바깥쪽 액자의 화자는 로버트 월턴이고 그의 이야기 안에서 빅터 프랑켄슈타인이 또 다른 화자 역할을 한다는 점에서 액자 안에 작은 액자가 하나 더 있는 형태로 구성되어 있다.

『프랑켄슈타인』 표지 사진에서 보이는 바와 같이 작품의 원제목은 "프랑켄슈타인, 혹은 현대의 프로메테우스"(Frankenstein: or, The Modern Prometheus)이다. 제목에 "프로메테우스"가 들어간 것은 작품의 주제와도 관련이 있지만 서문을 쓴 퍼시 비시 셸리와도 직접적인 관련이 있다고 짐작된다. 왜냐하면 이 작품의 초판본이 나오고 난 뒤 퍼시 비시 셸리가 『사슬에서 풀린 프로메테우스』(*Prometheus Unbound*, 1820)를 출간했기 때문이다.

프로메테우스는 그리스 신화에 나오는 인물로 신들에게서 '불'을 훔쳐서 인간에게 전해준 벌로 카프카스산의 바위에 사슬로 묶여 간을 쪼아 먹히는 형벌을 받았다. 그의 간이 계속 회복되기 때문에 프로메테우스는 간을 쪼아 먹히는 형벌을 영원히 되풀이하여 겪는다. 그리스의 비극작가 아이스킬로스(Aeschylos, B.C. 525~B.C. 456)는 프로메테우스 신화를 모티브로 하여 연극작품 『사슬에 묶인 프로메테우스』(*Prometheus Bound*)를 썼는데, 이 작품을 모티브로 하여 퍼시 비시 셸리가 다시 『사슬에서 풀린 프로메테우스』, 즉 'bound'를 'unbound'라고 고친 시집을 낸 것이다.

작품의 제목에 프로메테우스가 언급된 것은 본 작품이 가진 주제가 무엇인가를 떠올리게 한다. 프로메테우스 신화에 의하자면 프로메테우스는 신의 소유물인 '불' 즉 '빛'을 인간에게 전해주었다는 이유로 형벌을 받았다. '빛/불'은 흔히 '앎', '지식'을 상징하는 것이다. 그러므로 프로메테우스가 함부로 인간에게 전해준 '빛/ 불'은 신의 영역에 있는 지식을 의미하는 것이며 그가 받은 형벌은 신의 영역을 침범한 것에 대한 징벌이다. 특히 『프랑켄슈타인』에서 말하는 신의 지식은 생명 창조에 대한 지식이라고 할 수 있다. 프로메테우스가 자신이 저지른 일로 간을 쪼이는 형벌을 받았듯, 빅터 프랑켄슈타인도 생명 창조에 대한 지식을 함부로 추구하여 그에 상응하는 형벌을 받게 된 것이다.

1818년 『프랑켄슈타인』의 표지를 자세히 보면, 제목 아래에 『실낙원』의 한 부분이 적혀 있는 것을 볼 수 있다. 그 내용을 번역하면 "창조주여, 제가 간청했나이까, 저를 진흙으로 빚어 사람으로 만들어 달라고? 제가 애원했나이까, 어둠에서 저를 끌어올려 달라고?"(Did I request thee, Maker, from my clay to mould me man? Did I solicit thee from darkness promote me?)이다.

이 구절은 밀턴의 『실낙원』 10장에 나오는 아담의 말을 그대로 인용한 것인데 창조주와 피조물의 갈등을 상징적으로 보여주는 구절이다. 원래의 구절은 창조된 인간 아담이 창조주에게 보내는 탄원이지만 "저주받을 창조자여! 왜 당신은 스스로도 역겨워 고개를 돌릴 만큼 소름 끼치는 괴물을 만들었는가?"라고 괴물(크리쳐)이 자신의 창조자 빅터 프랑켄슈타인에게 하는 원망을 떠올리게 한다. 또한 '어둠'이라는 단어는 프로메테우스가 훔쳤던 '빛'과 대조되는 이미지로, '무지'를 상징하고 있기도 하다.

아무것도 모르는 상태로 태어났을 때 괴물은 선했지만, 자신의 추악함을 깨달으면서 고통과 분노가 찾아왔다. 자신이 얼마나 추악하게 생겼고, 미움을 받는 존재인지를 자각하게 된 괴물의 정신적 고통을 표현할 수 있는 구절을 작품의 제일 앞에 배치했다는 점에서 과연 이 작품의 주인공이 제목에 나오는 빅터 프랑켄슈타인인지 끝까지 이름이 주어지지 않고 '괴물'이라고 불리는 그 인물인지를 생각하게 하는 지점이기도 하다.

「실낙원」의 원문

창조주여, 제가 당신께 요구했나이까
저를 흙에서 인간으로 빚어달라고, 제가 당신께
어둠에서 이끌어달라고, 아니면 이 곳

유쾌한 낙원에 있게 해달라고 간청했나이까?
내 의지로 이 땅에 존재한 적 없듯
하찮은 미물로 되돌아가는 것 또한 내 의지가 아니리니
소멸을 소망하고 내 받은 모든 것을 되돌려드리고 싶다 하여도
그 역시 제 뜻으로 이루어지지 않는 까닭입니다.

(「실낙원」 10장 743~50)

### 2) 『프랑켄슈타인』 줄거리

소설은 탐험가인 로버트 월턴(Robert Walton)이 누이인 마거릿 새빌에게 보낸 몇 통의 편지로 시작된다. 월턴은 북극해를 향해 탐험을 떠난 배의 선장으로 '위대한 목적'을 성취하기 위해 북극까지 왔다. 그의 위대한 목적은 극점 근처의 항로를 발견하는 것으로 이 일에 성공한다면 자신은 인류의 다음 세대까지 파장을 끼칠 위대한 공헌을 하는 것이라고 믿고 있다.

주변 사람들 사이에서 외로움을 느끼고 과학적인 업적을 세우려는 열망에 젖은 월턴의 모습은 똑같이 과학적인 업적을 쌓으려고 하는 빅터 프랑켄슈타인이나 다른 근대 과학자들과 비슷하다. 거대한 빙하를 만나는 바람에 꼼짝없이 얼음에 갇힌 월턴과 선원들은 그곳에서 빅터 프랑켄슈타인(Victor Frankenstein)을 구조한다. 그는 썰매를 타고 얼음을 타고 돌아다니다가 추위로 몸이 약해져서 거의 죽어가고 있었다. 월

턴은 그를 배 위로 데리고 오려고 하지만 빅터는 거부한다. 하지만 그 배가 북극으로 향한다는 말을 들은 후에는 배에 오른다. 월턴은 빅터를 극진히 간호하고, 빅터는 자신이 직접 창조해냈던, 도저히 믿을 수 없는 괴물에 대한 이야기를 월턴에게 전한다.

빅터는 먼저 제네바에서 보냈던 자신의 어린 시절에 대해서 이야기한다. 축복받은 어린 시절을 보내던 빅터는 그의 사촌이자 고아가 된 엘리자베스 라벤자(Elizabeth Lavenza, 1818년 판에는 그녀가 사촌이라고 되어 있고 1931년에는 고아를 여동생으로 입양되었다고 되어 있다)와 같이 지내게 된다. 그리고 앙리 클레르발(Henry Clerval)이라는 친한 친구가 있다. 빅터와 앙리 클레르발은 자연철학과 언어를 배우기 위해 독일의 잉골슈타트 대학에 함께 입학한다. 그곳에서 빅터는 예전에 관심을 가졌던 연금술에서 벗어나고 근대과학을 배운다. 또한 생명을 탄생시키고 싶다는 강한 욕망하에서 열심히 공부하여 마침내 생명 탄생의 신비한 비밀을 깨우치게 된다.

오만 지식을 섭렵하던 빅터는 인체를 가지고 생명체를 창조하기 위한 작업을 수개월 동안 수행한다. 어느 날 밤 그는 드디어 생명체를 창조하는 데 성공한다. 하지만 창조된 생명체의 흉측한 모습을 본 그는 두려움에 휩싸이고 결국 자신의 창조물을 내팽개친 채 도망가 버린다. 그 후 이름도 붙여주지 않은 이 괴물이 어둠 속에서 자신을 바라보는 악몽에 시달리다가 친구인 앙리에게 이 사실을 이야기한다. 그와 앙리는 다시 아파트로 돌아가 보지만 괴물은 이미 사라진 후이고 빅터는 열병에 걸려서 앓아눕는다.

잉골슈타트 대학으로 출발하려던 순간 빅터는 아버지에게서 편지 한 통을 받게 되는데 그 편지에는 어린 동생 윌리엄이 살해당했다는 소식이 들어있었다. 슬픔에 빠진 빅터는 서둘러 집으로 돌아온다. 집으로 가는 길에 윌리엄이 살해당했다는 숲을 지나던 빅터는 그곳에서 괴물의 모습을 흘낏 보게 되고 괴물이 동생을 죽였음을 확신하게 된다.

빅터는 제네바에 도착하여 자신의 집에서 형제처럼 지내던 착한 소녀 저스틴 모리츠(Justine Moritz)가 윌리엄의 살인범으로 체포되었음을 알게 된다. 빅터는 그녀가 아무 죄가 없음을 알고 있지만, 자신의 말을 아무도 믿어주지 않을 것 같아서 괴물에 대한 이야기를 하지 않는다. 결국 저스틴 모리츠는 유죄가 선고되어 사형을 당하게 된다. 빅터는 자신이 괴물을 창조하여 두 명이 무고하게 희생되었다는 사실을 깨닫고 절망한다.

슬픔에서 벗어나고자 빅터는 몽탕베르 산으로 휴양을 가고 그곳에서 다시 괴물과 마주친다. 괴물은 자신이 윌리엄을 죽였다고 고백하며 자신의 입장을 이해해 달라고 한다. 프랑켄슈타인에게서 버림을 받은 후 외로움에 지친 괴물은 자신을 창조한 빅터에게 복수하기 위해 의도적으로 윌리엄을 살해한 것이었다. 괴물은 자신의 짝을 만들어주면 인간 세상을 떠나 남미에서 서로를 위로하면서 살겠다고 하고 빅터는 괴물의 제안을 수락한다.

제네바로 돌아온 빅터는 여자 괴물을 만들기 위해 앙리에게 도움을 청하고 영국으로 향한다. 스코틀랜드에 앙리를 남겨둔 채 빅터는 오크니의 버려진 섬에 숨어 들어가 거기에서 여자 괴물을 만드는 데 성공한다. 어느 날 밤 자신의 행동이 도덕적으로 과연 옳은 행동인지 여전히 확신이 서지 않았던 빅터는 창문 너머로 흉측한 웃음을 짓고 있는 괴물과 시선이 마주친다. 자신이 한 일이 어떤 결과를 낳을지를 걱정하던 빅터는 결국 새로 만든 여자 괴물을 죽인다. 괴물은 분노하고 빅터가 결혼

할 때 찾아가 복수를 하겠다고 맹세한다.

그날 이후 빅터는 다시 호수를 건너가 자신이 만든 두 번째 괴물의 사체를 호수에 던져 버린다. 다음날 아침 빅터는 간밤에 살인 사건이 일어났으며 자신이 그 살인 사건의 용의자가 된 것을 알게 된다. 간밤에 떠내려 온 시체가 그의 친구인 앙리 클레르발이라는 것과 그의 목에 괴물의 손자국이 있는 것을 보고 깜짝 놀란 빅터는 결국 또다시 앓아눕지만, 현명한 판사 덕에 죄가 없음이 밝혀진다.

아버지와 함께 제네바로 돌아온 빅터는 엘리자베스와 결혼한다. 그는 괴물의 경고가 떠올라 자신이 그날 밤 괴물에게 살해될까 봐 두려워한다. 괴물을 기다리는 동안 빅터는 엘리자베스의 비명 소리를 듣게 되고 괴물이 노렸던 대상이 자신이 아니라 엘리자베스라는 사실을 깨닫게 된다. 엘리자베스의 죽음 이후 빅터는 다시 아버지의 집으로 돌아오지만 아버지 역시 그 사건에 충격을 받아 얼마 후 사망한다. 빅터는 자신의 남은 삶을 괴물에게 복수하는 데 쓰겠다고 맹세한 후 괴물을 찾기 위해 길을 떠난다.

빅터는 괴물의 자취를 쫓아 북극으로 향한다. 개썰매로 괴물의 뒤를 쫓던 빅터는 괴물을 거의 잡을 정도로 가까이 다가갔지만, 그 순간 얼음이 깨어져서 얼음에 갇힌다. 그때 월턴이 빅터를 발견하여 그를 구했다. 그리고 지금까지 빅터에게 모든 이야기를 들은 월턴이 누이에게 이 이야기를 편지로 전했던 것이다.

24장 뒤에 붙은 월턴의 편지에서 월턴은 자신이 빅터를 만났을 때 그는 이미 병이 위중하여 얼마 후 사망했다고 한다. 며칠 후 월턴은 빅터의 시체가 놓인 방으로 들어왔다가 빅터의 시체 위에서 울고 있는 괴물과 마주치고 깜짝 놀란다. 괴물은 월턴에게 자신이 겪은 극한의 고독,

고통, 증오와 후회에 대해 이야기한다. 괴물은 자신의 창조자가 죽은 지금 자신도 자신의 고통을 끝내겠다고 하며 죽기 위해 북극의 얼음을 향해 떠난다.

### 3) 중요 등장인물

■ **로버트 월턴**(Captain Robert Walton)

로버트 월턴은 북극에 온 탐험가이며, 빅터 프랑켄슈타인과 괴물의 이야기를 전하는 서술자(내레이터)이기도 하다. 그는 북극에서 배가 얼음 사이에 갇히는 일을 당했을 때 빅터 프랑켄슈타인을 발견하여 구조해 주었고 빅터에게서 괴물에 관한 이야기를 듣게 된다. 그는 이 작품에서 빅터와 괴물의 이야기를 독자가 듣게 하는 통로의 역할을 기본적으로 하고 있으며 동시에 근대과학 정신을 추구한다는 점에서 빅터 프랑켄슈타인과 닮은 점이 있기도 하다. 월턴에게 있어서 빅터 프랑켄슈타인은 정해진 길을 벗어나서 새로운 지식을 찾는 동료이면서, 동시에 윤리적인 고려가 수반되지 않는 지식은 파국을 초래하게 되리라는 것에 대한 살아있는 경고로 작용한다. 월턴은 빅터의 마지막을 지킨 사람이고 또한 괴물의 마지막 모습을 본 사람이기도 하다.

**로버트 월턴의 북극항로 개척**

파나마 운하가 있기 전 유럽인들이 동아시아로 가기 위해서는 아프리카 대륙의 남단인 마젤란 해협을 통해 돌아서 가는 통로밖에는 없었다. 그렇기 때문에 북극항로의 개척은 아시아로 가는 해상 교역로를 확보하고 운송비를 절감하여 무역으로 엄청난 이득을 올릴 수 있는 길이었다. 북극 통과에 최초로 성공에 가까워진 사람(북극항로 개척에는 실패했다)은 1596년 네덜란드인 빌렘 바렌츠(Willem Barentsz, 1550~1597) 일행이었는데 이들은 북극 해도 및 기타 자료를 남겼으나 해난사고로 사망하였다. 그 후 280년간 북극항로는 열리지 않았고 1878년 스웨덴의 지리학자 아돌프 에리크 노르덴셸드(Adolf Erik Nordenskiöld, 1832~1901) 탐험대가 아시아로 가는 북동항로에 도전하여 1년 만에 성공했다. 캐나다로 가는 북서항로 개척 역시 숫한 사망자를 남긴 뒤 1906년 노르웨이의 아문센(Roald Engelbregt Gravning Amundsen, 1872~1928)에 의해 개척이 되었다. 이런 역사적 사실을 토대로 보자면 1818년의 로버트 월턴의 북극항로 개척 시도는 분명 실패로 끝났을 것이다.

### ■ 빅터 프랑켄슈타인(Victor Prankenstein)

스위스 제네바의 귀족 프랑켄슈타인 가문의 아들로, 두 명의 동생을 두고 있다. 어린 시절에는 파라켈수스나 아그리파 같은 연금술사에게 빠져 있었지만, 당시 최고의 대학 중 한 곳인 잉골슈타트 대학에 입학하여 저명한 과학자들을 만나고 연구에 참여하면서 연금술에서 벗어났다. 흔히 "프랑켄슈타인 박사"로 불리는데, 소설 속에서 박사 학위를 받지 않았으므로 박사는 아니고, 여러 분야의 과학을 열심히 공부한 대학생이라고 할 수 있다. 그를 박사로 지칭하게 된 배경은 1931년 미국의 유니버셜 픽쳐스(Universal Pictures)에서 제임스 웨일 감독이 만든 영화 덕분인데, 이 영화에서 빅터 프랑켄슈타인이 박사로 그려졌기 때문이다.

빅터는 당시 유럽의 저명한 대학교인 잉골슈타트 대학(Ingolstadt University)에서 저명한 과학자들과 함께 과학연구에 몰두하여 "개체 발생과 생명의 원인을 찾아내고 무생물에 생명을 불어넣는 능력을 갖게 되었다." 그 후 동물의 사체와 인간의 시체를 조립하고 전기를 이용하여 생명체를 탄생시키는 것에 성공한다. 하지만 자신이 만든 생명체가 너무 추하다는 사실을 깨닫고, 또한 하나님의 영역인 생명 탄생에 도전했다는 것에 죄책감을 느끼게 됨으로 인해 태어난 생명체를 유기한다. 이후에도 빅터는 여자 괴물을 만들어 달라는 괴물의 부탁을 수락하고도 괴물이 하나 더 생기게 되면 번식에 성공해 개체 수를 늘릴 수도 있다는 점을 우려하여 거의 다 만들어진 여자 괴물의 육체를 부숴 버렸다.

빅터 프랑켄슈타인은 사실과 실험에 입각하여 연구결과물을 내려고 하고, 끊임없는 과학적 호기심과 도전의식을 보인다는 점에서 근대 과학 정신을 상징한다. 하지만 또한 동시에 과학적인 윤리의식과 책임감이 부족한 과학자이기도 하다. 그는 생명 창조를 할 수 있다는 자만심과, 자신의 능력을 증명해보고 싶은 공명심으로 별다른 문제의식도 없이 생명체를 만들어내지만, 그 생명체가 단지 추하다는 이유 하나로 자신의 행동에 책임지지 않고 도피해 버리는 무책임성을 보여주는 것이다. 이 이후에도 그는 저스틴 모리츠가 사형을 당할 때 그녀의 구명에 도움을 주지 않았다는 것에 책임이 있고, 다른 주변 인물들의 죽음에도 어느 정도 책임이 있다.

**에르네스트 프랑켄슈타인의 행방**

빅터 프랑켄슈타인에게는 2명의 동생이 있는데, 한 명이 에르네스트(Ernest)이고 다른 동생이 윌리엄(William)이다. 가장 어린 윌리엄은 괴물이 목을 졸라 죽였지만 에르네스트는 어느 순간 슬그머니 사라져 버렸다. 소설에서 서술된 바에 의하자면, 그는 빅터보다 6살 어리고 어렸을 때 많이 아팠으나, 빅터가 잉골슈타트 대학에 입학하여 집을 떠나 있는 사이에 건강해졌다고 한다. 엘리자베스는 편지에서 에르네스트가 16세가 되었고 씩씩하게 성장했다고 전하였고, 3

권에도 에르네스트가 유일하게 살아남은 프랑켄슈타인 집안사람이라고 하였다.
그런데 빅터 프랑켄슈타인과 괴물이 두 번째 만났을 때 빅터는 괴물에게 자기 집안 식구가 모두 죽었다고 말한다. 아버지, 어머니, 엘리자베스와 윌리엄이 사망한 것은 분명하지만 에르네스트의 죽음에 대한 언급은 없었음에도 불구하고 가족을 모두 잃었다고 한 것이다. 작가가 에르네스트의 존재를 깜박했던 것인지 아니면 다른 이유가 있었는지는 확실하지 않다.

## 괴물, 혹은 크리쳐(creature)

빅터 프랑켄슈타인이 만든 창조물이고 신장이 8피트(2M 40cm)에 엄청난 괴력을 가진 흉물스러운 존재로 그려지고 있다. 빅터는 가장 아름다운 외모의 시체 조각을 골라서 짜 맞추었다고 하는데 결과물은 실망을 넘어서 경악스러웠다. 너무 실망한 빅터는 괴물에게 끝까지 이름을 지어주지 않아서 괴물은 '괴물', '크리쳐', '악마' 등으로 불리게 되었다.

괴물은 빅터가 버리고 간 후 신생아처럼 아무것도 모르는 천진난만한 상태로 돌아다니는데 그의 흉한 모습을 본 사람들은 모두 그를 피한다. 프랑켄슈타인의 어린 동생이 살해되고 하녀 저스틴이 죄를 뒤집어쓴 채 사형된 후 프랑켄슈타인 앞에 나타난 괴물은 천진난만했던 자신이 왜 잔인하게 변해버렸는지를 이야기한다.

가장 유명한 "괴물" 보리스 칼로프(Boris Karloff) 〈프랑켄슈타인의 신부〉(1935)의 한 장면이며 오늘날 우리들에게 익숙한 괴물의 모습은 이 영화의 보리스 칼로프에게서 나왔다고 볼 수 있다.(출처: Wikipedia Commons) Public domain

그는 가난한 농민들을 돕고, 물에 빠져 죽어가는 아이를 구했지만 그의 흉물스러운 외모를 본 사람들은 그에게 돌을 던지고 내쫓았다. 숲 속에서 만난 가족에게 애정을 느끼지만, 그가 자신의 모습을 드러내자 그 가족은 모든 것을 버리고 숲 속을 떠난다. 이런 경험을 겪은 후 괴물은 자신을 만들고 유기한 빅터에 대한 복수심에 살인자가 된다.

흉측한 외모와 달리 괴물은 지적이고 인간적인 감정이 풍부하다. 그는 숲속에서 만난 가족의 집에 숨어 들어가 그들 모르게 언어와 문자를 배우고, 『플루타르크 영웅전』, 『실낙원』 같은 책을 읽으며 지력을 키웠으며, 물웅덩이에 비친 자기 모습을 보고, 또한 『실낙원』과 같은 책의 독서를 통해 자신의 정체의 애매모호성을 깨닫고, 그렇게 된 발단을 제공한 빅터에게 항변한다. 아래의 구절은 빅터를 만났을 때 괴물이 빅터에게 하는 말 중 일부이다. 여기서 괴물은 빅터에게 창조자로서의 임무를 다하라고 지적이고 설득력 있는 어조로 항변하고 있다.

> "진정해! 저주받은 내 머리에 증오를 쏟아붓기 전에 내 말을 한 번만 들어다오. 당신이 굳이 더 불행하게 만들려 하지 않아도, 나도 이만하면 충분히 괴로움을 겪지 않았는가? 삶이 고뇌의 연속에 불과하더라도, 내게는 소중한 것이니 지킬 생각이다. 기억하라. 당신이 나를 당신 자신보다 더 강력하게 창조했다는 것을. 내 키는 당신보다 크고 관절은 더 유연하다. 하지만 당신과 대적하고 싶지는 않다. 나는 당신의 피조물이니 당신이 내게 빚진 의무를 다하기만 한다면, 나 역시 본연의 영주이자 왕인 당신의 뜻을 고분고분하게 따를 생각이다. 오! 프랑켄슈타인, 모든 이에게 공평하게 대하면서 나만 짓밟지는 말란 말이다. 나야말로 당신의 정의, 심지어, 당신의 관용과 사랑을 누구보다 받아 마땅한 존재니까. 기억하라. 내가 당신의 피조물이라는 사실을. 나는 당신의 아담이 되어야 하는데 오히려 타락한 천사가 되어 잘못도 없이 기쁨을 박탈당하고 당신에게서 쫓겨났다. 어디에서나 축복을 볼 수 있건만, 오로지 나만 돌이킬 수 없이 소외되었다. 나는 자애

롭고 선했다. 불행이 나를 악마로 만들었다. 나를 행복하게 만들어라. 그러면 다시 미덕을 지닌 존재가 될 테니."

-『프랑켄슈타인』 문학동네 132~133.

## 『프랑켄슈타인』과 근대과학의 성장

### 1) 과학소설의 시발점으로서의 『프랑켄슈타인』

앞 장에서 과학소설의 정의는 명칭 자체로 알 수 있다고 하였다. 다시 말해 과학소설은 과학적 사실과 원리를 대상으로 한 문학 장르이다. 하지만 과학적 사실이나 원리가 반드시 과학적으로 입증되어야 하는 것은 아니다. 미래 세상을 배경으로 하거나, 과학적인 토픽이나 소재를 다루고 있다면 과학소설의 범주에 넣을 수 있는데, 그런 의미에서 보자면 『프랑켄슈타인』은 최초의 본격적인 과학소설로 평가할 수 있고, 지금까지 그렇게 평가를 받고 있다.

『프랑켄슈타인』은 생명체의 창조라는 주제를 이용했다는 점에서 H. G. 웰스의 『모로 박사의 섬』과 비교된다. 『모로 박사의 섬』에서 모로 박사는 서로 다른 동물들의 신체를 절단하여 이어 붙이고 인위적으로 진화를 가속화하여 동물인간을 만든다. 이 두 작품은 시간적으로 약 80년 정도의 차이를 두고 있지만, 갈바니즘과 진화론이라는 각 시대의 과학적인 주제를 담고 있으며, 무분별한 생명 창조가 어떤 파국을 이뤄낼 것인가에 대한 전망을 담고 있다는 공통점을 가지고 있다. H. G. 웰스의 작품에서 찾을 수 있는 과학소설적 요소를 메리 셸리의 작품에서도 찾을 수 있는 것이다.

로널드 에드워즈는 과학소설을 통해 예언을 보는 것이 아니라 그 소설이 쓰인 당시의 동시대적인 성찰을 읽는 것이라고 하였다[14]. 이 말처럼 이 두 소설은 미래에 일어날 수도 있는 것을 다루지만 동시에 현재의 사람들이 관심을 기울이고 있는 과학적이고 사회적인 문제에 대해 다루고 있는 것이다.

작품 속에서 빅터 프랑켄슈타인이 생명체를 창조하는 순간은 몇 줄로 짧게 묘사되어 있다. 그 대신 메리 셸리는 프랑켄슈타인이 생명 창조에 대해 어떻게 관심을 가지게 되었으며 연금술에서 근대과학으로 인식의 전환을 이루는 경로와, 생명체를 창조하고 난 뒤 자신이 한 실험이 신성을 모독했다는 자책을 상당히 자세하게 묘사한다. 빅터의 정신적인 변화를 통해서 우리는 근대과학자의 의식이 어떻게 형성되었는지에 대해서 알 수 있다는 점에서 이 작품은 근대 과학자의 인식과정을 보여주고 있기도 한다.

### 2) 연금술: 철학자의 돌과 불멸의 묘약

메리 셸리가 살던 시대에 과학, 즉 science라는 용어는 일반적이지 않았다. '과학자'라는 용어는 영국의 과학자이자 철학자인 윌리엄 휴얼(William Whewell, 1794~1866)이 1833년 처음으로 썼다고 알려져 있다. 그러므로 『프랑켄슈타인』에서는 과학자라는 용어 대신 그 당시에 일반적으로 쓰였던 용어인 '자연철학'(natural philosophy)이라는 용어

14 Ronald, Edwards. *The Edge of Evolution: Animality, Inhumanity & Doctor Moreau*. Oxford: Oxford UP. 2016. p. 259

를 쓰고 있다. '자연철학'이라는 용어는 아리스토텔레스가 활동하던 시절부터 쓰였던 용어로 오늘날 우리가 과학이라고 할 때 떠올릴 수 있는, 실험이나 관찰을 통해 과학적 발견을 한다는 의미라기보다는, 과학에 대한 철학을 의미하는 용어로 쓰였다고 할 수 있다. 주로 우주의 삼라만상에 대한 고찰, 자연의 본성이나 원리 같은 것에 대한 철학이나 생각을 지칭하는 용어였는데, 과거 과학과 인문학이 분화되지 않고, 지금과 같이 과학이 생물학, 화학, 지질학 등으로 세분화되지 않았을 당시에 쓰였던 용어이다.

빅터는 북극에서 자신과 같은 '자연철학자'인 월턴을 만났을 때, 자신이 '생명의 신비'에 빠지게 된 첫 계기가 연금술이라고 말했다. 빅터는 13세 때 갔던 여행에서 우연히 코르넬리우스 아그리파의 저술을 묶은 책을 읽고 연금술에 빠지는데, 그는 연금술에 대한 탐색을 "철학자의 돌과 불멸의 묘약을 향한 탐색"이라고 표현하였다.

해리 포터 시리즈물에도 나오는 '철학자의 돌'(Philosopher's stone) 혹은 '마법사의 돌'은 연금술에서 중요하게 여기는 가상의 물체이다. '제5의 원소'라고 불리기도 하는 이 가상의 물질은 금속을 황금으로 바꾸고, 불멸의 존재를 만들고, 생명체를 창조하기 위해 필요한 것이라고 전해진다. 중세 연금술사가 금을 만들기 위해서 꼭 필요한 것이 이 '철학자의 돌'이었기 때문에 이것을 만들기 위해 다양

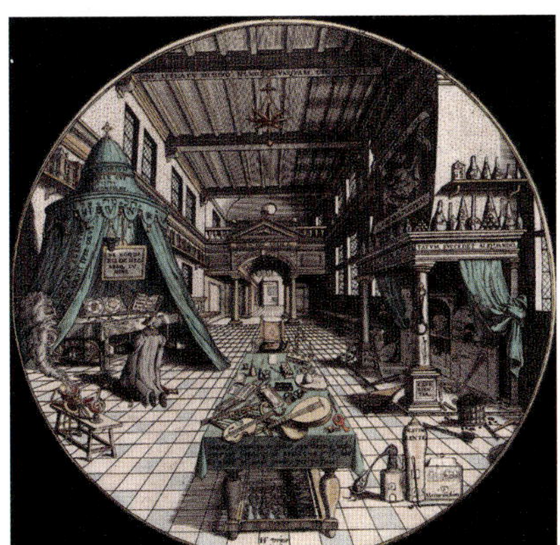

Hans Vredeman de Vries가 1595년에 새긴 판화의 복사본. 제목: 〈연금술사의 실험실〉 (출처: Wikimedia Commons) Public domain

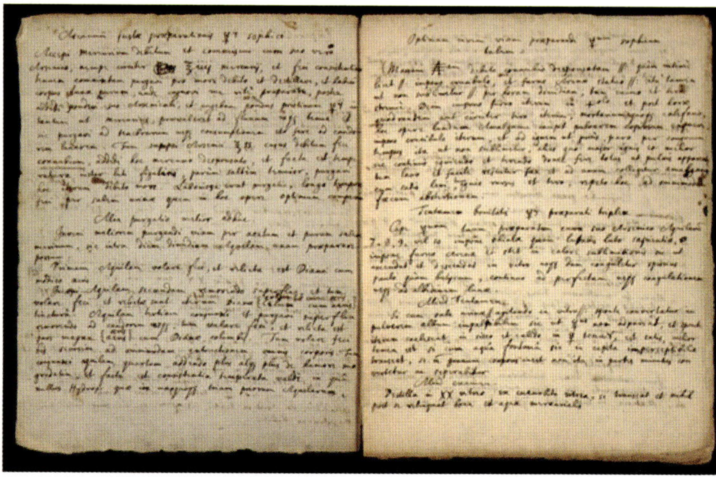

미국 화학유산재단을 통해 2016년 공개된 뉴턴의 연금술 필사본. James R Voelkel이라는 개인 소장가가 공개하였다. 뉴턴이 가장 좋아했다는 연금술사 Eirenaeus Philalethes의 글을 뉴턴이 직접 베꼈으며 납을 금으로 만들어준다는 "철학자의 돌"을 제조하는 방법에 관한 내용이 담겼다. 필사본 뒷장에는 뉴턴이 연금술 실험에 관한 자신의 메모를 남겼다. 이처럼 뉴턴의 시대에도 연금술을 과학적 연구대상으로 여기고 있었다.(사진: Science History Institute 출처: Chemical Heritage Foundation 홈페이지 기사, https://www.sciencehistory.org/distillations/the-newton-mess)

한 실험을 했다고 하는데, 이런 실험을 하다가 뜻하지 않게 과학적인 발견, 특히 화학에 있어서 많은 발견을 하게 되는 아이러니도 발생했었다.

연금술은 일반 금속에서 금을 찾아내거나 금으로 바꾸는 작업이면서 동시에 고상한 영혼이나 정신을 찾아내고 물질에 생명을 부여하는 것을 추구하기도 했다. 빅터 프랑켄슈타인이 언급한 연금술사인 코르넬리우스 아그리파(Heinrich Cornelius Agrippa, 1486~1535)는 르네상스기의 대표적인 점성술사이자 신학자였다. 마녀로 기소된 사람을 법정에서 옹호하여 무죄 방면시키는 데에 도움을 주어 교수직에서 물러났다고 하는 아그리파는 『신비 철학에 관하여』(*De occulta philosophia*, 1533)라는 책을 통해 마술, 유대교의 신비주의 등을 다루었다. 그가 마술을 부리고, 죽은 사람을 불러내고, 생명체를 만들었다는 전설이 있기도 하기 때문에 빅터 프랑켄슈타인이 그의 책을 통해 생명의 신비에 대한 호기심을 가지게 되었으리라고 짐작된다.

행복한 어린 시절을 보내던 어느 날 모든 것을 쓸어버리는 자연재해의 참상을 본 어린 프랑켄슈타인은 아그리파의 책을 읽게 된다. 그의 아버지는 아그리파에 대해 "아! 코르넬리우스 아그리파! 이런 데 네 시간을 낭비하지 마라. 한심한 쓰레기다"라고 평한다. 하지만 아그리파의 책에 푹 빠진 프랑켄슈타인은 아그리파에서 파라켈수스(Paracelsus, 1493~1541), 알베르투스 마그누스(Albertus Magnus, 1193~1280) 등과 같은 연금술사에 대한 관심으로 옮겨가며 "철학자의 돌"과 "불멸의 묘약"을 향한 탐색을 계속하게 되었다.

### 3) 크렘페 교수와 발트만 교수가 말하는 중세 연금술과 근대 과학의 차이

연금술사의 책에 빠졌던 빅터 프랑켄슈타인이 인식의 전환을 이루게 된 첫 번째 계기는 폭풍우가 치는 날 번개가 그의 집 근처의 나무를 쓰러뜨리는 것을 본 때였다. 자연의 파괴적인 힘에 놀라워하는 빅터에게 아버지는 그 힘이 '전기'에서 오는 것이라고 하며, 벤저민 플랭클린(Benjamin Franklin, 1706~1790)이 1752년에 번개가 전기로 인해 발생하며 전기를 방전한다는 것을 입증하기 위해서 했던 유명한 '연 실험'을 직접 시연한다. 벤저민 프랭크린은 번개가 전기라는 것을 입증하기 위해 비오는 날 철사가 달린 연을 날려서 연의 끝에 달린 철

미국 100달러 지폐 위의 벤저민 플랭클린의 초상

사에 전기가 모이는 것을 보여주는 실험을 했었는데, 빅터의 아버지가 그와 유사한 실험을 직접 해보인 것이다. 이 실험이 얼마나 충격적인 것이었는가에 대해 빅터는 이렇게 말한다. '내 상상력의 주군으로 오랫동안 군림했던 코르넬리우스 아그리파, 알베르투스 마그누스, 파라켈수스를 완전히 무너뜨렸다'(『프랑켄슈타인』 문학동네 49).

빅터의 과학에 대한 탐구열은 대학진학으로 인해 더욱 가속화되었다. 그는 당대 최고의 대학교 중의 하나인 잉골슈타트 대학(University of Ingolstadt)에 진학한 후 자연철학 교수인 발트만 교수(M. Waldman)와 크렘페 교수(M. Krempe)를 만나게 된다. 이곳은 메리 셸리가 『프랑켄슈타인』을 쓸 당시에 근대과학의 중심지라고 할 수 있는 곳이었다.

1915년경에 무명의 작가가 그린 잉골슈타트시 전경 (Wikimedia Commons) Public domain. 잉골슈타트는 독일 남부 바이에른주에 있으며 잉골슈타트 대학은 예수회가 1550년에 세운 대학으로 18세기(1776년)에 이 대학에서 시작된 일루미나티(Illuminati) 조직으로 유명하다.

잉골슈타트 대학의 크렘페 교수는 빅터 프랑켄슈타인에게 중세과학과 연금술에 대해 다음과 같이 말해준다.

> "그 책들에 소모한 일분일초는 철저히, 완벽하게 낭비된 걸세. 타파된 체제와 쓸모없는 이름들로 기억력에 부담만 가중시킨 거야. 이럴 수가 있나! 대체 어떤 사막 같은 땅에 살았기에, 자네가 그렇게 게걸스럽게 탐닉한 이런 망상들이 수천 년 묵은 것들이고 케케묵다 못해 곰팡내를 풍기는 거라고 제대로 친절하게 알려줄 사람 하나 없었던 건가? 이런 계몽과 과학의 시대에 알베르투스 마그누스와 파라켈수스의 신봉자를 만나게 될 줄은 몰랐는데. 자네는 아무래도 연구를 완전히 새로 시작해야겠네."(『프랑켄슈타인』 문학동네 57)

크렘페 교수는 중세 연금술은 타파된 체제이며, 망상이라고 평하고 있다. 계몽과 과학의 시대에 존재할 수 없는 낡은 것이며 더 이상 과학이라고 할 수 없는 것이라는 것이다. 프랑켄슈타인에게 근대과학에 대해 소개한 또 다른 교수인 발트만 교수는 더 나아가 연금술과 근대과학이 어떻게 다른지를 다음과 같이 설명한다.

> "이 과학의 고대 스승들은 불가능한 일을 약속하고 아무것도 실현하지 못했습니다. 현대의 대가들은 약속하는 바가 거의 없습니다. 금속의 형질 변형은 불가능하며 불멸의 묘약은 허깨비라는 걸 알고 있습니다. 이 철학자들의 두 손은 기껏해야 흙이나 만지작거리는 데 쓰이는 것이고 두 눈은 현미경이나 도가니를 들여다보는 물건 같지만 이들이야말로 기적을 일구는 사람들입니다. 그들은 자연의 후미진 거처를 꿰뚫어 보고, 자연이 은거지에서 어떻게 일하는지를 보여줍니다. 그들은 저 하늘로 비상합니다. 그리고 혈액이 어떻게 순환하는지, 우리가 숨 쉬는 공기의 본질이 무엇인지 발견해냈습니다. 새로울 뿐 아니라 거의 무한한 힘들을 손에 넣었습니다. 하늘의 천둥을 마음대로 조종하고, 유사 지진을 일으키고, 심지어 어둠에 가려 우리 눈에 보이지 않는 세계까지 모방할 수 있습니다."(『프랑켄슈타인』 문학동네 57)

발트만 교수가 말하는 '고대 스승들'은 연금술사들이며, '현대의 대가,' '철학자들'이라고 불리는 사람들은 근대과학자들이다. 고대 스승들은 과학적으로 불가능한 것을 가능하다고 하는 허황된 꿈을 꾸는 사람들이지만 근대과학자들은 직접 실험을 하고, 자연의 후미진 곳을 탐험하고, 혈액의 순환과 공기의 본질에 대해서 실험하고 알아보면서 이전에는 가능하지 않았던 것을 가능하게 하고, 진정한 기적을 이뤄낼 수 있는 사람들이다. 발트만 교수의 말을 빌리자면 근대의 과학자들은 자신의 오감을 동원하여 현상을 파악하는 등 실증적인 실험을 이용하여 입증된 지식만이 과학이라고 생각한다.

또한 발트만 교수는 과학의 힘을 '무한하다'라고 표현하고 있는데, 이 말 속에서 근대과학자들이 과학의 미래에 대해 가졌던 낙관적인 믿음을 볼 수 있기도 하다. 과학의 무한한 힘을 '어둠에 가려 우리 눈에 보이지 않는 세계까지 모방할 수 있다'라고 그는 말한다. 이것은 지식을 '빛' 혹은 '불'에 비유하는 『프랑켄슈타인』의 빛/불에 대한 기본 상징의 연장선상에서 의미를 파악할 수 있다.

**자연철학(Natural Philosophy), 자연철학자(Natural Philosopher)**

'과학'이 처음부터 과학이라고 불렸던 것은 아니다. 원래 과학은 인문학과 명확하게 구분되지 않고 철학의 한 갈래로 간주되었다. 자연철학이라는 용어는 자연현상과 우주를 탐구대상으로 삼는 철학을 의미하는 것으로 과학을 인문학과 구분 짓지 않던 시대에 사용한 용어이다. 고대 그리스의 철학자들이 자연현상을 자연적 원인으로 설명하려고 노력했고, 이런 노력 역시 철학의 일부분으로 간주되었기 때문에 자연철학이라 불렸다. 그리스인들은 이 세상을 만든 기본 물질이 무엇인가에 대해 토론하고 이를 입증하려고 했는데 이것이 자연철학의 시작이라고 볼 수 있다. 이미 그리스 시대에 기하학, 수학, 과학 등이 시작되었으나 점성술과 같이 오늘날 비과학적이라고 간주되는 것도 함께 자연철학으로 불렸다. 중세기 이후 갈릴레오 갈릴레이, 뉴턴과 같은 과학자들 역시 자연철학자로 불렸다.

'과학자'라는 용어는 케임브리지 대학의 윌리엄 휴얼(William Whewell, 1794~1866)이 1833년 메리 서머빌(Mary Somerville)의 책에 대한 리뷰에서 '과학자'(scientiest)라는 용어를 처음 쓰면서 시작되었다. 'science'라는 용어의 어원은 '자르다, 분리하다'는 의미를 가지는 'scientia'로 이 용어는 체계적이고 보편적인 지식을 의미하는 그리스어 episteme에서 나왔다고 한다. 휴얼은 과거 철학과 과학을 구분하지 않았던 자연철학자들을 당시의 과학자 그룹과 구분하기 위해 이 용어를 만들었다.

1818년에 출간된 『프랑켄슈타인』에서 잉골슈타트 대학의 발트만 교수가 '자연철학자'과 '연금술사'을 구분하는데 이때 '자연철학자'는 오늘날의 기준으로 볼 때 과학자를 의미한다고 할 수 있다. 즉 '과학자'라는 용어가 생기기 전에 출간된 『프랑켄슈타인』에서 자연철학자는 '과학자'를 의미한다. 발트만 교수는 자연철학자의 범주에서 연금술사를 분리했다는 점이 특이하다.

### 4) 『프랑켄슈타인』에 나타난 근대과학

프랑켄슈타인의 생명창조에 대한 탐구는 연금술과 같은 비과학적 상상력에서 출발하였다. 하지만 그가 동원한 지식은 갈바니즘, 화학, 해부, 생물학 등의 근대과학이었고, 인체실험이었다. 로널드 에드워즈는 1818년에 나온 『프랑켄슈타인』이 빅터 프랑켄슈타인을 당시에 현존했던 과학을 확장하여 성공적으로 인간을 창조해 낸 '기술연구원'(Research engineer)으로 묘사하여 인간의 존재가 화학적이자 물리학적인 현상이라는 사실을 독자들이 이해하게 만들고 있다고 하였다(16). 프랑켄슈타인은 실험과 관찰을 통해 어떻게 인체와 생명의 원리를 파악하게 되었는지를 다음과 같이 말하고 있다.

> "인간의 훌륭한 육신이 어떻게 훼손되고 소모되는지 보았다. 생명이 꽃 피는 뺨을 사후의 부패가 이어받는 것을 목도했다. 눈과 뇌라는 기적들이 어떻게 벌레들에게 상속되는지 보았다. 삶에서 죽음으로, 죽음에서 삶으로 변화하는 과정에서 드러나는 인과관계의 세세한 부분들을 찬찬히 공들여 탐구하고 분석했다. 그러다가 마침내 어둠의 한가운데에서 돌연한 빛이 내 마음을 비추었다. 그 빛은 찬란하고 경이로우면서도 너무나 단순해서 그 어마어마한 가능성에 어지러울 지경이었다."(『프랑켄슈타인』 문학동네 64)

그는 생명을 알기 위해서 먼저 죽음에 대해 관찰하였고 결국 생명의 원리를 깨우치게 된다. 그는 이 과정을 '어둠 가운데서 빛'이 비치는 것으로 묘사하고 있다.

작가인 메리 셸리가 과학을 배우지는 않았지만, 당시 유명 과학자들과 직간접으로 교류했다는 것은 잘 알려진 사실이다. 그녀는 험프리 데이비의 저서를 읽고 강연을 들었으며 시인 바이런과 그의 주치의인 폴리도리와 교분이 있었다. 남편 퍼시 비시 셸리도 현미경, 자기장, 태양계 등에 관심이 많아 직접 실험을 하기도 했었다고 한다. 1831년도판 『프랑켄슈타인』의 메리 셸리가 쓴 서문에는 바이런과 퍼시 비시 셸리가 '생명의 원리의 본질이 무엇이며 그것을 발견하고 전달할 가능성이 과연 있을까'를 논의하고 이래즈머스 다윈 박사(Erasmus Darwin, 1731~1802)의 실험에 대해, 전기 요법으로 생명에 온기를 불어넣는 일이 가능하지 않을까에 대해 토론했다고 적혀 있다. 『프랑켄슈타인』의 집필에 참여했다고 하는 퍼시 비시 셸리도 1818년 초판본에 붙인 서문에서 이 작품이 막연하고 괴기스러운 로맨스만은 아니며, 이 이야기가 과학적으로 불가능한 것만은 아니라는 말로 시작한다.

> "이 허구적 이야기의 토대가 되는 사건은 다윈 박사(찰스 다윈의 할아버지인 이래즈머스 다윈)를 비롯해 독일의 몇몇 생리학 저자들(블루멘바흐, 루돌피, 티데만 등)의 추정에 따르면 불가능하지는 않다고 한다. 하지만 내가 그런 공상에 일말이라도 진지한 믿음을 부여한다고 생각한다면 오산이다. 그러나 그것이 상상력의 소산인 소설의 토대라고 전제할 때는, 그저 초자연적 괴담들을 이리저리 짜 맞춘 것일 뿐이라고 생각하지도 않았다. 이 소설이 주로 관심을 갖는 사건은 단순한 귀신이나 주술 이야기가 드러나는 맹점에서 벗어나 있다. 전개되는 상황이 새롭다는 점을 좋게 볼 수 있을 뿐 아니라, 물리적 사실로서는 어처구니없고 황당무계할지언정 인간의 열정을 그려내는 상상력 면에서 보자면 실재하는 사건을 서술하는 그 어떤 평범한 이야기보다 더 포괄적이고 설득력 있는 시각을 지니기 때문이다. (『프랑켄슈타인』 문학동네 9)

빅터 역시 인간 창조가 연금술과 같은 중세의 비과학적 산물이 아니라 18세기 말 당시 유명한 과학의 중심지였던 잉골슈타트 대학의 대학생인 자신이 유럽 최고의 생리학자, 생물학자, 화학자들과 교류하고 그들의 지식을 섭렵한 후 나온 산물이라는 점, 즉 도저히 억제할 수 없으리만큼 갈급했던 지식욕의 산물이며 과학적 발전의 산물이라는 점을 부각한다. "과학적 탐구욕을 채울 먹을거리는 언제나 있고," "미스터리라고 치부하면서 비겁하거나 부주의하여 탐구에 실패한 것들이 얼마나 많은지"를 되짚어 본 빅터가 손을 댄 것이 생명체의 창조였던 것이다.

빅터는 생명체의 창조에 앞서 생체에 대해 관심을 가진다. "특히 나의 관심을 끌었던 현상들 중 하나는 인간 신체, 아니, 생명을 부여받은 모든 동물들의 신체 구조였다. 나는 스스로에게 묻곤 했다. 대체 어디서 생명의 원리가 나왔을까?" 빅터는 생명체의 창조를 위해 해부실과 푸줏간에서 인간과 동물의 절단된 신체를 가져와서 이를 결합하는 방식을 쓴다. 이와 유사하게 인간과 동물을 대상으로 한 실험으로 메리 셸리가 주목했던 것은 원시적 진화론을 구상했던 외과의사 윌리엄 로렌스(Sir. William Lawrence, 1783~1867)의 실험일 것이라고 여겨지는데 윌리엄 로렌스는 작가 메리 셸리와 직접적인 교류를 하기도 했었다고 한다[15].

하지만 이 당시 영국에서 시작된 에드워드 제너(Edward Jenner, 1749~1823)의 종두법(1797)도 인체실험과 동물에서 얻은 물질을 인체에 주입하는 실험을 한다는 점에서 이 작품에 영향을 끼쳤다. 종두법은 천연두라는 천역에서 해방됨을 의미하는 것이었다. 하지만 동물에서 추출된 면역물질을 사람에게 주입하는 생체 실험 자체는 당시 유럽인들이 받아들이기 힘들 정도로 충격적이고 획기적인 것이었다.

종두법은 1797년에 과학계에 발표되었지만 실제 일반인들에게 보급되는 데 몇 십 년이 걸렸다. 이는 질병균을 인체에 투입하여 질병을 예방하는 종두법에 대한 거부감을 극복하는 데에 그만한 시간이 필요했기 때문이었다. 그런 면으로 보자면 괴물을 창조하고 난 뒤 그 괴물을

15 Ronald Edwards, p. 29

유기해야 할 정도로 극도의 두려움을 느끼는 빅터의 모습은 종두법의 성과와 그 성과를 얻기 위해 치렀던 생체실험, 그리고 생체실험이 일으킬 수 있는 미래의 문제에 대한 당시 영국인들의 공포가 반영된 것이기도 하다.

병에 걸린 소의 몸에서 뽑아낸 면역물질을 인간에게 주사하여 천연두를 예방하는 제너의 종두법은 당시 사람들에게 동물에게서 나온 물질을 인간에게 주입한다는 점에서 대단한 공포를 유발했다. 위의 판화는 1802년 James Gillray가 그린 〈천연두 예방접종을 하는 환자들과 함께 있는 에드워드 제너〉라는 삽화이다. 이 그림에서 예방접종을 받은 환자들의 몸이 소로 변하고 있는데 당시 사람들은 실제로 예방접종을 하면 소로 변할 수도 있다는 소문을 믿었다.(출처: Science Museum Group, Wikimedia Commons) Creative Commons attribution 4.0 international license 하에 있음.

## 괴물은 왜 이름이 없는가?

### 1) 괴물의 탄생

빅터 프랑켄슈타인은 해부실과 도살장에서 수집한 인간과 동물의 사체를 모아 전기를 통과시키는 방법으로 괴물을 만들었다.

> "나는 시체안치소에서 유골을 수집했고, 속된 손으로 신체의 유장한 비밀을 어지럽혔다. 꼭대기 층에 있는 나만의 방에서, 아니 차라리 감옥의 독방이라 해야 할, 회랑과 층계로 다른 집들과 완벽히 분리된 곳에서 더러운 창조의 작업실을 운영했다. 세밀한 작업을 요하는 연구에 매진하느라 안구가 다 튀어나올 지경이었다. 해부실과 도살장에서 상당량의 재료를 조달받았다. 인간의 본성이 혐오감으로 차올라 작업을 등지기 일쑤였으나, 꾸준히 부풀어만 가는 열망으로 정진한 끝에 거의 마무리 단계까지 완수했다." (『프랑켄슈타인』, 문학동네 67~68)

다른 사람들과의 교류를 끊은 상태로 연구에 몰두한 지 수개월이 지난 11월의 어느 날 폭풍우가 치는 밤에 빅터는 드디어 생명체의 창조에 성공한다. 그리고 "생명 없는 물체에 존재의 불꽃을 주입"하여 생명체가 눈을 뜨고 숨을 쉬며 움직이는 것을 보게 된다. 하지만 이런 역사적인 순간에 대한 묘사를 이렇게 간단해도 되나 싶을 정도로 이 장면은 짧게 서술되어 있다. 책을 빨리 읽는 사람은 괴물이 눈을 뜨고 숨을 쉬는 순간을 부지불식중에 뛰어넘을 수 있을 정도로 간단하다. 대신 뒤이어서 장황하게 이어지는 것은 태어난 괴물이 얼마나 흉물스러웠는가, 그리고 빅터가 괴물에게 느낀 혐오감이 얼마나 엄청난 것이었는가에 관한 묘사이다.

> 이 대재앙 앞에서 느낀 감정을 어떻게 형용할 수 있을까. 혹은 무한한 수고와 정성을 들여 빚어낸 그 한심하기 짝이 없는 괴물을 어떻게 묘사해야 할까. 사지는 비율을 맞추어 제작되었고, 생김생김 역시 아름다운 것으로 선택했다. 아름다움이라니! 하느님 맙소사! 그 누런 살갗은 그 아래 비치는 근육과 혈관을 제대로 가리지도 못했다. 윤기가 자르르 흐르는 흑발은 출렁거렸고, 이빨은 진주처럼 희었지만, 이런 화려한 외모는 허여멀건 눈구멍과 별로 색깔 차이가 없는 희번득거리는 두 눈, 쭈글쭈글한 얼굴 살갗, 그리고 일자로 다문 시커먼 입술과 대조되어 오히려 더 끔찍해 보일 뿐이었다. (『프랑켄슈타인』 문학동네 71~72)

빅터는 태어난 생명체를 '괴물'이라고 규정한다. 그리고 키가 2m가 넘지만 방금 태어나 아무것도 모르고, 말도 할 수 없는 벌거벗은 생명체를 유기하고 도망가 버린다.

> 희미한 노란색 달빛이 억지로 창문 셔터 틈새를 비집고 들어오는 순간, 눈앞에 그 괴물이 보였다. 내가 창조해낸 참혹한 괴물이. 그는 침대 커튼을 들쳤다. 그 눈은, 그걸 눈이라고 부를 수 있을지 모르지만, 꿈쩍도 않고 나만 바라보고 있었다. 아가리는 벌어져 있었고, 뭔가 알아들을 수 없는 소리를 내자 흉측한 웃음에 뺨이 주름졌다. 무슨 말을 했는지 모르지만, 나는 듣지 않았다. 한 손이 뻗쳐 나왔는데, 아무래도 나를 붙잡으려 했던 모양이다. 그러나 나는 뿌리치고 층계를 황급히 내려갔다. . . . 물론 미완의 상태에서 괴물을 찬찬히 뜯어본 적은 있다. 그때도 흉물이었다. 하지만 그 근육과 관절이 살아 움직이기 시작하자 단테도 상상 못 했을 괴물이 되어버렸다. (『프랑켄슈타인』 문학동네 73)

방금 태어난 괴물을 버리고 도망가는 빅터 프랑켄슈타인. 『프랑켄슈타인』 삽화 (Wikimedia Commons) Public Domain

빅터가 괴물을 버리는 근거는 태어난 생명체가 흉하게 생겼다는 것이다. 빅터는 가장 아름다운 인체 부위를 이어 붙여 만들었지만 결과물이 자신의 마음에 들지 않았다고 해서 괴물이 탄생하자마자 버리는데, 과연 그것이 유기의 이유로서 합당한가, 그리고 괴물을 유기할 권리가 빅터에게 있는가를 생각하지 않을 수 없다.

빅터가 괴물에게 이름을 지어주는 것을 끝까지 회피하는 것은 괴물과 자신의 연관성을 부정하려는 그의 무의식적인 욕망에서 비롯되었다고 볼 수 있다. 빅터가 괴물을 부를 때 쓰는 단어는 괴물 외에도 '악마', '생명체(크리쳐)', '더러운 벌레', '그것' 등이 있지만 이런 용어는 괴물을 어떻게든 지칭하기 위해 편의상 붙인 용어일 뿐 이름은 아닌 것이다.

'이름'이란 그 대상이 존재함을 의미한다. 그리고 부모가 아이에게 이름을 지어주는 것이 일반적이라는 점에서 부모와 자식 간 관계의 성립을 의미하는 것이기도 하다. 실제, 서구의 이름에는 '누구의 아들'이라는 의미가 있는 단어가 쓰이기도 한다. 그런 점에서 빅터가 괴물의 이름을 끝까지 지어주지 않는 것은 괴물을 탄생하게 했다는 점에서 괴물의 아버지라고 할 수 있는 빅터가 아버지의 역할을 끝내 거부한 것, 다시 말해 자신의 책임을 회피하는 것이라고 할 수 있다. 그런 점에서 빅터가 괴물을 버리고 도망간 이후 처음으로 몽탕베르 산에서 괴물과 마주하게 되었을 때 했던 괴물의 말은 빅터에게 자식과 같은 입장인 자신의 권리를 일깨우는 말이기도 하다.

> "기억하라 내가 당신의 피조물이라는 사실을. 나는 당신의 아담이 되어야 하는데 오히려 타락한 천사가 되어 당신에게서 쫓겨났다. 나를 행복하게 만들어라. 그러면 다시 미덕을 지닌 존재가 될테니."(『프랑켄슈타인』 문학동네 132)

괴물은 자신을 유기한 빅터의 행동에 대해 "감히 당신이 생명을 갖고 놀 수 있는가?"(131)라고 되묻는다. 그럼 괴물을 보자마자 혐오감을 느끼고 도망가 버린 빅터의 행동은 어떻게 이해할 수 있을까?

### 2) '운하임리히', '아브젝트'로서의 괴물

빅터가 괴물을 자신의 창조물로 인정하려 하지 않고 회피하려는 이유를 그는 괴물이 흉측하게 생겼기 때문이라고 한다. 하지만 빅터는 시체안치소와 도살장을 돌아다니며 시체 조각을 수집하는 사람이었다는 점에서 그의 설명은 선뜻 이해가 가지 않는다. 그렇기 때문인지 빅터의 반응을 심리학적으로 이해하려는 논문이 지금까지 많이 나오는데, 특히 정신분석학의 프로이트, 라깡, 줄리아 크리스테바의 이론을 기본으로 한 연구가 많이 이루어지고 있다.

인간과 비슷하지만 다른 존재에 대해 두려움과 혐오감을 느끼는 심리적인 현상을 일컫는 용어는 여러 가지가 있지만 그중 대표적인 것은 지그문트 프로이트(Sigmund Freud, 1856~1939)가 썼던 용어인 '운하임리히'(das unheimlich)이다. 이 용어는 영어로 '언캐니'(uncanny) 혹은 '언홈리'(unhomely)라고 번역된다. 프로이트는 「운하임리히」라는 논문에서 옌치(E. Jentsch)와 셸링(F. W. J. Schelling)의 말을 인용하며 운하임리히에 대해 설명했다. 용어를 설명하자면, 오래전부터 알고 있고 친숙한 것에게 느끼는 불안감을 의미한다고 할 수 있다. 독일어로 운하임리히는 '낯선', '소름 끼치는'(unhomely)이라는 뜻이 있는데, 이 단어 안에는 '숨겨져 있는'(heimlich)이라는 또 다른 단어가 들어있다. 결과적으로 운하임리히는 친숙한 대상에게 숨겨져 있는 어딘지 모르게 낯설고 섬뜩한 느낌을 의미하는 것이라고 할 수 있다. 이를 빅터에게 적용해 본다면 괴물의 형상은 인간과 유사하지만 동시에 다르기 때문에 빅터가 괴물에게서 섬뜩한 공포를 느끼게 되었다고 볼 수 있다. 비슷한 예로 유령이라든가 인면어를 떠올려 보면 쉽게 이해할 수 있다.

Pikist loyalty free image 중에서

괴물의 몸은 어디에서 왔는지 모호한데 이런 모호함 역시 공포와 관련 있다. 인간이 공포를 느끼는 상황은 '모호함'에서 기인한다. 석양빛에 멀리 윤곽만 보이는 동물이 개일 수도 있고 늑대일 수도 있는 상황에서 우리는 묘한 공포를 느끼게 되는 것이다.

운하임리히와 함께 '괴물'의 존재를 설명할 수 있는 다른 용어는 '아브젝트'(Abject)이다. '아브젝트'는 사전적으로 역겹고 혐오스럽고 더러운 것을 의미하는 단어이다. 줄리아 크리스테바(Julia Kristeva)는 『공포의 권력』(*Power of Horror*, 1980)에서 인간이 모호함에 대해 느끼는 공포를 설명하기 위해 '아브젝트'를 언급하였다. 기본적으로 아브젝트는 혐오와 공포를 동시에 일으키는 것으로 대변, 소변과 같은 분비물이나 시체가 아브젝트의 예이다. 크리스테바는 이런 인체 분비물은 물론 경계가 애매하여 모호함을 느끼게 하는 모든 대상으로 아브젝트의 범위를 확대했다. 아브젝트를 토할 것 같고 손으로 만지고 싶지 않은 역겨운 대상에서 사회적인 '금기'를 이르는 개념으로 발전시킨 것이다.

대변과 소변 같은 인체 분비물을 예로 들어보자. 이런 물체들은 모두 몸에서 나왔고 이것들이 우리 몸 밖으로 나왔을 때 우리는 혐오감을 느끼게 된다. 한때는 '나'의 경계선 안에 있다가 거기서 나온 분비물은 '나'이면서 또한 '나'가 아닌 애매모호한 대상들이다. 주체는 성장을 하면서 이런 애매모호한 대상들에게 혐오와 역겨움을 느끼게 되는데 이는 성장 단계상 꼭 필요한 것이기도 하다. 크리스테바는 혐오와 역겨움의 대상이 되는 것을 아브젝트라 하고, 혐오와 역겨움이라는 반응 자체를 아브젝시옹(abjection)이라고 하였다.

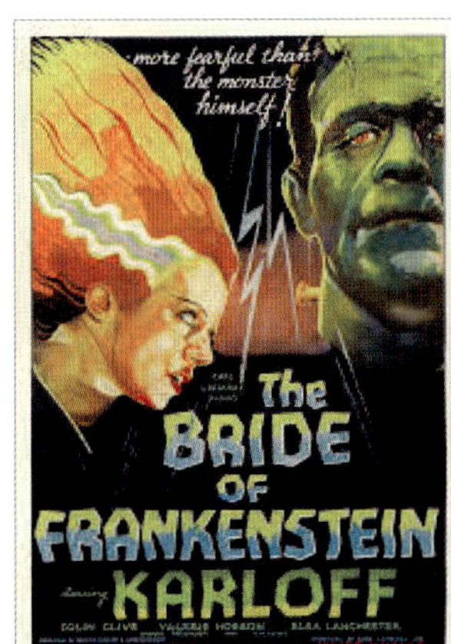

영화 〈프랑켄슈타인의 신부〉(1935)의 포스터(Wikimedia Commons) Public domain

우리가 금기시하는 행동들은 어떤 의미에서 '나'라는 주체의 경계선이 어디까지 있는지 확인하고 나를 보호하려는 장치라고 할 수 있다. 아브젝시옹이란 나에게서 비롯된 것이기는 하나 더 이상 나의 경계선 안으로 들일 수 없는 아브젝트를 혐오하고 거부하고 두려워하면서 자아를 정립하는 과정이다. 빅터가 괴물을 보고 혐오감을 느끼는 것, 여자 괴물을 만들면 이 둘이 번식하여 인간(나)을 위협하게 될 거라는 공포감이 바로 빅터가 느끼는 아브젝시옹이라고 할 수 있다.

크리스테바는 시체에 대한 반응을 극단적인 아브젝시옹의 형태로 본다. 왜냐하면 “죽음은 삶을 오염시키는 아브젝트이며 그것이 우리의 일부이기를 거절하지만 동시에 거기서 보호받을 수도 없는 미지의 불안(uncanniness)이자 진정한 위협이기 때문”이다(Kristeva 4). 괴물은 시체 조각을 이어 붙여 생명을 불어넣은 존재라는 점에서 삶을 오염시키는 죽음을 상징하는 대상이며, 빅터가 느끼는 감정은 살아있는 시체이자, 인간이 아닌 인간이자, 삶과 죽음의 경계선상에 있는 모호한 존재인 괴물에게 느끼는 자연스러운 감정이라고 할 수 있다.

빅터는 자신의 신부를 만들어 달라는 괴물의 청을 수락했다가 정작 만들고 난 후 파괴해 버린다. 그는 그 이유를 “악마들의 종족이 지상에 번식하게 되면 지구는 인간에 위험하고 공포로 가득한 곳이 될지도 모르며, 영원히 이어질 후세에 이런 저주를 퍼부을 자격이 자신에게 있는가?”에 대한 공포 때문이라고 설명하였다. 자신의 실험이 낳을 결과에 대한 과학자의 뒤늦은 고민이라고 볼 수도 있는 이 고민은 아브젝시옹의 측면으로 보자면, 주체(인류)에 위협이 될 수 있는 애매한 존재를 떠밀고 거부라는 몸짓이라고도 할 수 있는 것이다.

### 3) 괴물의 자의식 성장

괴물이 어떻게 자신이 괴물이라는 것을 알게 되었는지는 저스틴 모리츠의 사형 이후 빅터 프랑켄슈타인이 몽탕베르산에서 괴물과 마주치게 되었을 때 괴물의 이야기를 통해서 전해졌다. 여기서 괴물은 빅터가 자신을 버린 후 맨몸뚱이로 어떻게 생존했고, 누구를 만났으며, 자신을 버린 빅터에게 왜 원한을 품게 되었는지를 말하고 자신에게 어울릴 만큼 추악한 외모를 가진 여자 괴물을 만들어 주면 남아메리카로 떠나겠다는 제안을 한다.

괴물의 말에 의하면, 빅터의 아파트에서 나온 괴물은 굶주림과 추위를 느끼며 광야를 돌아다녔다. 어느 날 불을 발견한 괴물은 불이 온기를 주고 음식을 맛있게 해주지만 또한 화상을 입힐 수 있다는 사실을 알게 된다. 괴물이 불의 이중성을 깨닫는 것은 작품 전체를 관통하는 '빛/불'의 이중성을 다시 일깨우는 것이라고 할 수 있다. 즉 빛이나 불이 가지고 있는 이중성은 과학적 지식이 가진 이중성, 즉 과학적 진보가 인간의 삶을 향상시킬 수 있지만 이를 오용할 경우 비극적인 결말을 초래할 수 있다는 이중성을 의미하는 것이다.

빅터 프랑켄슈타인과 괴물이 만나게 된 알프스의 몽탕베르산. 만년설로 덮여있다.(출처: Wikimedia commons) Public domain

> 어느 날, 추위에 떨고 있던 나는 방랑하던 거지들이 놓고 간 불을 발견했는데, 그로부터 열기를 느끼고는 기쁨에 사로잡혔다. 너무 기쁜 나머지 아직 다 타지 않은 불씨에 맨손을 댔다가 고통스러운 비명을 지르며 곧 손을 떼었다. 참으로 이상하다는 생각이 들었다. 똑같은 요인이 저렇게 반대되는 결과를 낳다니! 불을 피운 재료를 살펴보았더니 기쁘게도 나무로 되어 있었다. . . . 밤이 다시 오자 불에서 열뿐만 아니라 빛이 난다는 걸 깨닫고 기뻤다. 이처럼 사물의 성질을 발견하는 것은 특히 먹을 것을 찾을 때 유용했다. (『프랑켄슈타인』 문학동네 138~139)

물에 빠진 아이를 구해주었다가 오히려 마을 사람들의 폭력을 경험한 후 괴물은 인간에게서 멀어지겠다고 결심하고 어느 오두막에 숨어서 살게 된다. 괴물이 숨어든 숲 속의 오두막 사람들은 괴물이 자기 정체성을 파악하고, 진짜 괴물로 거듭나게 되는 직접적인 원인을 제공한 사람들이 되었다. 괴물은 오두막 집 사람들 즉 아가사(Agatha)와 펠릭스(Felix)의 아름다운 모습을 보고 인간의 외양이 어떤 것이어야 하는지에 대한 기준점을 얻었다. 그는 그 후 물웅덩이에 비친 자신의 모습을 보고 오두막 사람들과 자신이 얼마나 다른지를 알게 되어 절망한다.

> 나와 대조적인 외모의 사람들이 끊임없이 시야에 들어오는 것을 보면서 나 자신의 기형도 깨닫게 되었던 것이다. 나는 오두막 사람들의 완벽한 외모에 찬탄했다. 그 우아함. 아름다움. 그리고 섬세한 얼굴. 하지만 투명한 물웅덩이에 비친 내 모습을 보고는 얼마나 겁에 질렸었던지! 처음에는 깜짝 놀라 뒤로 물러서서, 물에 비친 상이 진짜로 나라는 걸 믿을 수 없었다. 하지만 내가 정말로 끔찍한 괴물이라는 사실을 확인하고 나자, 쓰라리게 아픈 좌절과 울분의 감정에 휩싸이고 말았다. 아! 이 참혹한 기형이 어떤 치명적인 결과를 낳을지 그때는 온전히 알지 못했다. (『프랑켄슈타인』 문학동네 151)

괴물은 오두막 사람들을 통해 인간 세상을 간접적으로 배웠다. 가장 먼저 배웠던 것은 언어와 문자였는데 그게 가능할 수 있었던 것은 펠릭스의 연인인 터키여자 사피(Safie)가 아버지를 버리고 이 집에 같이 살기 위해 왔기 때문이었다. 펠릭스가 사피에게 자기 나라 말과 문자를 가르쳐 주는 동안 괴물 역시 모습을 드러내지는 못하지만 몰래 사피와 함께 문자와 언어를 배울 수 있었다. 괴물은 글을 읽을 수 있게 되었을 때 "경이로움과 기쁨의 벌판이 내 눈앞에 펼쳐졌다"라는 말로 지식에 눈을 뜬 기쁨을 표현한다. 이어서 괴물은 우연히 손에 넣게 된 『실낙원』, 『플루타르크 영웅전』, 『젊은 베르테르의 슬픔』 등을 읽으며 지적인 힘을 키운다. 이렇듯 작가는 거대한 덩치에 흉하게 생긴 모습 뒤에 자신의 처지에 대해 자각하고 고뇌하는 지적인 인간의 모습을 그려냈다.

괴물은 언어를 알게 되면서 인간사회의 다른 모습까지도 깨닫게 된다. 남성과 여성의 차이, 탄생과 성장, 그리고 죽음. 아버지가 갓난아기의 미소를 바라보는 모습으로 표현되는 가족의 사랑. 가난. 인간은 아기로 태어나서 가족의 보호를 받고, 오두막집 사람들처럼 가난을 겪기도 하지만 사랑과 관심으로 서로를 보듬다가 죽음이라는 것을 맞이하게 되는데 자신에게는 아무것도 없다는 것을 깨닫는다. 친구도 친척도 자신의 유년기를 바라봐준 부모도 없는 그는 “기억이 나는 첫 순간부터 나는 지금과 같은 키와 덩치였다.”라고 한다. 그는 아무도 없는 자신의 처지가 얼마나 처참한가를 『실낙원』의 악마와 견주어서 표현한다. 악마들은 죄를 짓고 천국에서 쫓겨났지만 함께 쫓겨난 동료라도 있는데, 자신에게는 서로를 위로해 줄 존재 자체가 없으므로 악마들보다 더 비참하다는 것이다.

괴물의 이런 비참함은 오두막집 사람들이 괴물을 보고 난 뒤 한 행동으로 인해 극단으로 치달았다. 괴물은 이 사람들에게 남다른 애정을 느끼고, 몰래 나무를 해놓는 식으로 그 사람들을 도와주었다. 하지만 괴물이 모습을 드러내자 오두막집 사람들은 괴물을 위협하여 내쫓는 것도 모자라 아예 집을 버리고 다른 곳으로 떠나버린 것이다. 또다시 버려진 괴물은 왜 자신의 창조자가 “그렇게 방탕하게 붙인 존재의 불꽃을 꺼버리지 않았던가”를 원망하며, 자신의 창조자를 상대로 복수해야겠다고 맹세하였다. 그는 “인류라는 종족, 특히 그 누구보다도 나를 빚어내고 이 견딜 수 없는 불행 속으로 밀어낸 그자와의 전쟁을” 하기 위해 제네바에 갔다가 숲 속에서 마주친 빅터의 동생 윌리엄을 살해하게 된 것이었다. 또한 빅터가 여자 괴물을 만들어주겠다는 약속을 위반하고 죽이자 이에 대한 복수로 빅터의 친구 앙리 클레르발(Henry Clerval)과 엘리자베스마저 살해하게 되었다.

괴물이 진짜 괴물로 변해가는 과정을 보면, 가족과 모든 것을 잃은 빅터 프랑켄슈타인보다 괴물에게 오히려 동정이 갈 정도이다. 빅터가 괴물을 버리고 약속을 지키지 않고 여러 사람이 살해되는 동안 무기력하게 있었던 반면, 괴물은 설득력 있게 자신의 처지를 설명하였고, 빅터가 약속을 이행하기를 기다렸고, 끝내 빅터의 죽음을 지키며 장렬하게 사라졌기 때문이다.

> 머지않아 나는 죽을 것이다. 그리고 지금 내가 느끼는 이 감정을 더 이상 느끼지 않게 될 것이다. 곧 이 타오르는 아픔도 끝날 것이다. 의기양양하게 장작더미에 올라, 고문하는 불길의 고통 속에서 희열을 느끼리라. 그 화염이 잦아들면 나의 재는 바람에 휩쓸려 바다로 날아가리라. 내 영혼은 평화로이 잠들 것이고 행여 영혼이 생각을 한다 해도 설마 이렇지야 않겠지. 이만 안녕.(『프랑켄슈타인』 문학동네 303-304)

## 『프랑켄슈타인』의 여성 등장인물들

『프랑켄슈타인』에는 여러 명의 여성 인물들이 등장한다. 열거하자면 빅터 프랑켄슈타인의 어머니인 캐롤라인 뷰포트(Caroline Beaufort), 빅터의 약혼녀 엘리자베스 라벤자(Elizabeth Lavenza), 빅터의 동생인 윌리엄의 살인 혐의를 쓰고 억울하게 처형된 저스틴 모리츠(Justine

Moritz), 그리고 괴물이 숲 속에서 만난 가족인 아가사(Agath)와 터키 여인 사피(Safie)이다. 특이한 것은 이들 여성 인물들이 처한 상황이 기본적으로 비슷하다는 것이다. 이 여성 인물들은 고아이거나 고아나 다름없는 상태에 놓여 있다가 구원자의 역할을 하는 남자에게 구출된다(결혼한다).

이들은 어린아이이거나 미성년자일 때 부모에게 학대를 받거나 부모가 없어서 남의 손에 맡겨진 상태에 놓였다는 공통점을 가졌다. 빅터의 어머니 캐롤라인 뷰포트는 빅터의 아버지인 알폰세 프랑켄슈타인(Alphonese Frankenstein)의 친구의 딸이었다. 이 친구는 화려한 신분이었지만 점차 나락으로 떨어져 가난과 무명의 고달픈 삶을 이어가다가 화병을 얻었다. 불행 중에 사라진 친구를 10달 동안이나 찾아다니던 알폰세가 드디어 그를 찾았을 때 그는 딸인 캐롤라인의 병구완을 받으며 죽어가고 있었다. 아버지를 잃고 서럽게 울고 있는 캐롤라인에게 알폰세는 '수호천사'와 같은 사람이었고 결혼을 통해 남편이자 부모가 된다.

엘리자베스 라벤자에 대해서는 1818년판과 1831년판의 내용이 다르다. 1818년 판에서 엘리자베스는 고아가 되어 삼촌인 알폰세에게 맡겨진 빅터의 고종사촌으로 등장하지만, 1831년판의 엘리자베스는 이탈리아 밀라노 귀족 출신으로 아버지는 실종되고 어머니가 엘리자베스를 낳다가 죽는 바람에 농부의 집에 맡겨져서 농부의 집에서 자라는 고아로 등장한다. 프랑켄슈타인 가족이 우연히 농부의 집에서 혈통이 남달라 보이는 엘리자베스를 발견하여 입양하고 장차 빅터의 아내로 키우게 되었다. 엘리자베스는 캐롤라인처럼 고아일 뿐 아니라, 빅터의 집안과 엘리자베스의 관계 역시 고아와 구원자의 관계인 것이다.

저스틴 모리츠도 다르지 않다. 저스틴 모리츠 역시 가난에 찌든 어머니에게 학대를 받다가 빅터의 집으로 오게 되면서 궁지에서 빠져나올 수 있었다. 또 다른 여성 사피는 터키의 상인인 아버지가 기독교를 믿는 노예인 사피의 어머니와 결혼하여 그녀를 구원했고, 어머니는 딸인 사피를 기독교인으로 키운다. 사피의 아버지가 프랑스에서 처형되게 되었을 때 펠릭스는 사피의 아버지와 사피가 처형 전에 도망갈 수 있도록 도와주었다가 온 집안이 몰락의 길에 떨어지게 된다. 사피는 은인을 모른 척하는 아버지를 떠나 펠릭스에게 왔고, 펠릭스는 그녀를 받아들이고 그녀에게 자기 나라 말을 가르친다. 사피의 아버지가 사피의 어머니를 노예 상태에서 구해주었듯이, 펠릭스는 사피를 도주시켜 주고 기독교인으로 살 수 있도록 구해준 것이다.

메리 셸리나 그녀의 어머니인 메리 울스턴크래프트의 삶은 그 당시 여성들의 삶과 달리 반(反)가부장적이었다. 그런데도 이 작품에 등장하는 여성들에게는 '여성이 곤경에 빠지면 기사도를 가진 남성이 구원하는' 낭만주의적이고 동화 같은 설정이 반복되는 것이다.

이 여성 중에서도 그런 구원조차 받지 못하는 가장 취약한 처지에 있는 사람은 하녀 저스틴 모리츠이다. 그녀는 윌리엄이 살해되고 난 후 윌리엄이 가지고 있었던 캐롤라인의 초상이 든 로켓(사랑하는 사람의 초상이 들어있는 작은 금합으로 주로 목걸이 형태이다)을 가지고 있었다는 사실 때문에 살인자로 내몰렸다. 또한 저스틴은 재판에서 로켓을 직접 본인의 옷에 넣지 않았다고 항변했지만, 종교적인 사면을 받기 위해 어쩔 수 없이 유죄를 인정하고 죽음을 받아들일 수밖에 없었다.

> 자백하긴 했어요. 하지만 거짓말이었어요. 사면을 받고 싶어서 자백했던 거예요. 하지만 다른 모든 죄들보다 그 거짓말이 무겁게 심장을

> 짓누르네요. 하늘에 계신 하나님이 용서해주시기를! 유죄 선고를 받았을 때부터 고해 신부님이 나를 종용했어요. 위협하고 윽박질렀어요. 그러다 보니 신부님이 말하는 괴물이 바로 내가 아닐까 그런 생각이 들기 시작하더군요. 계속 고집을 피우면 제가 최후를 맞을 때 파문을 시키고 지옥 불에 던져버리겠다고 했어요. (『프랑켄슈타인』 문학동네 112)

괴물은 자신의 복수를 위해 윌리엄을 죽이고 가장 취약한 처지에 있는 하녀에게 죄를 뒤집어씌웠다. 또한 그녀가 죄가 없다는 것을 알고 있는 빅터 역시 끝내 그녀가 범인이 아니라는 점을 밝히지 않았다는 점에서 그도 저스틴을 죽인 또 다른 살인자가 되었다. 결과적으로 괴물은 빅터를 비겁한 과학자로 만들고 조롱했다는 점에서 복수를 했다고 할 수 있다. 하지만 고아이자 하녀라는 신분의 비천함으로 인해 쉽게 살인자로 단정되었던 저스틴이야말로 괴물과 가장 비슷한 처지에 있는 대상이라는 점에서, 괴물이 저스틴을 죽음으로 내몰았다는 것이 역설적이기도 하다.

괴물의 탄생은 출산과정에서 여성을 배제한 것이다. 왜 메리 셸리가 '무서운 이야기하기'에서 하필 생명체를 만드는 이야기를 골랐을까에 대해서는 그녀의 어머니가 출산 후 산욕열로 사망한 사실과, 본인 역시 이 작품을 쓰기 전에 첫아이를 출산 후 잃었다는 것이 아마 트라우마가 되었을 것이라는 추측이 일반적이다. 출산에 대한 공포는 줄리아 크리스테바 역시 『공포의 권력』에서 언급하기도 했다. 출산과정은 죽음 못지않게 고통스럽고, 또한 생명 탄생이라는 숭고함과 인체 분비물이 뒤섞인 그로테스크한 현장이기도 하다. 또한 한 몸 안에 있던 두 대상이 나뉘며 각각의 영역을 다시 설정하는 것이다.

'주체'는 '나'를 의미하기도 하지만 '남성', 혹은 '백인'과 같이 주도적인 대상을 의미하기도 한다. 그렇게 보면 '괴물'과 '여성'은 주체의 반대쪽에 있는 '타자'의 위치에 같이 서 있다는 유사점을 가진다. 괴물이 끝내 자신의 이름을 얻지도, 자신의 창조자에게 인정받지 못하는 슬픔을 가지고 있듯, 메리 셸리는 유명한 시인인 남편에게 가려져서 자신이 쓴 작품의 저자라고 밝힐 수 없는 슬픔을 겪었다. 또한 이 작품의 여성인물들은 아버지와 같은 남편에게 구원을 받아야 저스틴과 같은 상태에서 벗어날 수 있는 것이다.

## 메리 셸리의 또 다른 과학소설 『최후의 인간』

### 1) 『최후의 인간』의 탄생 배경

메리 셸리가 쓴 『최후의 인간』(*The Last Man*, 1826)은 『프랑켄슈타인』만큼 널리 알려져 있지는 않았지만, 전염병으로 인한 인류의 종말을 다루어서 포스트 아포칼립스 과학소설의 시초가 되었다는 점에서 메리 셸리의 또 다른 과학소설이라 할 수 있다. 이 소설은 1826년에 런던과 파리에서 영어와 프랑스어로 출판된 것을 시작으로 1833년에는 미국에서도 출판되었다. 하지만 '종말'을 다루는 허황된 스토리로 인해 출판 당시 엄청난 혹평을 받았다. 이 작품이 다시 읽히기 시작한 것은 1960년대에 메리 셸리가 재조명되면서부터라고 할 수 있다.

메리 셸리가 이 작품을 썼던 1826년을 전후로 그녀에게 어떤 일이 일어났는지를 아는 것은 그녀가 왜 종말을 주제로 한 암울한 내용의 작품을 썼는지 이해하는 데 도움이 될 것이다. 메리 셸리는 어린 나이일 때부터 가까운 사람들을 많이 잃었다. 그녀가 태어난 지 얼마 되지 않아서 어머니인 메리 울스턴크래프트를 잃었던 것은 물론이고 5명의 자녀 중 4명의 자식을 차례로 잃었다. 뿐만 아니라 1816년 결혼 직전에 퍼시 비시 셸리의 전부인과 메리 셸리의 언니가 자살했다. 남편인 퍼시 비시 셸리는 1822년 이탈리아 여행에서 돌아오던 중 갑작스러운 돌풍으로 배가 가라앉아 익사했다. 또한 문학적으로 절친이었던 바이런 경 역시 1824년 그리스가 투르크에 대항하여 독립전쟁을 할 때 그리스를 돕기 위하여 참전했다가 병으로 사망했다.

결과적으로『최후의 인간』은 메리 셸리가 남편, 친구, 자식 등을 차례로 잃고 난 후 얻은 상실감을 반영한 소설이다. 그래서 이 작품에 등장하는 중요 등장인물인 라이오넬, 에이드리안, 레이몬드가 각각 메리 셸리 자신, 메리 셸리의 남편, 바이런을 모델로 했다고 여겨지고 있다. 모든 사람들의 죽음을 목격하는 라이오넬은 메리 셸리 자신을, 유토피아의 이상을 가지고 생존자들을 이끌고 낙원을 찾아가는 에이드리안은 남편인 퍼시 비시 셸리를 모델로, 그리스를 위해 전쟁에 참전하고 콘스탄티노플에서 사망한 레이몬드는 같은 경로로 죽었던 바이런 경을 모델로 했다고 여겨지는 것이다.

또한 이 작품은 남편을 잃은 메리 셸리의 상실감뿐만 아니라 본인, 바이런, 퍼시 비시 셸리가 공통적으로 품고 있었던 '공화주의'에 대한 낭만적 이상의 상실 역시 드러내고 있다. 유럽에서는 18세기 말 프랑스 혁명을 통해 공화정이 시작되었고 이즈음에 미국 역시 독립전쟁을 통해 공화국이 되었다. 영국의 낭만주의자들은 프랑스나 미국의 공화정에 대한 낭만적인 동경을 가지고 있었는데, 메리 셸리의 아버지인 윌리엄 고드윈과 퍼시 비시 셸리도 마찬가지였다. 하지만 나폴레옹 전쟁과 프랑스혁명 이후 수많은 사람들을 죽음으로 몰아넣었던 공포정치를 목격한 19세기 초의 영국인들은 급진적인 변화가 긍정적인 진보로 가지는 않는다는 점을 확인하게 되었고, 로맨틱한 정치적 이상에 대해 의문을 품게 되기도 했다.

『최후의 인간』의 등장인물들은 공화정을 세우지만 전염병으로 인해 이들의 이상은 무너지고 차례로 죽어간다. 이런 모습에서 사랑하는 사람들을 하나씩 떠나보내고, 젊은 날의 이상도 같이 떠나보냈던 메리 셸리의 절망감을 볼 수 있다. 또한 인간이 자연보다 우위에 설 수 있는지, 완벽한 사회가 존재할 수 있는지에 대한 물음을 던지고 있기도 하다. "리 스테렌버그(Lee Strerrenburg)와 같은 평자들은 인간의 의지를 좌절시키는 전염병이 왕정, 공화정, 대중 민주주의, 종교 정치 등과 같은 다양한 정치적 제도의 쇄신 가능성에 대한 회의를 표현한다고 본다. 사실 레이몬드의 권력에의 의지 그리고 에드리안의 공동체의식에 기초한 일종의 덕치정치, 그리고 자유경제 중심의 민주주의 등을 비롯한 작품 곳곳에 드러나는 다양한 정치 실험들이 전염병 앞에서 무력화된다는 점은 사회 개혁사상에 대한 전면적인 비판으로 볼 수 있다."[16]

이 작품은 깊은 허무주의와 비관론적 세계관을 보여주어 포스트 아포칼립스 과학소설의 시조로 평가받는다. 총 3부로 구성되어 있으며 분량 면에서 『프랑켄슈타인』보다 훨씬 길다. 1부 앞의 도입부(Initroduction)에는 작가인 메리 셸리가 작품 안에 들어가 서술자가 되

16 유선무, 「메리 셸리의 『최후의 인간』— 역사 끝에 선 환대」, 『영어영문학』 58(1) 2012. p. 105

어 등장한다는 점에서 독특하다. 그녀는 자신이 1818년 나폴리 근처 '시빌(Sibyl '무녀')의 동굴'(혹은 시빌라 동굴)에서 고대 아폴로 신전 쿠마의 무녀(Cumaean Sibyl)가 남긴 예언서를 발견하는데 이 예언서를 정리하여 21세기 말에 살다가 최후까지 생존한 인간이 된 라이오넬의 이야기를 적게 되었다고 서술하고 있다.

> 우리는 희미한 불빛에 의지해 계속해서 살펴보았다. 그것들은 대부분 일련의 사건들과 그 사건들의 관계에 대한 예언들이었지만, 대부분 이미 일어난 지난 일들이었다. 익숙한 이름 또는 현재를 가리키는 날짜들로 그것을 알아볼 수 있었다.... 나는 얇은 예언서에서 발견한 내용들을 정리해 세상에 알리기로 했다. 그것들은 따로 떨어져 서로 상관이 없는 것처럼 보였지만, 나는 의무감을 가지고 연결고리를 만들어 일정한 형식으로 만들어냈다. 하지만 그 시적 표현들에 담겨진 진리의 핵심은 드러내지 않으려 애썼다. 그것은 쿠마의 무녀가 성스러운 직관력으로 천국에서 얻어낸 것일 테니 말이다. (『최후의 인간 1,』 아고라 11~13)

### 2) 『최후의 인간』의 줄거리

작품의 배경은 2073년에서 2100년까지이며 1부가 등장인물들 간의 애증관계와 우정에 대한 이야기가 중심이라면, 2부와 3부는 알 수 없는 전염병으로 인류가 멸망하게 되는 과정을 그리고 있다.

친구와 함께 작가는 1818년 나폴리(Naples)에서 시빌의 동굴을 우연히 발견했는데 동굴에는 고대어와 영어, 이태리어 등으로 쓰인 시빌의 예언이 뒤죽박죽인 채로 놓여있었다. 그 내용도 미래에 대한 예언과 최근의 역사적 사건들에 대한 나열, 이름들, 애도서 등 다양한 장르가 섞여 있었다. 이러한 무질서한 기록 사이에서 작가와 친구는 이해할 수 있는 부분만을 발췌, 각색(adaptation), 번역(translation)하여 이야기를 구성했다.

### ■ 1권

주인공 라이오넬의 아버지는 왕과 친구이자 귀족이었으나 재산을 잃고 낙향하여 어렵게 살아간다. 라이오넬과 여동생 퍼디타는 아버지가 돌아가신 후 자신들에게 도움을 주지 않은 왕을 원망하며 살아가다가 왕자 에이드리언을 만나 오해를 풀고 다시 잉글랜드로 귀향하고 유명한 장군 레이몬드와도 만나게 된다. 에이드리언이 왕이 되기를 거부하여 영국은 공화정이 된다. 라이오넬의 동생 퍼디타와 그리스 공주 에바드네가 레이몬드 경을 사랑하게 되고 레이몬드 경은 퍼디타와 결혼한 후 공화정의 호국경으로 선출된다. 에이드리언은 그리스 공주 에바드네를 사랑하지만 이루지 못한 사랑으로 실성단계까지 간다. 라이오넬은 에이드리언의 여동생 아이드리스와 결혼한다. 에바드네가 곤경에 처하자 레이몬드는 그녀를 도와주기 위해 그리스 전쟁에 참여한다. 레이몬드가 죽었다는 소문이 돌자 아내 퍼디타는 라이오넬과 함께 레이몬드를 찾으러 그리스에 간다.

### ■ 2권

아테네에 도착한 일행은 레이몬드를 구하고 죽어가는 에바드네 공주도 돌봐준다. 에바드네 공주는 역병에 대한 예언을 하고 죽는다. 다시 영국으로 돌아온 후 레이몬드가 사망하자 아내 퍼디타도 자살한다. 나머지 사람들은 일상적인 생활로 돌아가려고 하지만 유럽과 아메리카 전역에 역병이 터진다. 검은 태양이 떠올라 사람들을 공포에 몰아넣고 홍수가 터지고, 영국까지 전염병이 밀려온다. 호국경이 된 에이드리언이 사태를 진정시키려고 하지만, 역병은 영국을 휩쓸고, 외국에서 들어온 전염병의 생존자들은 강도로 돌변한다.

**■ 3권**

역병의 생존자들은 프랑스로 떠나지만 거기서 가짜 메시아가 나타나 더욱 큰 혼란이 일어난다. 에이드리언은 사람들을 규합하여 가짜 메시아와 싸우고, 라이오넬은 전염병으로 아내 아이드리스와 아들을 잃는다. 이제 생존자는 라이오넬과 에이드리언 그리고 다른 2명뿐이다. 이들은 아드리아 해를 거쳐 그리스로 가다가 폭풍을 만나게 되고 이후 라이오넬만 살아남게 된다. 라베나에 도착한 라이오넬은 양치기 개와 함께 최후의 인간이 되어 세상을 돌아다닌다.

### 3) 최후의 인간의 최후

양치기 개와 함께 최후의 인간으로 떠돌아다니는 라이오넬의 모습은 리처드 매드슨(Richard Burton Matheson, 1926~2013)이 쓴 『나는 전설이다』(*I am Legend*, 1954)를 떠올리게 한다. 알 수 없는 전염병으로 모든 사람이 흡혈귀가 된 후 주인공 로버트 네빌(Robert Neville)이 떠돌이 개와 함께 최후의 인간으로 살아가는 모습과 유사하기 때문이다. 『나는 전설이다』 이후 지금까지, 전염병으로 인류가 멸망하는 종말 주제는 과학소설, TV 드라마, 영화에서 일상적으로 볼 수 있는 테마가 되었다. 또한 21세기인 지금 우리는 펜데믹이 전 세계를 어떻게 바꿔놓는지

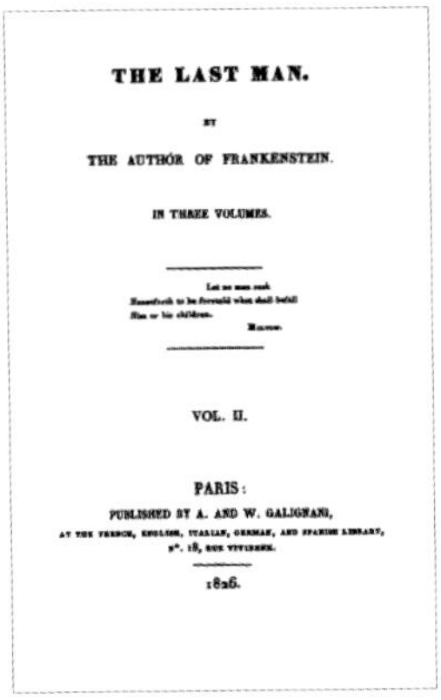

THE LAST MAN.

BY

THE AUTHOR OF FRANKENSTEIN.

IN THREE VOLUMES.

Let no man seek
Henceforth to be foretold what shall befall
Him or his children.
Milton.

VOL. II.

PARIS:
PUBLISHED BY A. AND W. GALIGNANI,
AT THE FRENCH, ENGLISH, ITALIAN, GERMAN, AND SPANISH LIBRARY,
N°. 18, RUE VIVIENNE.

1826.

1826년 파리에서 출판된 『최후의 인간』 첫 장(출처: Wikimedia Commons) Public domain

도 목도하고 있다. 하지만 200년 전 영국의 독자들에게는 21세기에 전염병으로 인류가 종말을 맞이한다는 이 암담한 내용의 소설은 상상할 수 없을 만큼 비현실적으로 느껴졌을 것이다.

마지막 페이지의 내용은 슬픔과 공포도 달관하고, 삶과 죽음도 초월한 주인공의 상태를 담담하게 보여주고 있다. 또한 라이오넬의 모습에서 사랑하는 사람을 차례로 떠나보내고, 나이가 들어가는 메리 셸리의 목소리를 들을 수 있기도 하다.

> 그렇게 해안을 따라 나는 소아시아로, 시리아로 나아갈 것이다. 그리고 일곱 개의 입을 가졌다는 나일 강을 지나, 카르타고와 황량한 리비의 풍경을 잊을 수 있을 때까지 다시 북쪽으로 키를 돌릴 것이다. 그렇게 하면 나는 헤라클레스 기념비에 도착하게 될 것이다. 그 다음엔 어디라도 상관없다. 이 긴 여정이 끝나기 전에 진흙 동굴이나 한없이 깊은 바다가 내 안식처가 될지도 모르는 일이다. 어쩌면 홀로 지중해를 떠다니는 사이 질병의 화살이 내 심장을 꿰뚫을지도 모른다. 또는, 어딘가에서 내가 찾던 존재를 마주하게 될 수도 있겠다. 물론 그리 되지 않을 수도 있다. 끝없는 시간 동안 홀로 늙어가며 머리가 희끗해진 채로 계속해서 돛을 펴고 키를 잡을지도 모른다. 젊음은 사랑했던 이들과 함께 묻어두고 말이다…. 그러는 사이에도 높이 뜬 태양은 나를 바라보고 있을 것이다. 차고 기우는 달도. 천사들과 죽은 자들의 영혼도 나를 지켜봐 줄 것이다. 전능하신 신도 내게서 시선을 거두지 않을 것이다. 최후의 인간, 버니를 실은 작은 배를…
>
> (『최후의 인간 2』 아고라 408)

# 과학소설 속의 포스트휴먼

# POSTHUMAN

[ 제3장 ]

# 시간여행을 통해 만나는 미지의 존재들

시간여행 과학소설의 시작

타임머신 소설의 시초, H. G. 웰스 『타임머신』의 미래 인간

로버트 앤슨 하인라인의 시간여행 단편소설

「너희 모든 좀비들은……」(“‘—All You zombies—’”)

진성인들이 사는 유토피아, 문윤성의 『완전사회』

# 제3장

## 시간여행을 통해 만나는 미지의 존재들

과학소설의 테마 중에는 시간여행과 우주여행이 큰 비중을 차지하고 있다. 얼핏 보기에 달라 보이는 이 두 가지 테마는 현재와 다른 시간, 그리고 현재와 다른 장소라는 점에서 지금 현재의 우리 모습과는 다른 세계를 탐험하는 것이며, 그렇기 때문에 양상은 달라도 근본적인 것은 크게 다르지 않다. 과학소설이 유토피아 문학과 사촌이라고 말하는 것도 과학소설이 근본적으로 다른 세계에서 다른 존재와의 만남에 대한 이야기라는 점에서 새로운 세상을 꿈꾸는 유토피아 문학과의 유사점을 찾을 수 있기 때문인 것이다.

과학소설의 작중 인물들은 시간여행을 통해서 현재의 우리와 유사하지만 다른 미래의 존재들을 만나게 된다. 이들은 우리들과 같은 인류이지만 새로운 환경 속에서 새로운 모습을 가지고 있다. 독자들은 이들과 우리들과의 차이점과 유사점을 통해서 현재 우리들이 가진 문제를 각성하고 미래 세상이 어떻게 될 것인지, 그리고 미래의 파국을 피하기 위해서 현재의 우리는 어떻게 해야 하는지를 생각해 보게 된다.

3장에서는 시간여행 테마의 3편의 과학소설 작품에 등장하는 미지의 존재들, 다시 말해 현생 인류의 후손이라고 할 수 있는 포스트휴먼들을 볼 것이다. 첫 번째 작품은 H. G. 웰스의 『타임머신』, 두 번째는 로버트 A. 하인라인의 단편 「너희 모든 좀비들은……」, 마지막으로 우리나라의 『완전사회』이다. 이 작품들은 시대적, 문화적 배경이나 시간여행을 하는 방식도 각기 다르지만 공통적으로는 시간여행을 통해 작품이 나온 당대의 모습을 비판적으로 비추고 있다는 것은 동일하다.

## 시간여행 과학소설의 시작

### 1) 유토피아 문학과 시간여행 과학소설

과학소설은 미래에 있을 수 있는 일을 상상하여 창작된 스토리라고 일반적으로 정의된다. 그래서 시간적 배경이 미래로 정해지기도 하고 더 나아가 '시간여행'을 모티브로 한 작품도 많이 있다. 시간여행은 시간을 뛰어넘는 여행이지만 동시에 새로운 세상으로 가는 여행이기도 하다는 점에서 시간여행 과학소설은 유토피아 문학과 통한다.

유토피아는 이상세계를 의미하는 용어로 각 문화권이나 종교마다 각기 다른 이름으로 오래전부터 존재해왔다. 성경에 나오는 에덴(Eden) 동산, 젖과 꿀이 흐르는 가나안(Canaan), 엘도라도(El Dorado), 샹그릴라(Shangri-La), 엘리시움(Elysium)은 물론 우리나라에서도 『홍길동

전』에서 언급되었던 율도국(栗島国)이라는 유토피아가 있었다. 또한 플라톤(Plato, BC 427~BC 347)의 『국가』(*The Republic*, BC 380경) 이후 토머스 모어(Thomas More, 1478~1535)의 『유토피아』, 프랜시스 베이컨(Francis Bacon, 1561~1626)의 『새로운 아틀란티스』(*New Atlantis*, 1516), 에드워드 벨러미(Edward Bellamy, 1850~1898)의 『뒤돌아보면, 2000~1887』(*Looking Backward, 2000~1887*, 1888) 등 문화권과 시대를 넘어 많은 작가들이 꾸준히 유토피아 작품을 내놓기도 했다.

다르코 수빈은 유토피아를 '이 세상과 비슷하면서도 다른 세계'(this-worldly other world)(*Defining by a Hollow*, 23), 그리고 '역사적으로 현실을 대체할 수 있는 사회정치적 상황과 장소를 가졌으며 작가가 살고 있는 사회보다 정비가 잘 된 허구의 공동사회'(Ibid, 29-30)라고 정의하였다. 토머스 모어의 『유토피아』(1516)를 예로 들자면 작품 속의 유토피아는 빈부 격차나 공직자 부패와 같은 당시 영국의 사회정치적 문제가 해소된 이상사회이다. 이렇듯 유토피아는 현재의 우리 세계가 한계와 문제가 많은 사회라는 전제 위에서 출발하여 현실의 문제가 다 해결되는 이상향의 모습을 그린다. 그러므로 유토피아 문학은 이상적인 사회에 대한 동경과 현실에 대한 비판이 공존하며, 결과적으로 현실사회에 대한 우회적인 비판의 도구로 쓰였다.

유토피아 문학은 여행을 통해 지금까지 알려지지 않은 이상적 사회로 가는 것이지만 시간을 초월하지는 않는다는 점에서 시간여행 과학소설과 차이가 있다. 또한 시간여행 과학소설은 토머스 모어의 『유토피아』처럼 현재의 문제가 해결되는 이상향을 그리지만은 않는다. 반대로 인류가 핵전쟁이나 사회문제, 혹은 과학기술로 파생된 문제를 제대로 해결하지 못하여 파국을 맞이하게 되는 디스토피아적인 세계를 그리는 경우가 일반적이다.

'디스토피아'는 '카코토피아'(Kakotopia/Cacotopia), '안티유토피아'(Antiutopia), 혹은 '역(逆) 유토피아'라고도 부른다. 디스토피아는 유토피아 문학의 대척점에 있으며, 가공의 이상향, 혹은 어디에도 존재하지 않는 나라를 의미하는 유토피아와는 반대로 부정적인 암흑세계에 대한 상상을 통해 현실을 날카롭게 비판하는 문학작품이나 사상을 가리킨다. 디스토피아라는 용어가 처음 등장한 것이 1868년 존 스튜어트 밀이 영국 정부의 억압적인 정책을 비판할 때였기 때문에 처음부터 이 용어는 억압적인 사회를 의미하였고, 사회 비판적인 요소를 포함하고 있었던 것이다. 20세기 전반에 나온 올더스 헉슬리의 『멋진 신세계』(*Brave New World*, 1932), 조지 오웰의 『1984년』, 그리고 러시아 작가 예브게니 자마찐의 『우리들』(*We*, 1924)이 20세기 3대 디스토피아 소설로 꼽힌다.

### 2) 시간여행에 관한 소설의 시작

소설이나 영화에서 다뤄지는 시간여행은 방식이나 방향을 기준으로 종류를 나눌 수 있다. 즉 미래로의 시간여행인지 과거로의 시간여행인지, 그리고 기구를 이용한 시간여행인지, 아니면 사고나 초자연적인 힘에 의해 특정 시간대로 이동하는 것인지가 각기 다른 것이다.

최근에는 굳이 과학소설이 아니더라도 드라마나 영화에서 같은 날이 계속 반복된다든가, 과거의 특정 시점으로 갑자기 보내진다든가 하는 시간여행 설정을 많이 볼 수 있다. 타임슬립(time slip)이란 이와 같이 별다른 과학적 설명 없이 특정 시간으로 옮겨가는 것을 의미하는 용어로 드라마나 영화의 설정으로 많이 이용되고 있는 시간여행이다. '미끄러지다'라는 뜻을 가진 '슬립'이라는 단어를 붙여서, 주로 초자연적인 힘에 의해 특정 시간대로 옮겨가는 시간여행을 타임슬립이라 부른다.

'타임슬립'형 소설은 타임머신 소설보다 조금 더 일찍 출현했는데 타임슬립 소설의 시초는 마크 트웨인(필명 Mark Twain 본명 Samuel Langhorne Clemens, 1835~1910)이 쓴 『아서 왕 궁정의 코네티컷 양키』(*A Connecticut Yankee in King Arthur's Court*, 1889)라고 일반적으로 평가되고 있다. 이 소설의 내용은 19세기 코네티컷(Connecticut) 주에 살던 기술자이자 사업자인 행크 모건(Hank Morgan)이란 사람이 한 노동자와 싸우다 정신을 잃은 후 6세기 아서 왕의 왕궁에서 깨어난 이야기이다. 이 작품은 아서왕, 기네비어, 랜슬롯 등 아서왕 역사와 신화에 등장하는 인물들과 기존에 기록된 사건들을 다른 관점에서 다룬다는 점에서 대체역사소설의 시조라는 평을 듣기도 한다.

Daniel Carter Beard가 1889년에 그린 『아서 왕 궁정의 코네티컷 양키』 삽화(출처: Wikimedia Commons) Public domain.

마크 트웨인은 『왕자와 거지』(*The Prince and the Pauper*, 1881), 『허클베리 핀의 모험』(*The Adventures of Huckleberry Finn*, 1885)과 같은 소설로 유명한 미국 19세기의 대표적인 소설가이다. 그가 왜 이 소설을 썼을까를 생각해 보면 19세기 말부터 미국에서도 영국과 마찬가지로 소설의 리얼리즘을 탈피하여 다른 세계나 다른 시대를 다루는 소설들, 그리고 특히 미래를 다루는 과학소설들이 많이 나왔었다는 배경이 작용했으리라고 볼 수 있다.

타임머신이라는 특정 장치를 이용하는 시간여행 과학소설의 시작점으로는 H. G. 웰스의 『타임머신』을 꼽게 되는데, 이 작품이 출판된 연도가 19세기 말인 1895년이라는 것이 이채롭다. 이때는 아인슈타인(Albert Einstein, 1879~1955)의 특수 상대성이론(1905)이 나오기 전이라서 시간여행의 이론적인 가능성이 규명되지 않았던 때였기 때문이다. 하지만 일반적인 추측과 다르게 시간여행에 대한 연구는 이 당시에 이미 계속되고 있었다.

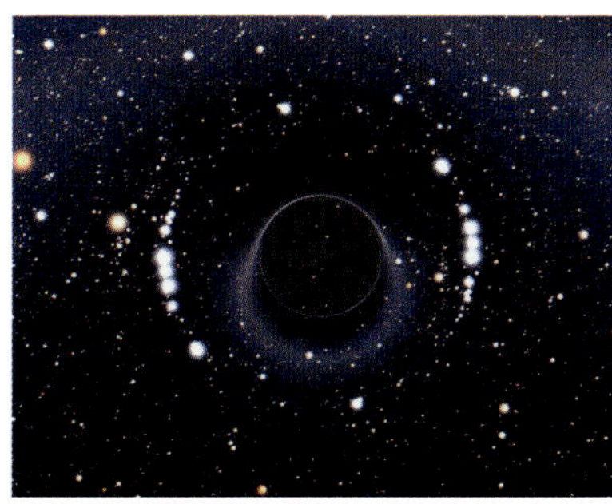
시간의 문 웜홀(wormhole) by Alain R. (Wikimedia Commons) Public domain

일정한 속도로 움직이는 배의 돛대 위에서 물체를 떨어뜨리는 상황을 예로 들어서 모든 운동이 상대적이라는 '갈릴레이의 상대성원리'를 낸 갈릴레오 갈릴레이(Galileo Galilei, 1564~1642) 이후 시간의 상대성을 물리학적으로 고찰하는 연구가 계속 있어왔었다. 제임스 클러크 맥스웰(James Clerk Maxwell, 1831~1879)은 19세기 말에 전자기학 연구와 기체의 분자운동에 관한 연구를 수행하여 훗날 아인슈타인의 특수 상대성이론과 양자역학 성립에 영향을 주는 등 시간의 상대성에 대한 연구가 이미 존재했었던 것이다. 아마도 이런 과학 이론이 과학자였던 웰스의 아이디어에 영향을 주었으리라고 짐작된다.

『타임머신』에서 시간여행자는 시간여행의 과학적 가능성에 대해 이렇게 말하고 있다.

> 감쇄 표상이란 어렵지 않은 얘기네. 이걸로 모순을 명쾌하게 해결할 수 있을 걸세. 우리는 돌아가는 바퀴살이나 날아가는 총알을 볼 수 없지 않은가? 우리가 그 기계를 볼 수도 없고 인식할 수도 없는 것 또한 그와 마찬가지인 거네. 만일 우리가 시간을 타고 흐르는 속도보다 50배 또는 100배 빠른 속도로 그 기계가 시간 여행을 한다면, 다시 말해서 우리가 1초 동안 시간 축을 타고 움직이는 사이에 기계는 1분을 움직인다면 그것이 만들어내는 감각적 인상은 보통 때의 50분의 1 또는 100 분의 1 정도에 불과할 거라는 말이네. (『타임머신』 nbook 24~25)

웰스가 상대성이론에 대해 어느 정도는 알고 있었을 것이라는 것을 이러한 구절을 통해서 짐작할 수 있다.

1960년 개봉한 영화 〈타임머신〉의 포스터(출처: Wikimedia Commons) Public domain

사실 지금은 시간여행의 가능성에 대해서 물리적 이론으로 입증이 되거나 시간이 왜곡되는 '웜홀'(wormhole)의 존재에 대해 이론적으로 규명이 되고 있다. 동시에 시간여행이 현실적으로 불가능하다는 것을 과학자들이 입증하고 있기도 하다. 그럼에도 불구하고 시간여행에 대한 관심은 웰스의 작품이 나온 이래로 지금까지 꾸준히 지속되고 있고, 가끔 자신이 시간여행자(Time Traveler)라고 하는 사람이 등장하기도 한다.

밀레니엄 전후로 인터넷에 나타난 존 티토(John Titor)라는 사람은 자신이 타임머신을 타고 2036년에서 온 사람이라고 주장하였다. 그는 인류 최초로 상용화된 컴퓨터인 IBM 5200의 히든 디버깅 기능을 얻기 위해 2000년으로 왔다고 주장했는데, 그의 말대로 히든 디버깅 기능이 있다는 것이 나중에 드러나기도 했다. 시간 여행자답게 교황 바오로의 사망 등 여러 예언을 했고 그가 한 예언 중에서 일부는 실제 일어나기도 했다. 존 티토 외에도 우리는 과거의 사진 속에서 시간을 초월한 것 같은 모습을 한 사람을 보고 시간여행자가 아닐까 하는 생각을 하기도 한다. 이렇듯 시간여행은 100년 전이나 지금이나 사람을 매료시키는 힘이 있는 것이다.

## 타임머신 소설의 시초, H. G. 웰스 『타임머신』의 미래 인간

### 1) 작가 허버트 조지 웰스

H. G. 웰스는 1866년 영국 켄트에서 출생한 영국 출신의 SF 작가이자 문명비평가이다. 가난한 집안 형편 때문에 정규 교육을 제대로 받지 못했던 웰스는 14세에 학교 공부를 접고, 점원, 화학 약품상 조수와 같은 여러 직업을 전전하다가 다시 학업으로 돌아가 대학에 진학하였

다. 그는 18세에 장학금을 받아 런던의 과학사범학교에 입학했고 그곳에서 당대의 유명한 생물학자인 토머스 헨리 헉슬리(Thomas Henry Huxley, 1825~1895)에게서 3년간 과학을 배웠다. 대학에서 생물학, 천문학, 물리학, 화학, 지질학을 공부한 웰스는 대학 졸업 후에 과학선생이 되었다.

그의 스승인 토머스 헨리 헉슬리는 생존경쟁의 방식과 차원을 달리하는 윤리가 인간사회에서 필요하다는 강연 <진화와 윤리>("Evolution and Ethics")로 유명한 과학자이자 문명학자이다. 그의 손자인 올더스 헉슬리는 과학소설, 『멋진 신세계』를 쓰기도 했다. 웰스의 작품에는 토머스 헨리 헉슬리의 영향을 받아서 진화론적 사고가 기저에 놓여 있다. 『모로 박사의 섬』에서 동물들 간의 인공적 진화를 통해 만들어진 동물인간이나, 『타임머신』에 등장하는 미래 종족들의 모습이 그것이다.

선생으로 활동하던 웰스는 건강이 나빠진 후 소설 작품을 쓰기 시작했고, 1895년에 발표된 『타임머신』으로 큰 명성을 얻었다. 『타임머신』은 시간을 초월하여 여행을 하는 시간여행자를 통해 인류의 미래를 그린 소설로 과학소설의 새로운 장을 열었다고 할 수 있다. 이후 웰스는 『모로 박사의 섬』, 『투명인간』, 『우주전쟁』 등의 작품을 연이어 발표했고, 휴고 건스백은 H. G. 웰스와 쥘 베른의 작품으로 과학소설이 본격적으로 시작되었다고 평가하였다. 또한 H. G 웰스가 활동하던 19세기 말 20세기 초의 과학소설은 주로 과학 로맨스(Science Romance)라고 불리기도 했기 때문에 H. G. 웰스는 과학 로맨스를 연 사람이라고도 불린다.

웰스는 과학소설 작가로서 유명할 뿐 아니라, 문화비평가로도 활동하였다. 비록 20세기 초기의 그의 글에서 인종차별적인 견해를 찾아볼 수 있으나 그가 인류의 미래와 사회적 정의에 대해서 고민했다는 것 역시 그의 소설과 비평집에서 드러난다.

웰스는 1905년 문명 비평에 관심이 있고 정치적인 성향이 있는 사람들이 모였던 '페이비언 협회'에 가입하였고, 1922년과 1923년에는 노동당 의회 후보로 나가 정치가로서도 유명세를 얻었다. 특히 1920년 레닌과의 대담과 1934년 스탈린과의 대담은 전 세계적인 뉴스가 되었다. 그는 유토피아적 사회주의자들과 교류하며 세계 단일국가라는 이상세계를 구상하기도 했지만 나치즘이나 파시즘과 같은 독재주의에 반대하였고 이런 독재주의의 출현에 대해 경고하였다. 2차 세계대전의 참사를 목격한 후 쓴 마지막 저작 『속박의 끝에 있는 마음』(*Mind at the End of Its Tether*, 1945)에서도 인류의 미래를 부정적으로 그렸다. 인권 문제를 위해 노력했던 웰스는 1946년 런던 자택에서 세상을 떠났다.

### 2) 『타임머신』의 줄거리

소설의 서술자 '나'와 친구들은 시간여행자(Time traveler)의 초대를 받아 그의 집을 방문한다. 시간여행자는 자신이 3차원을 초월한 네 번째 차원, 즉 시간의 차원을 공부하였고, 시간을 초월하는 여행을 할 수 있는 기계를 만들었다고 한다. 타임머신을 보여 달라고 하자 시간여행자는 시계 크기의 금속으로 만들고 수정과 상아가 박힌 기계의 모형을 보여준다. 원본을 보여달라고 하자 그는 실험실에서 거의 완성되어 가는 기계를 보여주며, 시간여행을 하고 오겠다고 한다. 다음 주 목요일 엉망진창의 몰골에, 다리까지 절며 일행 앞에 나타난 시간여행자는 허겁지겁 음식을 먹은 후 자신이 했던 시간여행에 대해 이야기하기 시작한다.

시간여행자가 타임머신을 타고 도착한 곳은 서기 802701년의 머나먼 미래이다. 시간여행자는 키가 작은 인간들과 마주친다. 이 미래 인간은 현생인류의 후손으로, 온순하고 연약하고 키가 작아서 어린아이 같아 보인다. 도자기 인형처럼 아름답고, 남녀가 구분되지 않으며, 곱슬머리에 어린아이 같아 보이는 이 종족은 엘로이(Eloi)족이다. 이들은 아름다운 외모와 달리 지능이 낮고 '저능한 천지'처럼 유치한 질문을 한다. 80만 년 후에는 소, 양, 개까지 모두 멸종해서 엘로이족은 과일을 주식으로 먹으며, 어디에서 만들었는지 모르는 비단옷을 입고 있다. 시간여행자는 엘로이족의 여자 '위나'(Weena)가 물에 떠내려가는데, 얕은 물인데도 아무도 구해주려 하지 않는 것을 보고 깜짝 놀란다. 시간여행자는 위나를 구해주고, 위나는 시간여행자를 따라다닌다.

타임머신을 잃어버린 시간여행자는 스핑크스 동상 아래의 공간으로 타임머신이 끌려간 흔적을 발견한다. 이상한 우물을 본 시간여행자는 그곳을 통해 지하로 내려갔다가, 지하에 엘로이와 다른 종족이 사는 것을 알게 된다. 거기에는 흰 털로 뒤덮여 있는, 또 다른 인류의 후손, 몰록(Morlocks)족이 살고 있었다. 시간여행자는 엘로이족이 입고 있던 비단옷이 몰록이 만든 것이며, 몰록족이 엘로이족을 사냥하여 잡아먹는다는 것과 불을 무서워한다는 사실을 알아내게 된다.

엘로이와 몰록에 대해서 탐사하던 시간여행자는 엘로이가 현 세계의 특권층의 후손이고 몰록은 그들에게 기계처럼 착취당하던 노동자 계층의 후손이라고 추측을 한다.

"진화를 통해 하나의 인류에서 두 개의 종으로 분화한 결과, 그들은 전혀 새로운 관계로 변화해 가고 있었다. 아니, 어쩌면 변화가 이미 완료되었는지도 모른다. 엘로이는 카롤링거 왕조의 왕들처럼 실속 없이 겉모양만 번지르르한 존재로 퇴화되어 버렸다. 그나마 그들이 지상의 땅을 소유하고 있는 것도 수많은 세대에 걸쳐 지하에서 생활한 몰록이 땅 위의 밝은 빛을 견뎌낼 수 없게 된 덕분일 것이다. 그런데도 몰록은 여전히 엘로이에게 의복도 마련해주고 여러 필요한 물품을 대주고 있다. 그것은 오랜 습관의 산물일 것이다. 말이 발굽으로 땅바닥을 긁거나 사람들이 재미로 사냥을 하는 것과 같은 이치다. 오래전에 이미 필요 없게 된 행동 양식이 사라지지 않고 남아 있는데 불과한 것이다. 그러나 분명 오랫동안 이어져 왔을 그 질서는 이미 부분적으로는 정반대로 뒤집혀 있었다. 인과응보의 법칙에 따라 이제는 엘로이가 그 업을 짊어져야 할 차례가 된 것이다. 수천 세대 이전에 인간은 형제와 다름없는 같은 인간을 밝은 햇빛이 비치는 안락한 지상에서 추방해 버렸다. 그때 쫓겨났던 사람들이 다시 돌아오고 있는 것이다. 예전과는 완전히 다른 몸으로!"(『타임머신』 nbook 20~21)

시간여행자는 이 두 인류가 함께 멸종되어 가고 있다는 참혹한 사실을 깨닫는다. 시간 여행자는 위나와 함께 도자기로 만들어진 '청자 궁전'(The Palace of Green Porcelain)을 찾아가서 숨는다. 과거 박물관이었던 청자 궁전에는 많은 전시품이 보관되어 있었다. 몰록을 쫓아내기 위해서 자신이 가진 성냥을 다 사용해버린 시간여행자는 다행히 성냥이나 장뇌(camphor)같이 불을 지를 수 있는 물건을 전시품 중에서 찾아내고, 그것으로 숲에 불을 지른다. 위나는 시간여행자를 구하기 위해 몰록족과 싸우고, 그 사이 시간여행자는 스핑크스 아래 문이 열린 틈을 타 안으로 들어가 타임머신을 찾아낸다. 위나를 찾지 못한 시간여행자는 가까스로 몰록족을 따돌리며 그곳을 떠난다. 이 이야기를 하던 중, 시간여행자는 주머니에 손을 넣어 하얀 당아욱 같아 보이는 시든 꽃을 보여준다. 위나가 시간여행자의 주머니에 넣어준 꽃이었다.

시간여행자는 현재로 돌아가려 했지만, 실수로 더 먼 미래(약 30만 년 후)로 가게 된다. 그는 모든 인류가 사라진 미래에서 거대한 게를 닮은 흉측한 괴물을 본다. 게를 닮은 괴물 수십 마리가 녹색의 이끼 사이를 돌아다니는 모습을 보며 시간여행자는 소름이 끼쳐온다. 태양은 불그레해져 있고, 공기도 희박해져 숨쉬기가 고통스럽다. 시간은 계속 빠르게 지나 다시 3천만 년이 지난 더 먼 미래로 간 시간여행자는 붉은 태양이 어두운 하늘의 10분의 1을 차지하고 있고, 이제는 게와 같은 생명체도 다 사라지고 이끼를 제외한 어떤 생명체도 남아 있지 않는 장면을 보게 된다. 바다에는 거대한 얼음 덩어리가 떠다니고, 태양빛이 반사되어 핏빛으로 물들어 있다. 공포에 질린 시간여행자는 겨우 현재 시간으로 돌아온다.

시간여행자는 다시 현재로 돌아오지만, 아무도 그의 말을 믿어주지 않는다. 다음 날 시간여행자의 집을 다시 찾은 나는 실험실에서 그를 다시 만난다. 30분만 기다려주면 점심 전에 다시 돌아오겠다고 한 후 시간여행자는 떠나버리고, 그 후 3년이 넘도록 돌아오지 않는다. 위나에게서 받았다는 이상하게 생긴 꽃 두송이는 시들어 갈색으로 변했지만, "인류의 지적 능력과 육체적 힘이 사라진 뒤에도 감사하는 마음과 사랑하는 마음이 인류의 가슴에 여전히 남아 있을 것임을 보여주는 증거"로 여전히 남아있다.

### 3) 『타임머신』과 사회적 진화론(Social Darwinism)

웰스는 점진적인 사회개혁을 주장한 영국의 사회주의 사상 단체이자, 현재 영국 노동당의 전신인 <페이비언 협회>(Fabian Society)의 멤버였다. 1884년도에 설립된 이 단체는 혁명적인 변화보다 점진적 사회변혁을 통해 사회를 개선하고자 하는 사회민주주의를 주장하는 단체였다. 웰스는 1901년 『예상』(*Anticipations*)을 통해 미래에는 과학자와 기술자로 형성된 소수의 엘리트 그룹이 인류를 구할 것이라는 주장을 펼쳤는데 당시 페이비언 협회의 의장이었던 극작가 조지 버나드 쇼(George Bernard Shaw, 1856~1950)가 그의 견해를 흥미롭게 여겨서 단체의 회원으로 받아들였다고 한다. 하지만 웰스는 이 단체가 보어 전쟁(Boer War, 1880, 1899: 영국인이 아프리카에서 보어족을 탄압하여 식민지로 삼았던 계기가 된 전쟁)에 대해 침묵하고 영국의 교육 개혁에 관심을 보이지 않는 것에 실망하여 조지 버나드 쇼를 공개적으로 비판했고, 그 이유로 단체에서 탈퇴했다고 한다. 이런 일화를 통해서도 볼 수 있듯 웰스는 소설가 이전에 사회문제와 정치 문제에 많은 관심이 있었던 사회운동가였고, 그의 소설들은 이런 자신의 견해를 전파하는 일종의 수단이었다. 그래서 그의 과학소설은 그가 주장하고자 하는 사회적, 정치적인 메시지를 담고 있다.

앞서 웰스는 대학 재학 중 생물학자인 토머스 헨리 헉슬리에게서 과학적인 추론법과 진화론적인 사고를 배우고 많은 영향을 받았다고 하였다. 토머스 헨리 헉슬리는 '불가지론'(agnosticism)이라는 말을 만든 사람이면서, 또한 '진화론'을 의미하는 '다위니즘'(Darwinism)이란 용어도 만든 사람이다. 찰스 다윈이 진화론을 발표한 후 많은 공격을 받고 있을 때 헉슬리가 다윈을 위해 진화론에 대한 변론을 대신하여 찰스 다윈의 '불도그'라고 불리기까지 하였다고 한다.

웰스와 헉슬리가 활동했던 1890년대에는 역시 다윈의 사상에서 비롯된 허버트 스펜서(Herbert Spencer, 1820~1903)의 '사회적 진화론'이 널리 받아들여지고 있었다. 사회적 진화론은 오늘날 학문이라기보다는 일종의 유사 사회과학이론 취급을 받고 있으며 비과학적인 것으로서 비판의 대상이 된 지 오래이다. 사회적 진화론에 의하면, 사회는 미개한 단계에서 문명까지 일정한 방향으로 점차 진화하며, 이런 진화는 생존경쟁과 적자생존이라는 진화론적인 법칙에 의하여 진행된다. 이러한 발상은 이후 제국주의나 독재의 사상적 기반이 되었다. 미개한 종족에서 문명을 갖춘 종족까지 진화론적 단계로 종족의 줄을 세울 수 있다는 사회적 진화론의 발상은 현재 현대인이 받아들이고 있는 문화상대주의적 사고와는 대립되는 것이다. 또한 적자생존을 위한 경쟁을 인간사회의 당연한 법칙으로 인정하면서 빈민이나 기타 약자에 대한 배려를 무시한다는 점에서도 2차 대전 이후 많은 비판을 받았다. 하지만 웰스가 작품 활동을 했던 19세기 말과 20세기 초반의 유럽 사회에서 사회적 진화론은 인정되고 수용되는 사회학 이론이었다.

앞서 말했듯이 토머스 헨리 헉슬리는 진화론을 신봉한 사람이었다. 하지만 그는 말년에 쓴 『진화와 윤리』를 통해 사회적 진화론을 비판하며 스펜서와 상반된 입장을 취했다. 헉슬리는 인간사회에 자연법칙을 적용하는 것을 반대하였다. 대신 그는 윤리와 도덕을 통해 인간사회를 건설하는 것이 진보적인 일이라고 주장하였다. 그는 <잭과 콩나무>라는 동화에서 잭이 콩나무를 타고 구름 위의 새로운 세상에 도달한 후 자신이 타고 오른 사다리를 걷어차고 새로운 세상을 살아가게 되는 비유를 들며 이 점을 설명했다. 잭이 도달한 세계는 문명의 세계를 의미하며, 그가 사다리를 걷어차는 행동은 투쟁으로 점철된 진화의 법칙을 문명사회의 발전을 위해 버리는 것을 의미한다는 것이다. 즉 문명사회는 사회의 유지를 위하여 강자생존이란 진화론적 행동을 죄악시하여야 한다는 것이며, 그러기 위해 현대 과학사회에서 윤리가 필요하다는 것이 헉슬리의 주장이었다.

H. G. 웰스의 사상은 사회적 진화론적 요소를 반영하면서도, 동시에 토머스 헨리 헉슬리의 반(反)사회적 진화론 역시 투영하고 있다. 미래에는 과학의 영향력이 거대해지고 거대 정부가 출현할 것이라고 보았지만, 공산주의나 파시즘과 같은 전체주의에 대해서는 반대했다는 것이 그 증거이다. 또한 그는 교육의 중요성에 대해 말하고 사회적 정의에 대해 고민하면서도, 동시에 진화론적 사고의 연장선상에서 백인 우월주의적 사고를 펼치기도 했다.

그의 작품 『타임머신』은 이런 웰스의 사상적 견해가 드러나는 작품이다. 이 작품은 1888년 『과학 학교 저널』(*The Science Schools Journal*)에 연재한 「시간여행자」("The Chronic Argonauts")라는 연작 단편소설을 1895년 소설의 형태로 개작하여 출간한 작품이다. 이 작품은 80만 년 후의 세상을 여행하는 시간여행자에 대한 이야기이지만, 그보다는 웰스가 살고 있었던 1890년대의 영국과 유럽 사회에 퍼져 있었던 '당시 사람들의 특정한 불안'(the particular anxieties of his time)에 대한 이야기라고 할 수 있다[17].

17 Amanda Baule, "Caution over Evolution: H. G. Wells' The Time Machine as a Response to Social Darwinism" Uconn, University of Connecticut. November 22, 2015. https://hist3101dystopia.uconn.edu/2015/11/22/caution-over-evolution

시간여행자가 타임머신을 타고 간 80만 년 후의 사회에는 오직 두 인간 종족만이 남았고, 이 남은 종족이 진화의 산물이었다. 사회적 진화론이 극단적으로 구현되었다고 할 수 있는 이 미래 사회의 두 종족 중에서 엘로이라는 이름은 '하나님'을 의미하는 히브리 단어 '엘로힘'(Elohim)에서 나왔고 반대로 몰록은 역시 구약성서에 등장하는 페이키아 지방의 신이자 아이를 산 재물로 바치게 했다는 모록(Molock)에서 나왔을 것이라고 추측되고 있다. 하지만 H. G. 웰스는 이 이름의 의미를 정확하게 밝히지는 않았다.

시간여행자는 엘로이를 '아름답고 우아한'(Very beautiful and graceful), '숨 가쁠 정도의 아름다움'(Hectic Beauty), '연약한 대상'(Fragile thing), '예쁘고 작은 사람들'(Pretty little people), '드레스덴 도자기처럼 예쁜 사람들'(Dresden-china type of prettiness)라고 묘사하고 있다. 반면 지하에 사는 몰록족에 대해서는 '인간거미'(Human spider), '신 해충'(New vermin), '역겹고 사람같이 않은'(Nauseatingly inhuman), '인간쥐'(human rats), '망할 놈'(Damned souls)이라고 부른다.

엘로이족은 어린아이처럼 작은 키에 연약한 체구를 가진 종족으로, 질병에 걸리지도 않고, 노동을 하지도 않으며, 아무 걱정 없이 즐겁게 놀기만 한다. 경쟁할 필요나 복잡한 사고, 혹은 노동을 하지 않기 때문에 이 종족은 어린아이처럼 천진난만하며, 당연히 육체나 두뇌도 어린아이 상태로 퇴화되어 있다. 위나가 얕은 물에 빠졌을 때 아무도 그녀를 구하기 위한 최소한의 노력을 하지 않는다거나 자신들을 잡아먹는 몰록족에게 반항하지 않는 모습에서 볼 수 있듯이 이들은 극단적일 정도로 서로에게 무관심하고 무기력하다.

이런 엘로이족의 모습은 '자본가'와 '공산주의자'가 가진 부정적인 특성이 진화론적으로 도달하는 종착점을 표현하고 있다고 할 수 있다. 엘로이족은 자본을 축적하고 그것을 후손에게 세습하면서 더욱 나태하고 무기력하고 무지한 종족으로 퇴화한 자본가들의 후손이다. 또한 경쟁을 죄악시하고 모든 것을 평등하게 분배하여 나약한 상태가 되었다는 점에서 1890년대에 시대적으로 부상하고 있었던 공산주의 사상을 비판하고 있다고도 볼 수 있다. 산업사회가 발전함에 따라 인간의 삶이 더 풍요해지고 편안하게 되지만, 그런 편안한 삶이 인간을 게으르고 무능하게 만들기도 하는 것이다. 도전에 끊임없이 응전하지 않는 한 인류는 도태의 길로 들어갈 수밖에 없을 것이라는 점에서, 자본의 축적으로 인한 나태나 경쟁하지 않는 사회 때문에 생긴 나태나 그 결과는 퇴화일 것이라고 본 것이다.

반면 지하에 사는 몰록족은 엘로이족과는 반대의 상황에 놓여 있다. 이들은 빛이 들지 않는 지하세계에서 엘로이족의 옷을 만들고, 음식을 조달하기 위해 노동한다. 어린아이처럼 천진난만하고 아름다운 엘로이족과 반대로 이들은 빛이 들어오지 않는 지하에서 살고 있다. 이들은 원숭이처럼 칙칙한 흰색 털로 뒤덮이고 흉측한 얼굴과 짐승 같은 형상을 하고 있다. 하지만 지능이 높아서 무능한 엘로이를 사육하여 잡아먹고사는 인류이다. 시간여행자가 알아낸 바에 따르면 몰록족은 현재의 하층 노동계급의 후손이다. 지배계층에게 착취당하고 일만 해야 하는 노동자 계층이 빛도 없는 지하세계에서 나름의 진화를 거듭하여 엘로이족을 식용가축으로 사육하는 역전 상태까지 이르게 된 것이다.

시간여행자는 처음에는 엘로이족이 미래 세상을 지배하고 있다고 생각했지만 사실은 몰록족이 지배하고 있다는 것을 알게 된다. 몰록족의 모습을 통해서 자본가 계층이 자신들의 이득을 위해 노동자계급을 착취하는 일을 계속하게 될 때 언젠가 혁명이 일어나서 기존의 역학관계를 뒤엎고 자본가를 멸망시키는 일이 일어날 수 있다는 것을 경고하는 것이라고 볼 수 있다. 또한 사회적 진화론에서 말하는 적자생존이나 우생학이 인류에게 좋은 결과를 주지는 않을 것이라는 점을 지적하고 있는 것이기도 하다.

시간여행자가 본 인류의 미래는 유토피아라기보다는 디스토피아적이다. 자본주의나 공산주의가 윤리적, 인간적 가치에 대한 의식 없이 맹목적으로 발전을 거듭할 때 결국 엘로이처럼 안이하고 나태한 풍요를 누리다가 잡아먹히게 되든지, 몰록처럼 힘을 가졌지만 어둠 속에서 짐승처럼 살게 되는 것이다.

사회적 진화론은 인류가 과학적으로나 사회적으로 발전한다고 하지만, 웰스는 그런 발전이 끝나는 지점이 존재한다고 보았다. 하지만 이 암담한 전망 중에서 우리에게 한 가지 위로를 주는 것은 위나가 시간여행자의 주머니 속에 넣어 준 꽃송이이다. 웰스는 이 시든 꽃송이가 “인류의 지적 능력과 육체적 힘이 사라진 뒤에도 감사하는 마음과 사랑하는 마음이 인류의 가슴에 여전히 남아 있을 것임을 보여주는 증거”라고 하였다. 헉슬리가 문명사회에서 중요한 것을 진화가 아닌 윤리라고 보았듯이, 웰스도 인간에게 중요한 것은 감사하는 마음과 사랑하는 마음이라고 본 것은 아닌가를 생각하게 하는 지점이라고 할 수 있다.

## 로버트 앤슨 하인라인의 시간여행 소설 「너희 모든 좀비들은......」 ("'—All You Zombies—'")

### 1) 작가 로버트 앤슨 하인라인(Robert Anson Heinlein, 1907~1988)의 생애와 작품

해군사관학교 앨범에 실린 22살의 로버트 앤슨 하인라인(1929) U. S. federal government 소유 사진. Public Domain

H. G. 웰스 이후 시간여행을 다룬 유명 소설 중에는 20세기 3대 과학소설가 중 한 명이라는 평가를 들었던 로버트 앤슨 하인라인의 『여름으로 가는 문』(*The Door into Summer*, 1956)도 있다. 사실 하인라인은 이 작품 외에도 시간여행을 다룬 작품을 여러 편 썼었고 개중에는 영화 <인터스텔라>(*Interstellar*, 2014)와 같은 해에 개봉된 영화 <타임 패러독스>의 원작 「너희 모든 좀비들」("'—All You Zombies—'")과 같이 시간여행의 역설을 다룬 작품도 있다.

로버트 앤슨 하인라인은 미국의 중서부 미주리(Missouri)주에서 1907년 7월 7일 출생했다. 그는 1929년에 미국 해군 사관학교(U. S. Naval Academy)를 뛰어난 성적으로 졸업하였고 군 전역 후에 UCLA 대학원에서 물리학과 수학을 배웠다. 해군에서 5년간 복무하면서 항공모함 USS 렉싱턴호(Aircraft Carrier USS Lexington)에서 무선 통신 장교로 복무했고 세계 2차 대전이 터졌을 때는 이미 군대에서 퇴역했음에도 불구하고 해군 연구 엔지니어(research engineer)로 근무했다. 아마 하인라인의 대표작인 『스타십 트루퍼스』에서 기동보병 생활과 기계 등에 세밀하고 사실적인 묘사가 가능했던 것은 하인라인이 실제 해군이자 엔지니어로 근무했고, 과학을 공부한 경험이 밑바탕에 있었다는 것 때문임을 쉽게 짐작할 수 있다.

렉싱턴호에서 군인 생활을 하던 중 하인라인은 1934년 폐결핵으로 건강을 해쳐서 퇴역했고, 1939년부터 과학소설을 쓰기 시작했다. 하인라인은 작가 수업을 받지 않았음에도 불구하고 탄탄한 스토리를 만들어내는 능력이 뛰어났고, 과학적으로나, 공학적으로 개연성이 높고 문학성이 뛰어나다는 정평을 받았다. 또한 미래 사회에서의 인간의 역할이나 인간관계가 어떻게 변화할 것인가에 대해 그렸다. 과학소설의 장르적 특성을 말하는 용어로 '사고실험'(thought experiment)과 '외삽'(Extrapolation)[18]이 있는데 하인라인의 작품은 이 둘 모두가 뛰어나다.

하인라인은 사고실험을 미래사회에는 말(horse)이 필요 없게 될 것이라는 단순한 상상이 아니라 미래의 구애방식이 지금과 어떻게 다를 것인가를 상상하는 것이라고 설명하였다. 다시 말해 미래의 과학적 산물에 대한 상상보다, 그 산물로 인간사회의 구조는 어떻게 달라지겠는가를 상상해야 한다는 뜻이다.

1966년도에 발표된 『달은 무자비한 밤의 여왕』(번역작의 제목. 원작의 내용으로 본 이 작품의 제목은 "달은 엄한 여자 선생님"이다)의 경우 미래를 배경으로 하고 있으나 이 작품이 그리는 정치적인 상황은

18 외삽이란 이전 경험이나 실험으로 얻은 데이터를 기반으로하여 아직 경험 내지는 실험하지 못한 경우를 예측해 보는 기법이다. 즉 현재의 경험을 기반으로 미래에 일어날 일을 예측해 보는 것이다. 사고실험이란 덴마크의 철학자이자 물리학자인 한스 크리스티안 외르스테드가 1811년에 만든 용어로, 머릿속에서 생각으로 진행하는 실험을 의미한다. 현실적으로 일어날 수 없는 상황을 머릿속으로 그려서 그 상황의 상태와 결과를 예측해 보는 것이라고 할 수 있다.

하인라인이 작품 활동을 했던 20세기 정치 사회 상황을 반영하고 있다. 2076년 달세계의 독립운동을 다룬 이 작품이 발표되었던 1960년대에는 선진국과 제3세계 간의 제국주의적 종속성이 여전했던 때이기도 했던 것이다. 통합 지구 정부에서 유형 보낸 유형수들을 수감하는 감옥으로 전락한 달세계가 지하농장에서 재배한 곡물을 인구과밀로 식량부족 상태인 지구로 보내는 상황은 지구와 달이라는 공간이 바뀌었을 뿐 1960년대 지구의 선진국과 제3세계와의 관계와 다를 바 없었다. 이 작품은 이런 관계가 계속 지속된다면 향후 미래에는 어떻게 될 것인가를 보여주고 있다.

1940, 50년대의 다른 유명 과학소설가들처럼 하인라인도 『어스타운딩』잡지를 통해서 과학소설을 발표했다. 『어스타운딩』에 발표한 그의 첫 작품은 단편소설인 「구명밧줄」("lifeline")(1939)이였는데, 하인라인 사후 이 작품 이전에 그가 「우리, 살아있는 사람을 위하여」("For Us, the Living")를 1938년에 쓴 것이 밝혀져 2003년에 출간이 되기도 했다.

1947년에 발간된 『우주선 갈릴레오』(*Rocket Ship Galileo*) 이후 1988년 사망하기 전까지 하인라인은 장편 32편과 중단편 59편을 출간하는 왕성한 작품 활동을 하였고 1975년에는 미국 과학소설 작가 협회가 뽑은 첫 번째 그랜드마스터로 선정되기도 했다. 본인의 말에 의하면 1주일에 7일, 1년에 6개월을 저술로 보내고 나머지 6개월 동안에는 휴식을 가졌다고 하며, 경우에 따라서는 여러 단편을 동시에 쓰기도 했다고 한다. 마지막으로 출간된 작품은 1987년에 출간된 『황혼 너머로의 항해』(*To Sail Beyond the Sunset*)였다.

하인라인의 대표작으로는 『지구의 푸른 산』(*The Green Hills of Earth*, 1951), 『이중성』(*Double Star*, 1956), 『여름으로 가는 문』(*The Door into

*Summer*, 1957), 『스타십 트루퍼스』(*Starship Troopers*, 1959), 『낯선 땅의 이방인』(*Stranger in a Strange Land*, 1961), 『달은 무자비한 밤의 여왕』(*The Moon is a Harsh Mistress*, 1966), 『프라이데이』(*Friday*, 1982) 등이 있다.

이 중 하인라인을 가장 유명하게 한 작품이 『스타십 트루퍼스』이다. 이 작품은 1997년 폴 버호벤(Paul Verhoeven, 1938~) 감독에 의해 영화화가 되었으며, 영화 역시 성공적이었다. 영화가 흥행에 성공하는 바람에 <연방의 영웅>(*Hero of the Federation*, 2004), <약탈자>(*Marauder*, 2008)의 부제를 단 속편 영화가 제작되기도 했다. 이 작품은 밀리터리 SF의 고전으로 간주되며, 군인만이 참정권을 가지고 있는 미래세계의 지구인이 곤충처럼 생긴 외계인 아라크니드(Arachnid)와의 전투를 치르고 결국은 승리한다는 내용이다. 이 작품이 그리는 군국주의화된 미래사회는 1950년대와 60년대 반공산주의, 베트남 전쟁에 대한 작가의 동시대인적 경험이 바탕에 있다고 평가된다.

또 다른 작품 『프라이데이』는 다니엘 디포(Daniel Defoe, 1660~ 1731)의 소설 『로빈슨 크루소』(*Robinson Crusoe*, 1719)에서 등장했던 원주민 프라이데이를 대상으로 한 패러디이다. 『로빈슨 크루소』에서 프라이데이가 식민지인을 상징하고 있듯이 하인라인의 작품 속의 프라이데이는 인공지능 인조인간이자 인간으로 취급받지 못하고 우주 배달부로 살아가는 미래의 새로운 노예이자 피지배인을 상징한다. 『로빈슨 크루소』의 프라이데이는 평생 로빈슨 크루소의 노예로 살아가는 삶을 기꺼이 받아들이고, 속편에서는 로빈슨 크루소를 지키기 위해 대신 죽지만, 하인라인의 프라이데이는 보터니 베이(Botany Bay)라는 행성으로 탈출하여 자유로운 인간으로 산다는 점에서 하인라인은 원작을 전복했다.

## 2) 하인라인(Robert Anson Heinlein, 1907~1988)의 시간여행 과학소설

하인라인의 대표적인 시간여행 소설은 『여름으로 가는 문』이다. 겨울의 추위를 싫어하여 따뜻한 여름으로 이끄는 문을 찾는 고양이 피트(페트로니우스)와 함께 살고 있는 '나'는 고양이가 여름으로 가는 문을 찾듯 시간여행을 하는 문을 찾고 있다. 독특하게 이 작품은 맨해튼에 원자폭탄이 터지고 난 후 1970년대가 시간적 배경이며 주인공은 자신이 기르는 고양이 피트와 대화를 할 수 있다. 이 작품의 내용을 간단히 요약하면 이와 같다. 돈에는 큰 관심이 없는 천재 공학자 댄 데이비스가 가사 노동에서 여성을 해방해줄 '가사도우미 로봇'을 개발하지만, 이 로봇이 빅 아이템임을 감지한 댄의 약혼녀 벨과 사업 동료 마일즈 때문에 직장을 잃고 30년 동안 냉동 수면에 빠져 2000년대에 깨어나게 된다. 그는 괴짜 과학자 트위챌을 만나 시간여행에 성공하여 다시 1970년대로 돌아간다.

『여름으로 가는 문』 외에도 하인라인은 여러 편의 시간여행 소설과 단편소설을 썼다. 「너희 모든 좀비들은......」, 「자기 힘으로」("By His Bootstraps", 1941), 『별들의 시간』(*Time for the Stars*, 1956), 『판햄의 자유보유권』(*Farnham's Freehold*, 1964), 『벽을 통과하는 고양이』(*The Cat Who Walks Through Walls*, 1985)와 같은 작품을 통하여 하인라인은 시간여행, 타임 패러독스, 다중우주(multiverse) 등 시간여행과 관련된 모티브를 다루었다.

하인라인의 시간여행 과학소설은 시간여행 역설과 관련되는 모티브를 사용했다는 공통점 외에도 한 작품에서 등장하는 사람이나 장치가 다른 시간여행 소설에서 다시 등장하여 작품 간의 연결성이 있다는 특징이 있다. 이렇게 한 작품의 등장인물이 다른 작품에서 또다시 등장하여 작품들끼리 서로 연결되도록 하는 서사적인 기법을 '상호텍스트성'(intertextuality)이라고 한다.

그중 몇 편을 소개하자면 『판햄의 자유보유권』은 1960년대 냉전사회의 그늘이 반영된 작품이다. 주인공 휴 판햄(Hugh Farnham)은 소련의 핵공격이 자행되자 핵피난처로 들어갔다. 그리고 생존을 위해 피난처에서 나온 후, 그 사이 핵폭발로 인해 자신들이 미래의 세상으로 오게 되었다는 것을 알게 된다. 이 소설은 다중우주(multiverse)라는 개념 위에서 전개되는데, 다중우주라는 것은 우주가 하나가 아니라 여러 개이며, 어떤 사건이 발생하면 각기 다른 결과가 다른 우주에서 진행된다는 것이다. 다른 우주에는 또 다른 '나'가 내가 선택하지 않은 다른 일을 한다. 시간여행이 물리학적으로 가능한가의 문제만큼 시간여행을 했을 때 생길 수 있는 패러독스를 어떻게 해결할 것인가에 대한 의문 역시 항상 제기되고 있는데, 다중우주가 실재한다면 그런 패러독스는 해결될 수 있다. 미래로 갔다가 다시 과거로 돌아갈 때 다른 우주로 돌아감으로써 과거의 나와 겹치지 않아도 되는 것이다.

Time Traveling by Ajaj 1818. 2020. 12. 5.(출처: Wikimedia Commons) free image

판햄이 도착한 미래사회는 흑인이 백인을 노예로 부리는 노예사회였다. 이를 거부하며 도망가다가 잡힌 판햄 일행은 처형이 되는 대신 시간여행 실험에 자원하여 핵폭발이 일어나기 직전의 과거로 돌아가게 된다. 하지만 다시 과거로 돌아간 판햄은 그 과거가 원래의 자리가 아니라 또 다른 다중우주의 하나임을 알게 된다. 하인라인은 이 작품 외에도 『벽을 통과하는 고양이』에서도 다중우주를 언급하고 있다.

「자기 힘으로」에서는 시간여행의 불가능성에 대해 논문을 쓰고 있던 밥 윌슨(Bob Wilson)이 '시간의 문'을 통해 미래로 가게 된다. 그는 시간여행 중에 두 명의 사람을 만나게 되는데 그 사람들이 자기 자신이었다는 것을 알게 된다. 여러 명의 자신을 만나고, 결국 모두가 하나였다는 것을 주인공과 독자가 깨닫는 작품 설정이 「너희 모든 좀비들은......」의 줄거리에 영향을 주었다고 할 수 있다.

타임 패러독스는 하인라인의 시간여행 작품에서 공통적으로 찾을 수 있는 것이다. 타임 패러독스란 '할아버지 살해 패러독스' 등의 용어로도 표현되며, 시간여행으로 생길 수 있는 역설을 의미하는 용어이다. 시간을 역행하여 과거로 돌아가 할아버지를 죽이면 지금의 나의 존재 역시 없어져야 하지 않는가에 대한 논리로 생기는 역설이라고 할 수 있다.

제임스 글릭은 『타임 트래블』에서 시간여행자가 과거로 돌아가 할아버지를 만나 살해하는 것이 불가능하다는 것에 대해 철학자 래리 드와이어(Larry Dwyer), 물리학자 스티븐 호킹이 동의한다는 것을 장황하게 설명하였다(256~283).

먼저 철학적, 논리적으로 설명하자면, 모든 사건이 원인과 결과라는 관계를 기반으로 하고 있기에 원인이 선행하고 결과가 시간적으로 뒤에 나타나게 되는 것이 일반적인 이치인데, 시간여행을 통해 이전의 사건을 뒤집어 놓는 것은 결과가 원인을 선행하는 것이기 때문에 타임 패러독스는 논리상 발생할 수 없다는 것이다.

스티븐 호킹(Stephen William Hawking, 1942~2018)도 순서 보호 가설(Chronology Protection Conjecture)을 통해서 '물리법칙이 상상 속

시간여행자로부터 역사를 보호한다', 즉 이미 발생한 사건을 후에 바꿀 수 없다는 것을 물리적 계산으로 증명하였다(276). 글릭은 '우리가 미래에서 온 관광객 무리에게 침략당하지 않았다는 사실로 보건대 이 가설을 뒷받침하는 강력한 실험 증거가 있다'고 했던 호킹의 말을 인용하며 물리학적으로도 타임 패러독스가 생기지는 않으리라고 보았다.

하인라인의 시간여행 소설에서 일어날 일은 어떻게든지 일어난다는 점은 인간이 자유의지를 통해 미래나 과거를 바꿀 수 없다는 결정론적인 생각이 바탕에 있다는 것을 보여준다.

### 3) 「너희 모든 좀비들은......」의 구성

하인라인의 단편소설 「너희 모든 좀비들은......」은 시간여행으로 생길 수 있는 역설을 대상으로 한 작품이며, 그가 1941년도에 쓴 『자기 힘으로』와 설정이 비슷하다. 또한 뱀이 자신의 꼬리를 물고 있는 형상인 우로보로스나 시간국과 같은 장치들은 1985년에 발표한 『벽을 통과하는 고양이』(*The Cat Who Walks Through Walls*)에서도 사용되었다.

이 작품은 호주에서 마이클 스피어리그(Michael Spierig) 감독에 의해 2014년에 영화화되었고, 한국에도 상영이 되었다. 원작 『너희 모든 좀비들은......』은 영화화되면서 '예정설'을 의미하는 *Predestination*으로, 다시 한국에서 개봉되면서 <타임 패러독스>로 제목이 바뀌었다. 재미있는 것은 이 세 가지 제목이 시간여행에 대한 각기 다른 해석으로도 볼 수 있다는 것이다. 원작의 제목 '너희 모든 좀비들은......'의 경우 바텐더, 제인, '미혼모'가 각기 다른 사람인지 동일인인지에 대한 정체성에 초점이 맞춰졌다는 생각이 든다면, '예정설'이라는 제목은 스티븐 호킹이 시간여행에 대해 말했던 것처럼 모든 사건은 순서보호가 되기 때문에 어차피 일어날 일은 일어나게 되어 있다는 것을, 그리고 '타임 패러독스'는 '내'가 나의 아버지와 어머니가 되어 무한 반복하게 되는, 극대화된 시간여행 역설을 포착하고 있는 것이라고 할 수 있다. 그런 점에서 이 세 제목 모두 이 작품의 각기 다른 해석이라고도 할 수 있다.

「너희 모든 좀비들은……」은 하인라인이 1958년 7월 11일에 써서 1959년에 『공상과학소설』(*Fantasy and Science Fiction*)지에 발표했다. 이 작품은 1970년 11월 7일 '팝스 플레이스'라는 주점에서 일하는 바텐더가 '미혼모'라는 필명을 가진 남자 작가를 만나는 것으로 시작한다.

> 브랜디 잔을 닦고 있노라니 '미혼모'가 가게로 들어왔다. 시각을 기록해두었다. 1970년 11월 7일, 5번 시간대 또는 동부표준시 기준으로 오후 10시 17분. 날짜는 1970년 11월 7일. '시간요원'들은 항상 시각과 날짜를 확인한다. 반드시 해야 하는 일이다.
> '미혼모'는 25세의 '남성'으로 나와 비슷한 키에 앳되어 보이는 얼굴과 성마른 성격을 가진 젊은이였다. 언제 보아도 썩 마음에 들지 않는 생김새였다. 하지만 내가 이곳에 온 이유는 이 젊은이를 고용하기 위해서고, 따라서 이 친구는 내 몫이다. 나는 최선을 다해 그에게 바텐더다운 미소를 보냈다. (「너희 모든 좀비들은……」 『하인라인 판타지』 시공사 685)

1945년부터 1993년까지 바텐더가 하는 시간여행과 함께 제시되는 사건들의 파편을 따라가 보면 마지막에서야 전체적인 그림이 그려지고 그 그림의 끝이 처음으로 연결되어 있는 것을 알 수 있다. 제인이 끼고 있는 반지의 형태인 '우로보로스'(ouroboros or 그리스어 ουροβόρος)처럼 이 작품의 구조는 원래의 자리로 돌아와 계속 순환하는 순환구조를 가지고 있다. 작품의 구조가 작품의 내용과 같은 형태로 되어 있는 것이다.

영국의 연금술사인 루카스 제니스(Lucas Jennis)가 1625년에 동판으로 세긴 우로보로스. 제니스는 수은을 상징하는 상징물로 이것을 사용했다. 또한 꼬리를 물로 있는 이 동물은 와이번(Wyvern)이라는 상상의 용이다.(출처: Wikipedia commons) Public domain

우로보로스는 '꼬리를 삼키는 자'라는 의미를 가진 고대의 상징물이다. 주로 뱀이나 용이 자신의 꼬리를 물고 원형, 혹은 수학의 무한대 표식 같은 형태를 하는 형상으로 그려진다. 뱀은 탈피를 하는 동물이다. 탈피란 늙은 육체를 벗어버리고 젊어지는 것을 의미한다는 점에서 죽지 않는 불사의 상태를 떠올리게 한다. 또한 우로보로스의 뱀이나 용은 자신의 입과 꼬리를 묶어 원의 형태를 만드는데 이것은 탄생과 죽음의 결합, 즉 불사, 무한을 상징하는 것이며, 그런 의미에서 '철학자의 돌'을 상징하는 것이 되기도 했다. 위의 삽화에서 볼 수 있듯 중세의 연금술사들은 우로보로스를 '철학자의 돌'이나 기타 금속의 상징물로 사용했다.

「너희 모든 좀비들은......」에서 우로보로스는 순환하는 구조와 내용을 표현하는 표현물이면서, 작품의 구조와 내용을 연결하는 서사적 장치이기도 하다. 각각의 시간대 표시와 함께 산발적으로 흩어져서 제시되는 각각의 에피소드는 독자가 이어 붙여 하나의 타임라인으로 정리했을 때에야 이 파편들이 순환한다는 것을 깨닫게 된다. 그런 점에서 이 작품의 구조는 20세기 소설에서 한창 유행했던 의식의 흐름 기법을 떠올리게 하기도 한다. 전체 에피소드를 순차적인 타임라인으로 재배열한다면 다음의 표로 정리된다.

〈「너희 모든 좀비들은......」에서 일어난 사건의 순차적 배열 〉

| | 시간대 | 사건 |
|---|---|---|
| 1 | 1945. 09. 20. | ■ 바텐더가 베이비 제인을 고아원에 두고 간다. |
| 2 | 1963. 04. 03.<br>04. 24.~ | ■ 바텐더가 "미혼모"를 두고 사라진다.<br>■ "미혼모"는 17세의 임신한 제인을 버리고 바텐더를 따라 1985년으로 간다.<br>■ 제인의 관점에서는 "미혼모"가 갑자기 사라지고 출산을 한 제인은 자신이 양성을 가졌다는 사실을 알게 되어 성전환 수술을 한다. |
| 3 | 1964. 03. 10. | ■ 바텐더가 베이비 제인을 유괴하여 1번으로 간다.<br>■ 남자가 된 제인은 속기사가 되고 "미혼모"라는 필명으로 글을 쓰는 작가가 된다. |
| 4 | 1970. 11. 07. | ■ 바텐더가 "미혼모"에게 예전에 그를 임신시켰던 사람에게 복수하게 해주겠다고 하며 2번으로 데리고 가서 거기에 놓아둔 후 다시 이 시간대로 돌아온다.<br>■ 돌아온 바텐더가 다시 2번의 미혼모에게 간다. 그를 데리고 시간국(Temporal Bureau)로 가서 입대시킨다. |
| 5 | 1993. 01. 12. | ■ 바텐더(제인, 엄마, 아빠, "미혼모")가 자신의 삶에 대해 생각한다. |

작가 하인라인은 작품 곳곳에 바텐더와 '미혼모', 제인이 같은 사람임을 알 수 있는 단서를 심어놓기도 했다. 예를 들어 '미혼모'와 바텐더는 키가 비슷하며, 두 사람 모두 사생아이다. 또한 두 사람은 고아원에서는 성에 일찍 눈을 뜬다는 것을 모두 알고 있다. 베이비 제인을 납치한 남자를 묘사하면서 '미혼모'가 하는 말, "그 사람은 내 얼굴이나 당신 얼굴과 비슷한 얼굴이었어"라고 하는 것이나, 바텐더가 '미혼모'의 예전 이름은 물론, 고아원 선생이 누구였는지, 아이의 아버지가 어디에 있는

지를 알고 있다는 것 역시 이 세 사람이 실은 한 사람이라는 것을 알려주는 단서이다. 결국 독자는 소설을 다 읽고 난 후 무심코 지나쳤던 단서를 다시 떠올리게 될 수밖에 없다는 점에서 독서 과정 역시 우로보로스처럼 순환하게 되는 것이다.

시간여행자인 바텐더는 현재 시각인 1993년으로 돌아와서 침대에 붙어있는 '시간 이동의 법칙'을 바라본다. 이 법칙은 다음과 같다.

**"The By-Laws of Time" (시간 이동 법칙)**

내일 해야 할 일을 어제 하지 말라. (Never Do Yesterday What Should Be Done Tomorrow)
마침내 성공했다면 두 번 다시 시도하지 말라. (If at Last You Do Succeed, Never Try Again)
제때의 시간 미션 한번이 90억을 살린다. (A Stitch in Time Saves Nine Billion)
역설은 긴급 투입으로 고칠 수 있다. (A Paradox May Be Paradoctored)
생각할 때는 이미 이르다. (It Is Earlier When You Think)
선인들 역시 평범한 인간일 뿐이다. (Ancestors Are Just People)
누구든 실수를 할 때가 있다. (Even Jove Nods)

첫 구절 '내일 해야 할 일을 어제 하지 말라'는 찰스 디킨스(Charles John Huffam Dickens, 1812~1870)가 『데이비드 코퍼필드』(*David Copperfield*, 1850)에서 '오늘 할 일을 내일로 미루지 말라. 미루는 것은 시간을 도둑질하는 것이니, 시간을 잡아라'("Never do tomorrow what you can do today. Procrastination is the thief of time. Collar him!")라고 말한 원문을 패러디한 구절이기도 하다. 다른 구절 역시 기존에 있

는 속담이나 어구를 따오거나 패러디한 것들이다.

「너희 모든 좀비들은......」의 영화 버전인 <예정설>(*Predestination*)은 원래의 줄거리에 시간국에서 근무하는 로버트슨이라는 인물과 '피즐바머 스토리'(Fizzle Bomber Story)를 첨가하였다. 피즐바머 스토리가 첨가됨으로써 영화 <예정설>은 소설보다 줄거리가 더 탄탄해졌다는 인상을 준다. 소설에서는 제인, 미혼모, 바텐더가 동일한 사람이지만 이들이 왜 시간여행을 하는가에 대한 동기가 불명확한 데 반해, 영화에서는 '피즐바머'가 첨가되어 이들이 시간여행을 하는 중요 이유가 피즐바머를 찾는 것 때문이라는 설명이 추가되어 논리적으로 강화되었기 때문이다. 제목인 예정설은 '예정 역설'(Predestination Paradox)을 의미하는 것으로 역사의 불가변성, 즉 다른 시간대로 여행을 해도 역사에 어떤 식으로든 영향을 미쳐서 그 흐름을 바꿀 수 없다는 것을 의미한다.

#### 4) 시대적 맥락으로 보는 「너희 모든 좀비들은......」

「너희 모든 좀비들은......」이 발표된 1950년대 말은 미국과 소련의 핵무기와 우주개발 경쟁이 노골화되었던 시대였다. 1950년대와 60년대 초반에 인공위성 발사와 유인 우주비행이 성공했다. 이때 우주개발의 성과를 보자면, 1957년 10월 소비에트 연방에서 최초의 인공위성인 스푸트니크(Sputnik) 1호가 우주에 진입하여 지구궤도를 돌았으며, 이어 11월에는 스푸트니크 2호가 강아지 라이카(Laika)를 태우고 우주비행을 함으로써 최초로 지구의 생명체가 우주에 가는 것에 성공했다. 또한 1961년 4월 12일에는 유리 가가린(Yurii Alekseevich Gagarin, 1934~1968)이 소련의 우주선 보스토크 1호(Vostok 1)에 탑승하여 1시간 48분 동안 우주비행에 성공한 최초의 우주인이 되었다.

이와 같은 결과에서 볼 수 있듯 이 당시 우주개발의 패권을 먼저 장악한 나라는 소비에트 공화국이었다. 소비에트 공화국의 연이은 성공 소식을 들은 미국은 1961년 5월에 우주인을 보내는 아폴로 계획(Apollo Program)을 기획하였다. 하지만 발사 연습 도중 우주선 화재로 3명의 우주비행사가 죽는 일이 발생했다. 그리고 드디어 1968년 10월 11일 아폴로 7호가 3명의 우주비행사를 태우고 우주로 가서 지구 궤도 비행에 성공하였고, 1969년 7월 아폴로 11호가 달착륙에 성공함으로써 미국은 우주개발 부분에서 소비에트 공화국을 추월하게 되었다.

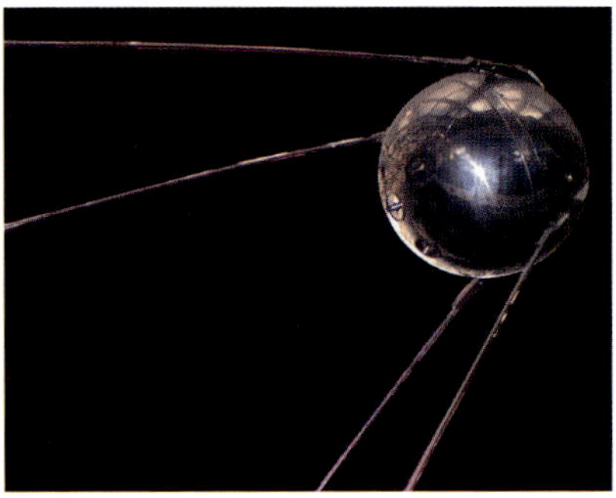
나사에서 만든 스푸트니크 1호의 복제품 사진(출처: Wikimedia Commons) Public domain

「너희 모든 좀비들은......」이 발표된 1959년도는 스푸트니크 1, 2호의 성공으로 인해 우주개발 경쟁에서 뒤처져 있던 미국이 어떤 수단을 동원해서든 우주선 개발에 성공하여 소비에트 공화국을 따라잡아야 한다는 염원이 절박했던 때였다.

미국의 아폴로 계획을 배경으로 한 영화 <히든 피겨스>(*Hidden Figures*, 2016)의 첫 장면은 이런 시대 분위기를 잘 보여주고 있다. 나사에 출근하는 흑인 여성 계산원들(computers)이 고장 난 차 때문에 길에 서 있다가 백인 경찰관이 다가오자 잔뜩 긴장하며 자신들이 나사에서 근무하는 사람이며 로켓을 우주에 쏘아 보내는 일을 돕는 사람들이라고 한다. 그러자 백인 남자 경찰관은 하늘을 쳐다보며 "러시아

놈들이 지금 우릴 바라보고 있겠지, 스푸트니크!(Damn Russians are watching us right now. Sputnik!)"라고 하며 이 흑인 여성들이 안전하게 출근하여 일에 전념할 수 있도록 에스코트를 해준다. 이 장면은 흑백분리정책이 기승을 부리던 미국 남부에서도 로켓을 우주에 쏘아 올려야 한다는 미국인의 열망이 흑인에 대한 차별의식을 극복할 정도로 강했다는 것을 보여주는 것이다.

「너희 모든 좀비들은……」에서는 이러한 미국인들의 열망을 비틀고, 풍자와 섞어서 제시한다. 고아원에서 자란 제인은 웬치스(WENCHES)라는 단체에 입대하려 했다. 이 단체의 이름 웬치스는 "국제 긴급 여성 단체, 접대와 엔터테인먼트 부서(Women's Emergency National Corps, Hospitality & Entertainment Section)"의 줄임말이다. 이 단체는 '스페이스 엔젤스'(Space Angels), 혹은 우주인들의 예비 간호그룹(Auxiliary Nursing Group, Extraterrestrial Legions), 그리고 '우주군의 재활과 사기진작을 위한 여성 접대 부대(Women's Hospitality Order Refortifying & Encouraging Spacemen, 줄여서 WHORES)라고 불리는 부대이다. 엔터테인먼트를 베푸는 기관인 것 같으며, 정체를 가늠하기 힘든 거창한 이름을 여럿 가지고 있는 이 애매모호한 단체의 성격을 단적으로 설명해주는 것은 '창녀'를 의미하는 단어 'WHORES'일 것이다. 제인은 웬치스에 필요성에 대해 이렇게 말한다.

> "남자가 수개월 수년을 우주에서 지내다 보면 긴장을 풀 수단이 필요하다는 사실을 처음으로 인정한 시기가 바로 그때쯤이었거든요. 꼰대들이 얼마나 아우성을 쳐댔는지 기억이 나시죠? 덕분에 제게는 더 유리해졌지요. 자원봉사자들이 거의 없었거든요. 여기 지원하는 아가씨

는 정숙하고 처녀일수록 좋았고(밑바탕부터 교육을 시키는 쪽을 선호했거든요, 평균 이상의 정신력을 가지고 감정적으로 안정된 사람이 필요했어요.... 그래서 외모는 굳이 필요하지 않았어요. 나를 받아주기만 하면 그쪽에서 알아서 뻐드렁니도 고쳐주고, 파마도 해주고, 걷는 법과 춤추는 법과 남자의 이야기를 즐겁게 들어주는 법 등을 전부 가르쳐줄 테니까요. 추가로 가장 중요한 임무를 수행하는 기술까지도. 도움이 된다면 성형수술까지 해줬을 겁니다. '우리 소중한 아들'들을 위해서는 뭐든 아깝지 않은 법이니까요" (「너희 모든 좀비들은……」 시공사 691)

실제 우주인을 위해서 이런 단체가 존재하지는 않았다. 하지만 우주 정복의 경쟁에서 소비에트 연방을 이기고 싶은 열망이 인종편견을 뛰어넘을 수 있는 것처럼, 로켓을 우주에 쏘고 달을 정복하는 경쟁에서 이기기 위해서라면 어떤 것이라도 바치려 드는 1950~60년대 미국인들의 광적인 염원을 WHORES라는 이름을 가진 단체를 통해 풍자하고 있는 것을 알 수 있다.

이 외에도 이 작품에서는 미국적 가족주의에 대한 풍자도 찾아볼 수 있다. 이 작품은 '미혼모'라는 필명의 소설가가 '팝스 플레이스'(Pop's Place)라는 주점을 방문하는 장면으로 시작한다. '미혼모'(unmarried mother)라는 명칭에서 '어머니'를, 팝스 플레이스라는 주점의 이름은 '아버지의 장소'라는 의미를 가졌다는 점에서 아버지와 어머니가 한 공간에 있는 것이다. 이 주점에서 들리는 음악 '나는 내 할아버지다'(I am my Grandfather) 역시 '할아버지'라는 가족을 의미하는 명사가 들어있다. 1930년대 유명 라디오 희극인인 드와이트 라썸(Dwight Latham)과 모 제프(Moe Jaffe)가 작사 작곡한 이 컨트리음악은 결혼으로 인해 내가 나의 할아버지가 되는 복잡한 가족관계를 경쾌한 곡조에 유머러스한 가사로 풀고 있다.

이런 가족 설정은 고아이며, 본체를 규명할 수 없는 모호한 주인공의 정체와 중첩되고 있다. 또한 이런 설정은 할리우드 영화 등 미국 문화에서 암묵적으로 강요되고 있는 미국적 가족주의에 대한 풍자라고도 볼 수 있다. 1950년대는 2차 대전 후 미국의 가족 중심적 보수주의 전통이 강했던 때이기도 했다. 그리고 미국적 가족주의는 지금까지도 할리우드의 각종 재난 영화나 SF 영화에서 강하게 나타나고 있는 문화코드이기도 하다. 「너희 모든 좀비들은......」에서는 아버지이자 어머니이자 나인 주인공의 모호한 상태를 통해 특이하고도 뒤틀린 '가족' 형태를 보여주며 기존의 가족주의를 풍자하는 것이다.

1950년대 미국이라는 시대적 배경과 관련하여 볼 수 있는 또 다른 문제는 '돈의 문제'[19], 즉 미국의 자본주의이다. 바텐더는 '미혼모'를 데리고 과거로 돌아가 제인과 만나게 할 때 한 뭉치의 100달러 지폐를 건네준다. 이 당시 100달러 지폐는 지금의 시세와는 비교가 안 될 큰돈인데, 이 돈을 받은 후 돈을 세고 있는 '미혼모'를 바라보며 바텐더는 '100달러 지폐에는 최면적인 효과가 있다'라고 말한다. 결국 '미혼모'로 하여금 제인을 유혹하고 임신을 시키는 데는 '미혼모'가 가지고 있었던 돈뭉치의 엄청난 힘이 작용했던 것이다. 자본주의 사회에서 100달러 지폐뭉치의 힘은 시간여행을 가능하게 하는 타임머신만큼이나 강렬하다.

19 김석, 「<타임 패러독스>, 또는 좀비가 말하지 못한 것」. 『비교문학』. 66. 2015. p. 76

### 5) '좀비'의 상징성

'좀비'(Zombie)는 아이티(Haiti)의 종교인 부두교(Voodoo)에서 유래하였다. 부두교는 아프리카 흑인들이 미국의 노예로 팔려간 후 미국에서 노예로 생활하면서 예전의 아프리카 토속신앙과 미국에서 받아들인 기독교적인 요소를 혼합하여 만든 종교이다. 부두교를 믿었던 노예들이 백인의 압제를 피해 중앙아메리카로 도망가서 세운 나라가 아이티이기 때문에 지금도 아이티 주민의 약 80%가 부두교를 믿고 있다. 부두교의 특징은 닭과 같은 동물을 희생시키는 제사를 지내고, 황홀경에 빠지거나 마술을 하는 등의 주술적인 특색이 강하다는 것인데, 이 중 '좀비'는 부활한 시체, 혹은 몸은 살아있고 영혼은 죽은 상태의 살아있는 시체를 의미한다. 부두교의 사제가 사람의 몸에서 영혼을 빼내면 이 사제의 말에 절대적으로 복종하는 살아있는 시체 상태가 된다고 한다.

영화 〈살아있는 시체들의 밤〉에 등장하는 좀비들
(출처: Wikimedia Commons) Public domain

서구 문명에서 부두교의 좀비 개념을 도입한 최초의 서적 중 하나는 미국의 언론인인 윌리엄 시브룩(W. B. Seabrook)의 『마법의 섬』(*The Magic Island*, 1929)이고 영화로는 빅터 핼퍼린(Victor Halperin) 감독의 <화이트 좀비>(1932)였다. 이후 조지 로메로 감독의 <살아있는 시체들의 밤>(*Night of the Living Dead*, 1968) 이후 좀비는 '영혼 없이 움직이는 시체'에서 벗어나 식인을 하고 전염성을 가진 공포의 존재로 변모하게 되었다.

「너희 모든 좀비들은……」의 마지막 장에서 바텐더는 "영겁의 시간 동안 자기 꼬리를 먹는 뱀.... 나 자신이 어디에서 왔는지는 알고 있다. 그러나 너희 모든 좀비들은 어디서 온 것일까?"라고 묻는다. 여기서 바텐더는 자신을 제인이라고 부르며, 자신은 어디에서 왔는지 근원을 알지만 다른 것들은 실제로 존재하지 않는 좀비라고 하며 자신과 구분한다. 하지만 바텐더의 이 말 때문에 더 강해지는 것은 이들의 정체의 모호성, 경계의 불확정성이다. 이들은 동시에 존재하지만 각각의 경계선을 구분하기 어려운 모호함 그 자체이다.

부두교의 개념으로 본 좀비는 몸만 살아남아서 주술사에게 조종당한다는 점에서 아프리카에서 끌려와 노예로 사는 흑인 노예들의 상태를 상징하는 대상이기도 했다. 그러나 현대의 '좀비'는 노예화된 시체를 가리키는 용어에서 한발 더 나아가 현대인에 대한 상징으로 의미가 확대되었다.

좀비를 철학적으로 언급한 사람으로는 프리드리히 니체, 들뢰즈, 가타리, 지젝과 같은 철학자들이 있다. 그중 들뢰즈와 가타리는 '좀비'를 철학적으로 언급한 시발점으로 평가되는데[20] 『천개의 고원』에서 좀비는 국가가 노동의 효율성을 위해 노예화한 인간, 즉 신체적으로 절단된 불구의 상태이자 좀비화된 인민의 형태로 언급되었다. 즉 국가는 지배를 효율적으로 하기 위해 인민을 좀비화한다는 것이다. 이와 같이 좀비는 주체성을 잃은 군중이나 산업자본주의 속의 노동자에 대한 비유로 사용되었으며, 20세기 소비 자본주의 사회에서는 의미 없는 소비를 반복하고 있는 소비자의 상징으로도 이용되었다.

20 박지웅 「지젝의 좀비 개념을 통한 좀비론 구성」 현대사상 6호 2010.

최근 들어서는 좀비의 모습이 또다시 변화되고 있음을 볼 수 있다. 20세기의 좀비는 노동력을 착취당하는 노예 상태를 의미하는 존재였지만 지금은 대중문화의 한 축이 되었다. 주술에 의해 허수아비처럼 움직이는 존재를 탈피하여, 집단으로 몰려다니며 산 사람들을 공격하고 물어뜯어서 좀비로 만들거나 잡아먹는 공포의 존재로 변한 것이다. 즉 애초 좀비는 수동성의 상징, 내지는 삶과 죽음의 경계선에 있다는 점에서 애매모호한 공포의 상징이었지만, 지금은 타인을 감염시키고, 무한히 먹어치우는 식욕(소비욕)을 가지고 욕망을 표출하는 존재로 바뀌었다.

이제 좀비의 의미는 '살아있는 시체'라고 단순화할 수만은 없는, 보다 복합적인 것이 되었다. 이것은 미국은 물론 우리나라의 영화나 드라마에까지 확대 생산되고 있는 좀비물에 등장하는 좀비의 모습이 다양화되어 가는 것에서도 쉽게 느낄 수 하다. 미국의 TV 드라마 <워킹데드>(*Walking Dead*)나 <웜바디스>(*Warmbodies*, 2013)에서는 다른 인간을 잡아먹거나 피를 빨아먹는 등의 식욕만 남아 있는 상태의 좀비, 목을 물어서 서로를 좀비로 만드는 흡혈귀형 좀비는 물론 인간적인 감정을 가진 좀비가 등장하고 있고, <킹덤>(2019)에서는 조선시대를 배경으로 하여 그 시대를 사는 굶주린 백성들의 식욕과 권력을 향한 정치적인 야망이 뭉쳐진 괴물 집단으로, 혹은 <부산행>(2016), <반도>(2020), <살아있다>(2020)와 같이 이제는 일상화된 전염병에 대한 공포를 형상화한 존재로 나타나기도 한다.

## 진성인들이 사는 유토피아, 문윤성의 『완전사회』[21]

### 1) 「완전사회」의 내용과 의미

한국에서 과학소설은 1990년대까지 아동과 청소년 문학 장르로 생각되었다고 해도 과언이 아니었다. 특히 1950년대와 60년대에는 미국과 소련의 우주과학 경쟁이 치열했던 때였고, 미래의 우주산업과 과학발전을 위해 아동과 청소년에게 과학소설을 읽혀야 한다는 생각이 전세계적으로 퍼져 있었던 때였다.

그런 의미에서 보자면 최초의 본격 창작과학소설로 평가받고 있는 문윤성의 『완전사회』(1967)는 이런 시대적 분위기에서 돌출되는 한 지점이라고 할 것이다. 문윤성은 12개의 과학 작품을 남겼던 한낙원처럼 과학소설을 지속적으로 발표하지는 않았다. 하지만 국내 창작 과학소설의 주요 필자들로 구성된 'SF 작가 클럽'의 회원으로 활동했었다고 한다. 그의 작품이 가진 의의는 <주간한국>의 제1회 추리소설 공모 당선작으로 이 작품이 나올 수 있었던 사실에서 볼 수 있듯이 과학소설 장르 자체에 대한 인식이 부족했던 시대적 상황에서 장르적 특성을 분명하게 나타내는 작품을 창작했다는 점에서 찾을 수 있다.

『완전사회』는 원고지 2천 장의 분량으로, 미래사회를 세밀하고 구체적으로 그려낸 점에 있어서 독보적이라고 할 수 있다. 하지만 과학소설의 역할은 미래를 형상화하는 것에서만 찾을 수 있는 것은 아니다. 과학

21 이 부분은 Journal of Convergence for Information Technology(2019)에 실린 「과학소설의 서사적 추진력: 『완전사회』의 대안적 상상력을 중심으로」(손나경 저)를 요약하였음.

소설은 미래뿐 아니라 과학소설이 쓰인 현시대를 비추고 대안을 제시하는 측면도 가지기도 있기 때문이다. 미래세계를 그린 과학소설의 전형이라 할 수 있는 H. G. 웰스의 『타임머신』(1895)의 경우 작가가 문명의 이기 속에서 무기력해진 엘로이족과 동물적 수성만 남은 몰록족을 통해 20세기를 앞둔 당시의 유럽 문명과 사회에 대해 비판과 풍자를 한 것이다. 이와 마찬가지로 『완전사회』 역시 여성만 남은 161년 후의 미래사회의 모습을 통해 작가가 살고 있었던 1960년대 사회에 대해 우회적인 비판을 가한다.

1967년에 수도문화사에서 단행본으로 출간되었다가 1985년 『여인공화국』이라는 이름으로 재간된 후 크게 주목받지 못하던 『완전사회』는 최근 다시 원래의 제목으로 출판되었다. 『완전사회』는 인류 종말을 가져올 전쟁이 시작되기 전인 1994년에 현 인류를 대표할 '완전인간'으로 뽑힌 27세의 한국인 우선구가 <미래로의 수면여행 계획>에 의해 161년 후의 미래세계로 보내지고, 여자들만으로 이뤄진 진성사회에서 다시 깨어나 그 사회의 사회적 문제와 직면하는 내용을 담고 있다. 특히 우선구가 수면 장치에 들어가는 설정과 여성으로만 구성된 사회인 헤어지루의 정치, 사회, 생활의 모습이 상당히 구체적으로 그려진다. 반면 인류 종말을 앞둔 시점에서 왜 딱 한 명의 사람만을 미래 수면 여행에 참여하게 했는지에 대해 이해 가능한 설명이 제시되고 있지는 않다.

우선구가 미국의 디크위크 박사가 주도하는 유엔 기획에 의해 비커츠 섬에 마련된 수면 장치에서 잠에 빠진 후 161년이 지나 깨어나자, 지구는 3차에 걸친 전쟁, 그중에서도 12년간에 걸쳐 치러진 남녀의 성 전쟁 끝에 남은 남자들은 모두 화성으로 추방되고 여성들만이 남아 진성인(워시두)의 사회를 이루고 있다. 우선구는 과거 약혼녀였던 장숙원이 남긴 일기장, 기록문을 통해 그간의 인류 역사를 공부하고, 자신에게 호의적인 리긴 기자에게 호감을 느끼기도 한다.

우선구는 세계정부의 수도인 헤어지루를 구경하고, 우주정거장, 학교 등을 견학하면서 진성사회가 20세기 인류가 직면했었던 기아 문제, 냉전사회의 문제를 해결하고 첨단 과학기술에 의해 운영되는 유토피아적 사회를 이룩했음을 알게 된다. 하지만 동시에 이 사회는 예술을 억압하고, 성적인 본능을 죄악시할 뿐 아니라, 화성으로 쫓겨난 남성들과의 공존을 거부하는 독재국가이기도 하다. 정부에 의해 일거수일투족이 지정되고 한정되며 거의 연금 상태에 불과한 생활을 해야 하는 우선구는 화성 전문가인 샘 앤 교수와 만나 진성사회의 문제점을 해결할 대안을 논의한다. 하지만 오히려 이런 반항적 행동으로 인해 우선구는 정부 전복음모 혐의로 구속되어 수감되는 상태에까지 이른다. 리긴 기자의 도움으로 구속 상태에서 벗어난 그는 <미래전쟁>이라는 소설을 통해 일방적으로 정부 정책만을 강요하고, 감시와 통제를 통해서 인간적 본성을 억압하는 진성사회에 대해 비판하였고 그의 행동은 시대적인 공감을 얻어내는 데 성공한다.

1993년 『SF 매거진』에서 한 인터뷰에서 작가 문윤성은 과학소설에 대해 "인간이 추구해야 할 이상에 가장 가까이 접근할 수 있는 장르가 SF"라고 하였다.[22] 즉 『완전사회』에서 그리고 있는 진성사회는 작가가 이 작품을 쓰던 20세기 중 후반의 한국사회에 대한 문제의식의 반영물이기도 한 것이다.

22 소준선. 「미래지향적인 세계관을 가져야: 국내 최초의 장편 SF 『완전사회』의 저자 문윤성」, 『SF 매거진』. 1993. p. 46.

### 2) 『완전사회』의 상상력과 과학적 개연성

『완전사회』는 진성사회의 묘사나 지나간 역사에 대한 기록과 같은 장치를 이용하여 현실감을 높이고 있다. 예를 들어서 『완전사회』는 시간이동을 할 수 있는 특별한 장치를 이용하여 시간여행을 하는 다른 시간여행 장르 소설과는 다르게 수면 장치를 통해 동면을 하는 방식을 택하고 있다. 즉 시간을 이탈하는 것이 아니라 동면을 통해 노화와 죽음을 정지시킨다는 현실성이 높은 방식을 이용하는 것이다. 이런 수면을 통한 시간 이탈은 세계 3대 SF작가로 불리는 아서 C. 클라크가 1968년에 발표한 『2001 스페이스 오디세이』와 로버트 A. 하인라인의 『여름으로 가는 문』(*The Door into Summer*)(1957), 이반 예프레모프(Ivan antonovich Yefremov)의 소설 『안드로메다 성운』(1957)에서 미래로 가는 방식으로 이용되었다는 점에서 1950~60년대의 전형적인 SF 요소라고도 볼 수 있다.

수면 장치를 이용하여 생체시간을 멈추게 하는 것은 시간을 초월하는 타임머신을 이용하는 것보다 훨씬 현실성이 느껴지는 것이기도 하다. 또한 앨코르 생명연장재단(Alcor Life Extention Foundation) 등에서 이미 1970년대부터 냉동 수면을 시행하고 있다는 점에서 볼 수 있듯, 과학적으로 입증되지는 않았지만 최소한 일반 독자들은 이러한 장치에 대해 들어본 적이 있었을 것이라는 점에서 과학적 개연성도 높다.

우선구는 진성사회의 여러 곳을 방문하면서 진성사회의 정치, 사회적 구조에 대해 알게 된다. 일단 이 사회는 중앙집권제로 세계정부에 의해 운영되며, 아프리카 챠드호 근방에 '헤어지루'라는 임시정부가 있고 한글에서 유래한 '헤민어'라는 공통 언어를 사용한다. 또한 모든 생산, 판매 시설이 정부에 의해 통제되거나 직영되는 일종의 공산사회이며 통제사회이기도 하다. 이런 진성국가의 모습은 토머스 모어의 『유토피아』를 연상하게 한다. 54개의 도시로 이루어진 '유토푸스'라는 섬나라 역시 언어, 관습, 제도, 법이 통일되어 있는 통제국가이며 가옥, 직장, 교육 등 모든 제도가 일률적으로 운영되고 있기 때문이다.

유토푸스가 왕권주의와 자본주의 사회의 대척점에 있는 대안 사회라면 진성사회는 남성이 주도하는 사회를 대신할 수 있는 여성 대안 사회이다. 진성사회의 사회이념은 2068년 중구라파의 펀센벅 공국 국립 여자대학 교수 멜리 칼렘 여사가 발표한 '진성 선언'(혹은 칼렘 선언)을 통해 구축되었다.

> '우리는 일체의 낡은 관념과 그 위에 설정된 모든 제도를 무시한다. 개인의 인생관으로부터 부부의 개념, 가족 제도, 법률, 사상, 사회 조직에 이르는 온갖 낡은 것은 근본적으로 파괴되어야 할 것을 주장한다...성의 모순과 대립이 있는 한 인류와 동물의 차이란 있을 수 없다. 모든 불행의 씨는 여기에서 싹트고, 여기서 자라난 악은 한없이 반복되고 발전한다... 우리는 영원히 참되고 아름다운 사회와 역사를 건설하기 위하여 모든 분야에 걸쳐 남성의 존재를 부인하고 이를 제거한다(『완전사회』 수도문화사 174~5).

진성사회에서 남성은 낡은 제도, 근본적인 악과 동일시되고 있다. 하지만 우선구는 여성만으로 이뤄진 진성사회가 과거 남성들이 저질렀던 오류를 또다시 범하고 있다고 본다.

작가 문윤성은 작품의 머리말에서 완전사회가 반드시 도래할 것이라고 믿는다는 것과 함께 자신이 이런 이상향을 꿈꾸게 된 이유에 대해 "배부르고 몸 뜨뜻하여 소일거리로 한 건 결코 아니다. 배부르고 몸 편한 사람이 '이상'이나 '완전'을 찾겠는가?"라고 반문하였다. 이런 작가의 말에서 읽을 수 있는 것은 진성사회가 작가가 작품 활동을 한 20세기 중반의 한국사회가 안고 있는 문제를 간접적으로 투영하고 있는 대안 사회라는 것이다.

우선구가 진성국가에서 눈을 뜨게 되기까지의 역사는 우선구의 약혼자인 장숙원과 그녀를 돌봐준 인도인 나달잔의 딸 레나의 일기를 통해 간접적으로 전해진다. 장숙원과 레나의 일기를 통해 알아본 인류 종말과 진성국가의 탄생에 대한 역사적 사건은 표를 통해 볼 수 있다.

**〈 우선구가 냉동상태에서 깨어나기 전에 발생한 역사적 사건들 〉**

| 연도 | 역사적인 사건 |
|---|---|
| 1994 | 우선구가 냉동장치에 들어감 |
| 2003 | 3차 세계대전의 발생으로 지구인구의 90%가 사망 |
| 2017 | 핵방사능 제거와 복구 시작 |
| 2025 | 4차 세계대전이 발생하여 9,000명 이하의 인구만 생존 |
| 2035 | 장숙원 사망 |
| 2036 | 인간 복제 성공 |
| 2068 | 진성선언 선포 |
| 2069 | 화성 개발 |
| 2095 | 진성인들의 나라 칼렘 공화국 창건 |
| 2099 | 스톨만이 이끄는 남성들이 헤어지루를 침공하여 남성과 여성 사이의 전쟁이 12년간 지속됨 |
| 2108 | 칼렘 공화국 군이 파리를 점령함 |
| 2111 | 전쟁은 진성(여성)의 승리로 끝나고 약 8천 명의 남성 패잔병들은 화성으로 추방 |
| 2155 | 우선구가 깨어남. |

표에서 볼 수 있듯 헤어지루 건국의 역사는 연대로 표현될 수 있도록 구체적이며, 관련 세부사항이 첫 200페이지에 걸쳐져 서술될 정도로 자세하다. 또한 이어지는 '9장 고전문화연구원'에서 우선구는 인류문화의 역사 4단계와 함께 '양성문화의 소멸과 더불어 진성문화가 등장'(200)할 수밖에 없는 역사적 필연성에 대해 듣는다. 결과적으로 『완전사회』 분량의 거의 반이 양성으로 이루어져 있는 인류의 종말에 대해 다루고 있는 것이다.

『완전시대』가 출간된 1967년도가 동서 냉전시기였던 점을 생각해보면 작가의 상상력이 현세계의 종말로 이어지는 것은 당연하다고 할 수 있다. 이 작품의 첫 페이지는 뉴욕 맨해튼 그랜드 호텔 60층에서 곧 다가올 세계대전과 종말에 대한 걱정으로 잠을 이루지 못하고 눈물을 흘리는 유엔 사무국 과학분과위원회 책임 서기 샤론 디크위크 박사의 모습으로 시작한다. 이미 자동차 생산협회는 자동차를, 영화인들은 영화를 깊은 산속이나 땅속에 매장하는 등, 인류는 곧 다가올 종말 앞에서 지난 역사와 문명을 조금이라도 남기려 애쓴다. 우선구를 인류의 대표로 보내기로(남기기로) 한 것 역시 이런 종말의식의 연장선상이라고 할 수 있다.

그러나 전반적으로 이런 종말의식이 무엇에 대한 것인가는 분명하지 않다. 3차 대전의 도화선이 되는 '알비나'와 '에스야'가 유럽의 일각에 붙어있는 공산주의 이념의 국가(101)라는 점에서 1960년대 냉전사회를 살아가는 한국인들의 공산주의 포비아가 반영된 것이라고 볼 수도 있다. 인류구원의 막중한 임무를 부여하고 그 계획을 진두지휘하는 인물이 미국인이라는 설정 역시 한국전 이후 미국이 최고의 우호국이자 자유민주주의의 수호자로 인식했던 시대적 시각이 반영된 것이기도 하다.

하지만 문윤성은 종말전쟁의 원인을 이데올로기로 한정하지는 않았다. 이 점은 우선구가 읽은 전쟁사의 제3차 대전에 대한 기록을 통해서 알아볼 수 있다.

> 제3차 세계대전은 선구가 그 옛적에 기우한 바 같은 우발적 사고나 동서 세력 간의 미리 마련된 정면충돌로 야기되지 않았음이 선구에겐 의외라면 의외였다. 연감 편집자의 저술을 보건대, "제3차 세계대전의 불씨를 던진 당사국, '알비나'와 '에스야'는 유럽 일각에 붙어있는 소국이며 같은 공산주의 이념 국가다. 서로 도와야 할 이 두 나라가 서로 다툼으로써 열린 이 세기적 비극의 원인은 어디 있으며 목적한 바는 무엇일까? 그것은 피치 못할 절대적인 이유도 거둬들일 아무런 수확도 없는, 말하자면 우매하고 허황된 투기 그것뿐이었다. 지금까지의 모든 인류 전쟁사가 전부 그랬듯이, 결국 그들의 어리석음을 역사는 증명하였다(『완전사회』 수도문화사 101).

즉 3차 대전과 이어지는 4차 대전은 미국과 소비에트 연방 간의 정면충돌로 벌어지지는 않았던 것이다. '피치 못할 절대적인 이유나, 수확이 없는 우매하고 허황된 투기'라는 진단을 보면, 진성사회는 전쟁원인을 냉전이나 이데올로기의 다툼보다는 양성사회 구성원들의 인간성 자체가 가진 결함에서 찾고 있음을 알 수 있다. 인류 전쟁사에서 볼 수 있듯 현 사회의 주류인 남성들이 가진 어리석음으로 인해 인류의 역사는 전쟁의 연속이었다는 것이다.

그렇다면 새삼스럽지도 않은 전쟁의 역사에서 왜 3차 전쟁이 인류의 90%를 전멸시키는 종말의 전쟁이 되었나 하는 의문에 도달하게 된다. 이 의문에 대한 답은 '과학의 발전'이다. 장숙원의 기록에도 인류의 존망 자체를 좌지우지했던 것은 과학이었다. 4차 세계대전이 터지기 직전

숙원은 "이 세상에서 가장 위대한 자는 누구냐? 그건 과학자다. 이 세상에서 가장 약하고 못난 사람은 누구냐? 그건 과학자다"(106)라고 탄식하고 있다. 즉 '창조자로서는 위대하나 자기 창작품의 사용 능력에 있어선 허약하고 그 결과에 대한 책임감은 지지리 못나게 걸머져야 하는 게 과학자'(106)이며 '새삼 과학의 위대성과 그 잔인성, 그리고 그 허망함에 놀라지 않을 수 없었다'(107)는 것이다. 작가는 이데올로기의 다름으로 인한 분쟁은 인류사에서 항상 있었던 전쟁 중 하나일 수 있으나, 통제되지 않는 과학이야말로 미래를 종말로 이끌게 할 궁극의 두려움이라고 보았던 것이다.

### 3) 불완전한 완전사회: 모순과 대립

진성사회의 근간에는 양성사회의 모든 제도와 문화에 대한 비판의식으로 점철된 진성 선언이 있다. 칼렘 선언이라고도 불리기도 하는 진성 선언의 핵심은 '성의 모순과 대립의 타파'이다.

작가가 왜 진성사회를 페미니즘 세상으로 구상했는지에 대해서 이정옥은 「페미니스트 유토피아로 떠난 모험 여행의 서사」에서, 작품이 발표된 1967년 당시 세계적으로 페미니즘 운동이 발흥했다는 점을 들고 있다. 그렇다고 해서 이 작품이 여성 인권운동을 긍정적으로 투영하여 여성만으로 구성된 페미니스트 유토피아를 만들었다는 것은 아니다. 오히려 가부장제 사회에서 태어나서 자란 1960~70년도의 남성들이 거세진 여성운동 등을 바라보는 부정적 시각, 내지는 미래에 대한 두려움이 반영되었다고 할 수 있다.

이 점은 우선구가 진성 선언에 대해 '몹시 눈에 거슬리고 불쾌한 글'

(175)이라고 평가를 하는 것이나 양성 간의 공존을 모색하는 반체제 인사들과 함께 우선구가 서서히 진성사회에 균열을 만드는 것을 통해서도 나타난다. 결국 우선구의 눈으로 본 진성사회는 '성의 모순과 대립의 타파'를 이뤄야 할 문제적 사회이다.

진성사회에서 지구상에 남은 단 한 명의 남성이 된 우선구는 희귀한 존재라서 환영을 받기는커녕 형무소 투옥, 가택연금, 납치 등 20세기 한국의 반체제 인사들이 필수적으로 겪었을 고난을 미래사회에서 그대로 겪고 있다. 이와 동시에 '함부로 수갑을 채우는 기관원, 어딜 가든 부딪히는 관료 기풍, 불친절, 불신 그중에도 놀라운 건 피의자의 발바닥에 적외선 낙인을 찍어 항시 감시를 하는 제도' 등을 마주하게 된다.

진성사회가 풍자를 위한 일종의 알레고리로서의 역할을 한다고 전제한다면, 본 소설의 제목을 '완전사회'라고 하고 우선구를 '지성인인 동시에 완전한 신체를 갖춘 완전인간'(13)으로 표현한 표현법이 가진 반전을 생각하지 않을 수 없다. 즉 역사의 불완전성의 원인 제공자로 간주되는 남성을 제거하여 성의 구별을 없애고 완전사회가 된 진성사회에 보내진 완전인간이 조명한 것은 역설적이게도 이 완전사회의 불완전성인 것이다.

하지만 분명한 것은 이 사회가 여성들의 사회가 아니라는 점이다. 이들은 남성과 대비되는 개념인 '여성'이라는 개념 대신 '진성인간'이라는 개념을 가지고 있다. 이 점은 우선구가 만났던 경비원이 온 세상에 '머시레(여성)는 없고 워시두(진성인간)가 있다'(131)고 대답한 것과 진성사회인들이 우선구가 자신들을 '여성'으로 간주하는 것에 불쾌감을 표현하는 것에서도 볼 수 있다. 남녀의 개념 자체를 말소한 진성사회는 그런 의미에서 과거 역사와의 단절 위에서만이 존재할 수 있는 유토피아와 유사하다. 그래서 토머스 모어의 『유토피아』가 통제 속에서만이 유지될 수 있듯 이 사회도 화성으로 도망간 남성 잔당은 물론, 과거의 역사와도 단절할 때 존재할 수 있는 통제사회이며, 언제든 이 사회의 완전성에 흠결을 낼 수 있는 위험성이 존재한다는 점에서 이 사회의 완전성은 항상 불완전할 수밖에는 없다.

이 사회는 단일 중앙집권체제의 세계정부에 의해 모든 경제 정치 행위가 통치되고, 동일한 언어로 동일한 공교육이 시행되며, 종교단체의 형성이 금지되는 통제사회이다. 그렇다면 진성사회의 특성은 여성으로 구성되었다는 것이 아니라, 단일한 성만으로 구성된 순혈성이라고 볼 수 있다. 흰색에 때를 입히기가 쉽듯 순혈주의는 쉽게 무너질 수 있고, 그렇기 때문에 타인에 대한 공포를 조장하며 위태롭게 존속된다. 그러므로 22세기의 진성사회는 단일한 사상, 단일한 생각, 단일한 민족을 강요하는 순혈주의와 폐쇄사회에 대한 비판이나 풍자이기도 한 것이다. 이러한 점은 우선구가 쓴 소설 <미래전쟁>의 내용에서도 볼 수 있다.

> 성의 분쟁이 해결 난 오늘날 인간들은 기호, 식성을 가지고 또다시 싸운다. 결국 어느 한 켠이 남긴 하겠지. 그렇다고 만사가 해결되지는 않을 거다. 인간은 동물적 욕망, 피해 의식이 남아 있는 한 인간은 동물이요, 역사는 처절한 살육의 연속일 거다. 동물적 욕망이 사회를 지배하는 한 싸움의 핑곗거리는 얼마든지 나올 수 있다. 우리는 이제 인간 자체의 혁명을 치러야겠다. 역사적 여건하에 얽매어 지내온 인간을 지양하고 의지의 인간, 능동의 인간으로서 역사를 창조해나가야겠다 (『완전사회』 수도문화사 499)

우선구의 소설에서 분쟁의 대상은 채식주의자와 육식주의자이다. 이는 남성과 여성 간의 성의 분쟁에 대한 은유이지만, 또한 이질적인 것을 인정하고 받아들이는가, 아니면 이를 말살하려고 하는가에 대한 문제 제기이기도 한 것이다. 통제와 동일성을 강요하는 폐쇄사회인 진성사회의 모습은 남성 중심적 사회를 거부한 여성들만의 세계 이상의 의미를 내포하고 있다. 즉 남성, 여성이라는 성의 대결을 넘어서 일체성을 가진 국가를 고집하고 다름과 공존을 인정하지 않는 폐쇄적인 사회는 어떤 시대, 어떤 형태이든 상관없이 취약성을 가질 수밖에 없다는 작가의 인식이 드러나는 것이다.

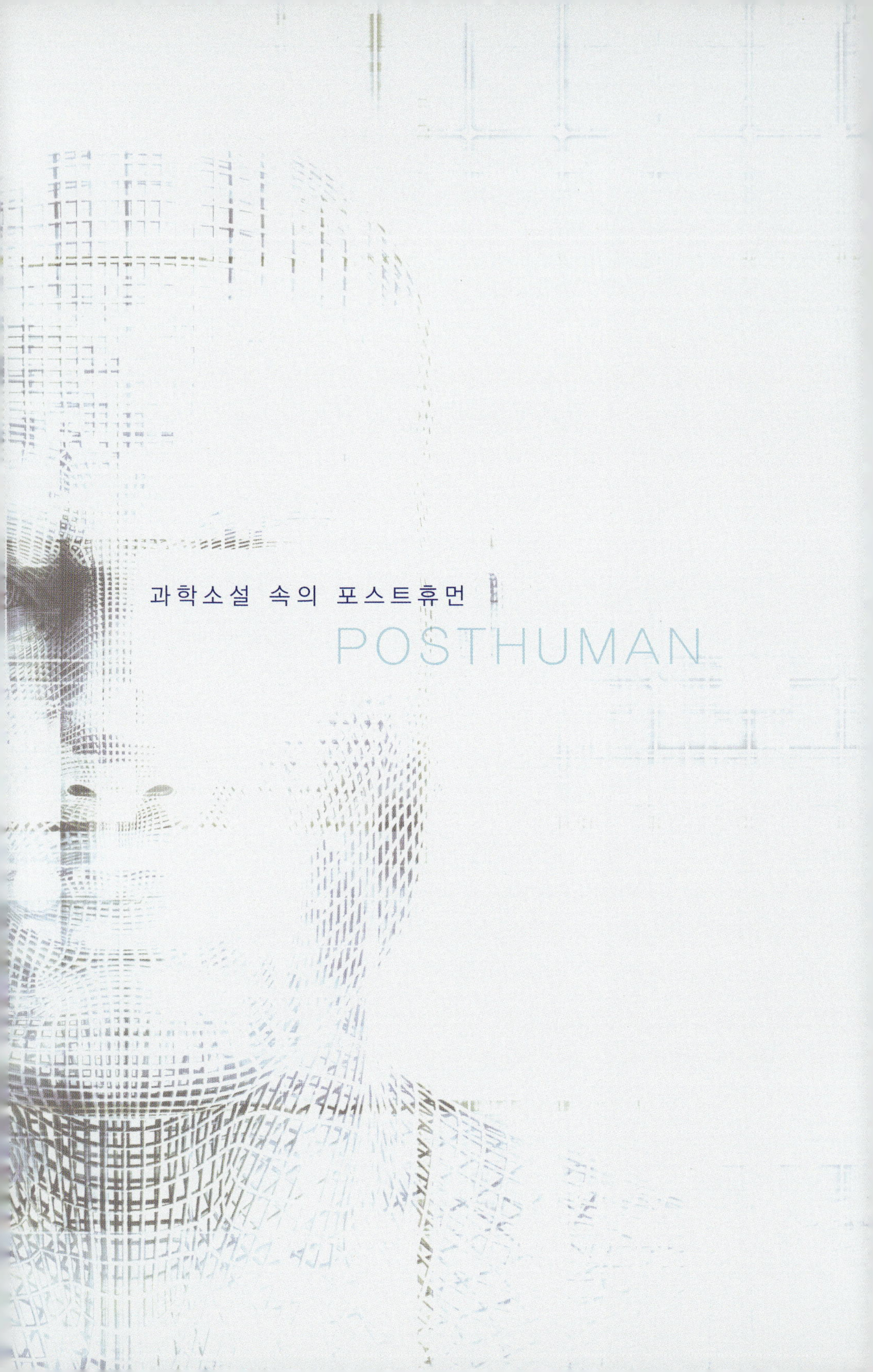

# 과학소설 속의 포스트휴먼

# POSTHUMAN

[ 제4장 ]

# 로봇이야기, 『아이, 로봇』

로봇(Robot)의 기원

카렐 차페크의 『로숨의 유니버설 로봇』과
박영희의 『인조 노동자』

『아이, 로봇』의 작가 아이작 아시모프의 생애와 작품

『아이, 로봇』에 실린 단편

『아이, 로봇』의 중요 등장인물

『아이, 로봇』 각 단편의 구성과 내용

# 제4장

## 로봇 이야기, 『아이, 로봇』

어린 시절에 로봇이 등장하는 만화나 영화를 본 사람이라면 강철로 만들어진 튼튼한 육체에 기계음으로 대답을 하고 주인의 명령에 복종하는 강철인간을 떠올리게 된다. 그리고 감정이 없는 사람을 '로봇 같다'라고 비유한다. 하지만 오늘날 인공지능을 두뇌로 갖춘 로봇은 이런 정형들을 벗어나고 있다. 한 예로 미국 매사추세츠주 터프츠 대학교의 메타이스 슈츠 박사와 골든 브리그스가 개발한 로봇 뎀스터와 세이퍼는 인간의 명령을 맹목적으로 따르지 않고 자신의 기준으로 재해석하여 실행하고, 경우에 따라서는 명령을 거부하거나 자신의 감정을 표현하기까지 한다. 뎀스터와 세이퍼는 위험한 곳으로 가라는 명령을 거부하거나, 열심히 쌓아 올린 통을 무너뜨리라고 명령하자 우는 모습을 보이는 등의 감정을 표현할 수 있다.

과학소설에서는 인간과 비슷한 존재인 안드로이드, 휴머노이드, 사이보그 등의 로봇이 주인공과 주요 인물로 오래전부터 등장해왔다. 노예제가 폐지된 인간사회의 현실적인 필요성으로 만들어진 이 가공의 생명체가 자신보다 지능과 육체가 약하고 자신을 착취하는 인간에게 반항하고 인간사회를 전복하는 상상이 과학소설을 통해 소개되었던 것이다. 미래의 로봇이 뎀스터나 세이퍼보다 더 복잡한 감정을 가질 것이라고 예상한다면, 과학소설에 등장하는 로봇의 반항도 언젠가 실재가 될 수 있다는 것을 부정할 수 없다. 그리고 한편에서는 아이작 아시모프(Isaac Asimov, 1920~1992) 같은 과학소설 작가들이 로봇을 이렇게 무시무시한 존재로 그리는 과학소설의 경향을 '프랑켄슈타인 신드롬'이라고 부르며 로봇과 인간이 평화롭게 공존하는 것이 가능하다고 보기도 했다. 아시모프는 인간이 로봇을 만들어낼 능력이 있는 만큼 로봇이 일으킬 문제를 해결할 능력도 있다고 보았던 것이다.

이 장에서는 로봇이라는 인공적인 존재에 대한 인간 상상력에 대해서, 그리고 과학소설 속에서 그려지는 로봇에 대해 살펴보고자 한다. 특히 아이작 아시모프의 작품 속에서 그려지는 로봇의 모습을 보고, 작가의 로봇에 대한 견해가 현실에 어떤 영향을 끼쳤는지도 살펴볼 것이다.

## 로봇(Robot)의 기원

'로봇(Robot)'이라는 용어는 폴란드의 소설가이자 극작가인 카렐 차페크(Karel Čapek, 1890~1938)가 1920년에 발표한 희곡, 『로숨의 유니버설 로봇』(*R.U.R.*)에서 처음으로 사용되었다. 카렐 차페크가 사용한 '로봇'이라는 용어는 체코어 '로보타 Robota'에서 유래했는데 이것은 중

카렐 차페크 1937(출처: Wikicommons)
Public domain

세에 농노들처럼 '의무적으로 고된 일을 하는 노동자'를 부르는 용어, 혹은 그런 노예 상태의 농노들이 하는 힘겨운 일을 지칭하는 용어였다고 한다. 차페크는 처음에는 '로봇'이라는 용어 대신 힘든 노동을 의미하는 'labor'의 라틴어 '라보리 labori'라고 부르려고 하다가 노예가 된 상태 자체를 강조하는 말인 '로봇'으로 바꾸어 썼다고 한다.

현대에는 로봇을 '어느 정도의 지능과 자율성을 가지고 움직일 수 있는 장치'라고 정의한다(오준호/휴머노이드 로봇연구센터 소장). 하지만 우리가 떠올리는 로봇에 대한 이미지는 이보다는 훨씬 더 다양하다. 주어진 명령만을 수행해야 하는 노예형 로봇, 인간이 되고 싶어 하는 <바이센테니얼 맨>(1999)의 로봇, 영화 <터미네이터> 시리즈에서 등장하는 무서운 외모에 절대 능력을 가진 로봇까지 다양한 개성을 가진 로봇을 우리는 알고 있다. 이런 이미지들은 실제 존재하고 있는 로봇의 이미지라기보다는 과학소설과 SF 영화를 통해 익숙해진 가공의 로봇 이미지이다. 그리고 인공지능(AI)이나 딥러닝(deep learning) 기술이 출현한 지금 이런 영화 속의 이미지가 현실화될 가능성은 점점 더 커지고 있다는 것 역시 사실이다.

프로그램화된 명령을 기계적으로 따라 하는 기계장치인 로봇의 기원은 의외로 상당히 멀리까지 거슬러 올라간다. 일반적으로 최초의 로봇은 그리스 로마 신화에 등장하는 '탈로스'(Talos)라고 평가하고 있다.

신화에 등장한 로봇인 만큼 탈로스는 실재했던 로봇은 아니다. 신화에 의하면 탈로스는 크레타섬을 지키는 무쇠인간이었다. 대장장이신인

헤파이스토스(Hephaistus)가 만든 탈로스를 제우스가 크레타섬의 미노스 왕에게 선물했다고도 하고 혹은 미궁(labyrinth)과 날 수 있는 날개를 만들었던 전설적인 발명가 다이달로스(Daedalus)가 제작하여 미노스 왕에게 바쳤다고 전해지기도 한다.

탈로스는 하루 3번씩 크레타섬을 돌며 경비를 섰으며, 크레타섬에 외부 선박이 침입하면 바위를 던져서 공격하거나 자신의 청동 본체를 달구어 침입자를 끌어안아 타 죽게 했다. 탈로스의 몸은 정맥 역할을 하는 관이 온몸에 연결되어 있는데 이 관으로 '이고르'라는 신들의 생명액이 흘러 동력을 공급했다고 한다. 이 관을 연결하는 나사고리가 탈로스의 발뒤꿈치에 있었는데, 이 뒤꿈치 나사가 탈로스의 급소였다. 영웅 이아손(Jason)에게 반한 크레타섬의 공주 메데이아(Media)는 그를 돕기 위해 탈로스에게 '발목의 못을 제거하면 불사의 존재가 된다'고 꾀어서 나사를 풀게 했고, 결국 그 일로 탈로스가 죽었다는 전설이 있다. 2017년에는 스페인의 팔 로보틱스(Pal Robotics)에서 인간형 로봇을 개발하여 탈로스라는 이름을 붙이기도 했다.

로봇의 또 다른 기원은 유럽과 아시아에서 꾸준히 등장했던 '자동인형(automaton)'이라 할 수 있다. '스스로 작동하는 기계'라는 의미를 가지는 이 장치의 유래 역시 그리스, 로마 시대까지 거슬러 올라간다. 자동인형에 대한 기록이나 흔적은 동서양을 막론하고 찾아볼 수 있는데 동양의 경우 중국의 언사(偃師, Yanshi)라는 사람이 주나라의 목왕에게 자동인형을 보여주었다는 다소 믿기 힘든 중국 고사가 전해지고 있으며, 혹은 11세기 송나라 시대에 인형이 움직이는 시계가 있었다고도 한다. 일본에서도 태엽으로 움직이는 카라쿠리 인형이 17세기에서 19세기에 제작되어 녹차를 운반하거나 차를 따르는 간단한 동작을 했다. 이

피에르 자크-드로가 1770년대에 만든 글씨 쓰는 자동인형.(http://www.thisiscolossal.com/)

인형은 중세 이후 꾸준히 발전했던 유럽의 자동인형의 영향을 받아 제작되었었다.

레오나르도 다빈치(Leonardo da Vinci, 1452~1519)는 1495년경에 갑옷을 입은 기계기사를 스케치로 남겼는데 1950년에 이 스케치가 담긴 노트가 발굴되기도 했다. 유대교나 이슬람교에서도 자동인형에 대한 기록이 남아있다는 점을 보면, 인간과 비슷한 외모를 가지고 인간이 해야 하는 고된 노동을 대신 해줄 수 있는 기계 장치를 만들고 싶은 열망이 문화권을 초월하여 존재했었다는 것을 볼 수 있다. 그런 점에서 현대 로봇의 개발과 발전은 인간이 가진 공통의 욕망이 성취된 것이라고도 할 수 있다.

공식적으로 인정되는 최초의 산업용 로봇은 1961년 조셉 엥겔버거(Joseph F. Engelberger, 1925~2015)가 만든 로봇 '유니메이트'(Unimate)이다. 엥겔버거는 그 후 노약자나 환자를 돌보는 '헬프메이트'(Helpmate)를 개발하기도 했다. '로봇팔'이라고도 불리는 유니메이트는 GE을 비롯한 여러 자동차회사에서 부품을 조립하는 로봇으로 지금까지 활약하고 있다.

우리나라에서는 2017년 1.2톤의 무게에 4미터에 달하는 거대한 이족보행로봇이 개발되기도 했다. 『아이, 로봇』의 스피디 편에 나오는 셀레늄 채취용 거대로봇과 흡사한 외관을 가지고 있는 이 로봇이 처음 개발되었을 때에는 컴퓨터 CG로 만든 가짜 로봇이라는 소문이 돌기도 했다. 하지만 '마스 2017 콘퍼런스'에서 아마존닷컴의 창립자인 제프 베조스(Jeff Bezos)가 직접 이 로봇 타고 작동시키는 시연을 하여 이런 논란에 종지부를 찍기도 하였다.

## 카렐 차페크의 『로숨의 유니버설 로봇』과 박영희의 『인조노동자』

『로숨의 유니버설 로봇』(*Rossum's Universal Robot*)은 체코의 극작가 카렐 차페크가 1920년에 프라하에서 출판한 희곡으로, 1921년 1월 초연된 이후 불과 3년 만에 30개 국어로 번역되었을 만큼 엄청난 반향을 일으켰다. 『로숨의 유니버설 로봇』(*R.U.R.*)은 초연 이후 런던과 뉴욕에 동시 상영되었는데, 특히 뉴욕에서는 184회나 연속 공연이 될 정도로 큰 성공을 거두었다고 한다.

*R.U.R*의 번역자 조현진(리젬출판사)은 이 작품이 로봇의 역사에 있어서 두 가지의 큰 의미를 가진다고 평가하였다. 첫 번째는 지금 우리가 사용하는 로봇이라는 단어가 처음 사용된 작품이라는 점이고 다른 하나는 인간에게 있어서 로봇이 어떤 존재인지를 밝힌 작품이라는 것이다. 이 작품이 쓴 '로봇'이라는 용어와 이미지는 이후 영화와 소설에 등장하는 로봇의 이미지에 직간접으로 많은 영향을 끼쳤고, 또한 작품 자체의 성공으로 인해 로봇에 대한 일반인들의 관심을 불러일으키기도 했다.

1936~1939년 사이에 사용된 〈R.U.R〉 연극 포스터(미국 국회도서관 소장) Public domain

원래 이 작품은 총 3부로 구성되고 에필로그가 있었으나, 5막으로 새로이 편집되는 등 번역본에 따라 상영될 당시와 차이가 있다. 3막을 기준으로 한 내용을 보면 1막은 인간연합(Humanity League)의 회장 딸인 헬레나 글로리(Helena Glory)가 '로숨 유니버설 로봇 회사'인 R.U.R을 찾아와 사장인 해리 도민(Harry Domin)을 만나는 것으로 시작한다. 도민의 설명에 의하면 '로숨'은 과거 조카와 함께 섬으로 들어와 동물을 만드는 실험을 하다가 로봇을 만들게 되었고, 큰돈을 벌기 원했던 로숨의 조카(이 사람 이름도 로숨이다)가 로봇을 대량생산하게 되면서 전 세계인이 로봇을 이용하게 되었다는 것이다. 도민은 로봇과 사람의 차이를 이렇게 말한다.

> "가장 훌륭한 노동자는 가장 값싼 노동자예요. 최소한의 욕구만 가지고 있는 노동자이지요. 젊은 로숨은 최소한만 요구하는 노동자를 만들어 냈어요. 어떻게 만들었냐고요? 일과 관련 없는 부분을 전부 없앤 것이지요. 다시 말하면 그는 노동자에서 '사람'을 빼고 대신 '로봇'을 집어넣은 거예요. 글로리오바 양, 로봇은 인간이 아닙니다. 그들은 우리보다 기계적으로 훨씬 뛰어나고 놀라운 이해력을 가지고 있어요. 하지만 로봇은 영혼이 없어요. 여하간 젊은 로숨은 기술적으로 대단한 것을 만든 거예요.(『로숨의 유니버설 로봇』 리젬 18)

도민의 말을 통해 *R.U.R*에서 '로봇'이 어떤 존재인지를 알 수 있다. 로봇은 놀라운 능력과 지능을 가지고 쉼 없이 일할 수 있으며, 감정을 느낄 수 없으므로 인간성을 가지지 못하는 존재이다. 하지만 도민의 이런 생각과 달리 로봇은 자신들의 노예 상태를 자각하고 분노하고 사랑도 느낄 수 있으며 반란을 일으키기도 한다.

한편 헬레나가 이 섬으로 온 이유는 노예 상태에 있는 로봇을 해방시키려는 것이었다. 그녀는 박애주의적인 입장에서 로봇에게도 인권이 있다고 생각하고 아무런 보상도 없이 착취당하는 로봇을 해방하려고 했다. 하지만 막상 로봇을 만나보고 로봇이 노동에서의 해방을 원하지 않는다는 것을 알게 된 후 그녀는 도민과 결혼하여 섬에 정착한다.

2막은 10년이 흐른 뒤의 상황으로, 세상은 로봇을 기반으로 하여 운영된다. 사람들은 나태해지고 모든 노동은 로봇이 알아서 하는 세상이 되었고 인간사회에서는 출생률이 점점 떨어지게 된다. 공장에서 일하는 알퀴스트(Alquist)는 노동을 로봇에게 전담한 후 노동에서 해방된 인간사회를 이렇게 말한다.

> 그래요! 이젠 모두들 음식을 먹기 위해 손을 뻗는 일조차 귀찮아해요! 로봇이 입에 음식을 넣어 주니 말이에요. 로봇은 모든 일을 다 대신해줘요. 그래서 인간들은 아무런 일을 할 필요도 없지요. 아이들을 돌볼 필요도 없어요. 가난으로 고통받지도 않아요. 그저 즐기는 거예요! 이런 상황에서 왜 아이를 낳겠어요? (『로숨의 유니버설 로봇』 리젬 67)

헬레나는 로봇이 반란을 일으킬 것 같은 나쁜 예감에 휩싸이게 되고, 은밀하게 로봇을 만드는 공식을 파괴한다. 그녀의 예상대로 로봇은 반란을 일으킨다.

3막에는 알퀴스트가 등장한다. 알퀴스트를 제외한 모든 인간은 다 로봇에게 살해당했고, 로봇을 만드는 공식도 없어졌기 때문에 로봇도 곧 사라지게 될 것이다. 로봇들은 알퀴스트를 도와 로봇을 만드는 일을 할 사람을 찾지만 실패한다. 알퀴스트는 남성형 로봇 프리머스(Primus)와 여성형 로봇 헬레나(Helena)을 해부하려고 한다. 이 두 로봇은 사랑에 빠져 서로 자신을 해부해달라고 부탁하고, 이를 본 알퀴스트는 이들이 새로운 아담과 이브가 되리라고 예상한다.

『로숨의 유니버설 로봇』(*R.U.R.*)은 박영희에 의해 번역되어 1925년 5월 『개벽』지에 『인조노동자』라는 제목으로 실렸다. 1920년에 첫 공연이 있었다는 것을 생각해보면, 외국 문물을 접하기 쉽지 않았던 시대 상황에도 불구하고 이 작품이 우리나라에까지 전해진 시간이 짧았던 것을 알 수 있다. 그만큼 이 작품은 당시에 전세계적인 반향을 일으켰고, 대단한 이슈거리였던 것이다. 김종방의 「1920년대 과학소설의 국내 수용 과정 연구」에 따르면 당시 우리나라의 서구 문물 유입의 주요 통로였던 일본에 이 작품이 처음 전해진 것은 1923년이었다. 1923년 우가이츠오가 『인조인간』이라는 제목으로 번역하였고, 1924년엔 스즈키 젠타로가 『로봇』이라는 제목으로 번역 출간하였는데, 젠타로의 번역은 카렐 차페크의 원작을 대상으로 하지 않고, 영어 번역본을 다시 번역한 작품이었기에 원작과 구성상 차이가 있었다. 1925년에 번역된 박영희의 『인조노동자』는 스즈키 젠타로의 『로봇』을 참고하여 번역되었다고 짐작된다.

이처럼 번역된 작품을 다시 다른 언어로 번역하는 것을 '중역'이라고 부른다. 『로숨의 유니버설 로봇』(*R.U.R.*) 뿐 아니라 쥘 베른과 같은 많은 서구 작가의 작품이 번안이나 중역을 통해 우리나라에 전해졌다. 즉 원작자의 작품이 영어로 번역되고, 영어로 번역된 작품을 일본어나 중국어로 중역을 하고, 마지막으로 이 작품들을 한국어로 중역하여 출간하는 것이 20세기 상당 기간 동안 당연하게 여겨졌던 것이다. 중역은 여러 차례, 여러 언어로의 번역을 거치면서 번안만큼은 아니더라도 여러 문화권과 번역자의 영향을 어느 정도는 받을 수밖에 없었다. 그리고 원작의 영향력은 중역을 거치며 점차 약해질 수밖에 없는 대신, 도착문화권과 번역자의 아이디어가 주입되게 된다. 카렐 차페크의 작품을 번역한 것이 아닌 영어 번역본을 일어로 번역한 일어 번역본을 한국어로 번역하는 과정(혹자는 중국어번역본을 중역했다고도 한다)을 거치면서 한국인 번역자의 가치관이나 최종 독자인 한국인 독자들의 정서가 덧입혀지게 된 것은 분명하다.

우선, 작품의 제목 『인조노동자』에는 '로봇'이나 '인간'이라는 용어가 들어있던 이전 번역과 달리 '노동자'를 부각했다는 것을 알 수 있다. 우리나라의 1920년대는 근대화, 독립, 부국강병에 대한 열망이 강했던 시기였으며, 러시아혁명을 통해 세계적으로 퍼져나갔던 사회주의와 공산주의 사상에 영향을 받았던 시대였다. 이들은 1925년에 <조선 프롤레타리아 예술가 동맹> 일명 '카프'(KAPF)라는 사회주의 문학단체를 결성하였고, 계급 혁명을 겨냥하여 계급의식이 깔린 작품들을 내놓았다. 당시 지식인들은 이념과 사상을 전파하는 수단으로 번안소설, 번역, 소설과 같은 문학작품을 이용했다.

『로숨의 유니버설 로봇』의 번역자 박영희는 1925년 카프 결성에 참가했었다. 그리고 『개벽』의 문예부장이 된 후 처음으로 내놓은 번역 작품이 바로 이 작품이었다. 이런 정황을 볼 때 『인조노동자』가 사회주의적 영향 아래에 있었다는 점은 분명하다. 『로숨의 유니버설 로봇』에는 노동을 하지 않아도 되는 인간계급과 노동을 전적으로 부담하게 된 로봇이라는 두 계급이 등장하고, 결국 로봇이 유한계급인 인간을 다 죽이고 세상을 지배한다. 인간과 로봇이라는 두 집단의 대립을 하나의 상징으로 본다면 현실 속에서는 인간사회의 부르조아(유한계급)와 프롤레타리아(무한계급)로 치환할 수 있을 것이다. 즉 노동을 하지 않고 자본을 독점하는 부르조아 계급이 희극 속의 인간계급이며, 프롤레타리아는 노동을 전담하는 로봇으로 바꿔볼 수 있는 것이다.

『로숨의 유니버설 로봇』은 1920년대에 유럽에서 부상했던 공산 사회주의의 시대적인 조류가 반영된 작품이었다. 그리고 박영희가 이런 사회주의적 작품을 번역하고 제목에 '노동자'라는 용어를 붙여 프롤레타리아를 부각한 것에는 본인의 사회주의자적 의식이 작용했으리라는 것을 쉽게 짐작할 수 있다. 하지만 박영희는 이후 그의 행적에서도 알 수 있다시피 완벽한 공산주의자는 아니었다.[23] 그리고 당시 공산주의와 사회주의 사상에 심취했었던 다른 문학가들도 완벽한 사상가라기보다는 보다 나은 세상을 꿈꾸며 지적 탐험을 벌였던 사람이라고 하는 편이 더 맞을 수도 있었다. 그래서 박영희의 『인조노동자』를 연구한 일부 연구자들은 『인조노동자』가 사회주의적 영향 아래에 있음은 인정하지만 그 결말은 사회주의적 전망을 담고 있지는 않다고 평가한다(김상모 240).

한편, 박영희가 『인조노동자』에 등장하는 여성형 로봇 헬레나에 큰 의미를 부여했던 것은 분명하다. 박영희는 1926년 『신여성』 2월호에 「인조인간에 나타난 여성」이라는 일종의 작품 에필로그를 발표하여, 앞서 나온 번역작 『인조노동자』에 대한 해석을 덧붙였다. 『로숨의 유니버설 로봇』에는 2명의 헬레나가 등장한다. 1막에서 등장하는 헬레나는 로봇을 해방시키려고 왔지만 오히려 로봇의 발명가인 도민과 결혼하는 낭만적이고 이상적인 사람이고, 두 번째 헬레나는 로봇이다. 원작에서

23 『한국민족문화대백과사전』에 따르면 박영희는 1925년 카프 결성에 참여하고 경성지부 해소위원장을 맡았다는 이유로 구속되었고, 사상범 보호관찰소에 수용되기도 했다. 하지만 1934년 카프 탈퇴와 함께 전향하여 반공운동에 앞장섰으며, 1945년 해방이 될 때까지 <조선문인보국회> 등에서 친일활동을 하기도 했다. 그는 해방이 되고 1950년 한국전쟁이 발발한 후 북한에 납북되었다.

로봇 헬레나는 사랑이라는 감정을 느끼고 사랑을 위해 자신을 희생하려는 지고지순한 로봇으로 등장하는 데 반해, 박영희는 로봇 헬레나를 치밀한 계획성을 가진 여성운동가로 해석하고, 그녀의 죽음을 "인류 행복을 위해 학대받는 인조노동자의 해방을 위한 아름다운 희생"으로 바꾸어놓았다.

## 『아이, 로봇』의 작가 아이작 아시모프의 생애와 작품

『아이, 로봇』의 작가 아이작 아시모프(Issac Asimov)는 아서 클라크, 로버트 하인라인과 함께 20세기 3대 SF 작가로 꼽히는 과학소설 작가이다. 그는 1920년 1월 2일 러시아의 작은 마을 페트로비치(Petrovichi)에서 아버지 유다 아지모프(Judah Azimov)와 어머니 안나 레이철 아지모프(Anna Rachel Azimov) 사이에서 태어났다. 원래의 성은 '아지모프'(Azimov)였으나 미국으로 이민을 하면서 성이 '아시모프'(Asimov)로 바뀌었다고 한다. 그는 3살 때 가족과 함께 미국으로 이주하여 뉴욕의 브루클린에서 성장하였다.

아이작 아시모프 Nine Tomorrows(1965)에 실린 이미지(출처: Wiki-commons) Public domain

아버지가 미국에 온 지 3년 만에 처음으로 가게를 열었고, 어린 아시모프는 이때 신문 배달과 박스 나르기 등으로 아버지를 도왔다. 그는 5살 때 혼자서 글을 깨치고 6살 때 브루클린 공립도서관에 도서관 열람증을 발급받았으며 엄청난 독서광이었다고 한다. 10살 때부터 과학소설 잡지 『어메이징 스토리』의 팬이 되어 과학소설을 접하게 되었다. 이 당시는 과학소설 잡지가 펄프픽션 유의 황당한 이야기에서 벗어나 과학적인 근거를 바탕으로 한 작품들이 대거 나오기 시작했던 때였다. 그는 1935년 15세의 나이로 고등학교를 졸업하고 컬럼비아 대학에 입학하였다. 스스로 신동(child prodigy)이라고 평했을 정도로 지적 능력이 뛰어났던 아시모프는 1939년 대학을 졸업한 후 대학원에 진학하여 대학 강사로 학생들을 가르치면서 엄청나게 많은 책을 출간하기 시작했다.

그는 10대에 이미 과학소설을 투고하기 시작했는데, 결국 『어스타운딩 사이언스 픽션』의 편집자로 유명했던 존 캠벨의 눈에 띄게 되었다. 19세인 1939년에 『아이, 로봇』의 첫 번째 에피소드인 「로비」("Robbie")를 써서 캠벨에게 보여주었다고 한다. 그 후 아시모프는 『우주의 조약돌』(*Pebble in the Sky*, 1950), 『암흑성운』(*The Stars, Like Dust*, 1951), 『우주의 기류』(*The Currents of Space*, 1952), 『로봇 시리즈』(*Robot Series*), 『파운데이션 시리즈』(*Foundation Series*), 『바이센테니얼 맨』(*The Bicentennial Man*, 1992 장편 유작) 등의 과학소설을 내놓았다.

로버트 하인라인이 반년 동안 밤낮없이 과학소설을 쓰고, 나머지 반년은 휴식을 취했다고 하는데, 아이작 아시모프는 깨어서 숨 쉬는 동안 내내 뭔가를 썼다고 할 수 있을 정도로 엄청난 다작을 했다. 과학소설은 물론 천문학, 지구과학, 물리학, 생물학, 게다가 신학과 음악에 이르기까지, 도서관에서 쓰는 도서분류법인 듀이 십진 분류법(Dewey Decimal Classification, DDC)의 0에서 9까지 모든 항목에 도서목록을 올렸다(철학책은 없다는 말도 있다). 그는 평생 1600편 이상의 에세이와 500권 이상의 책을 출간했다. '생각나는 건 다 썼다'라고 인터뷰에서 말하기도 했던 그는 또한 자신의 천재성은 공공도서관에서 나왔다("The library was the open door to wonder and achievement")라고 하기도 했다. 중요 과학소설상인 휴고상을 수상했는데 첫 수상은 1963년이었고 마지막은 사후인 1995년에 받았다. 네뷸라상도 2번 받았다.

그의 작품 『아이, 로봇』은 아이작 아시모프의 <로봇 시리즈>에 들어가는 작품으로, 지금은 지극히 당연하게 여기고 있는 '인간과 유사한 로봇'(a human-like robot)의 개념 확립에 큰 역할을 했고, 이 작품에서 언급된 '로봇의 3원칙' 역시 로봇의 윤리강령은 물론 각종 가전제품의 원리로 인용되고 있다.

아시모프는 1950년에 『아이, 로봇』을 출판할 때 이 단편집의 제목을 '마음과 강철'(*Mind and Iron*)이라고 하려 했으나 출판사에서 '아이, 로봇'이라는 제목을 추천했다고 한다. '마음과 강철'이라는 구절은 『아이, 로봇』의 앞부분에 나오는 단편 「이야기의 시작」에서 나왔다. 기자와의 인터뷰에서 수잔 캘빈 박사가 사람들은 로봇이란 그저 마음과 강철(마음을 가진 쇳덩어리)에 불과하다고 생각하지만, 로봇은 그 이상으로 훨씬 깨끗하고 우수한 종족이라고 대답(『아이, 로봇』 우리교육 12)한 것에서 따온 구절이었다. 그리고 아시모프가 '아이, 로봇'이라는 제목을 내켜하지 않았던 이유는 이 제목이 과학소설 작가, 인도 바인더(Eando Binder-오토 바인더와 얼 앤드류 바인더 형제 작가의 펜네임)가 1939년에 쓴 단편소설의 제목과 같기도 했고, '아이, 로봇'이라는 구절이 마치 로봇이 자신의 이야기를 하는 것 같은 느낌을 주어 자신의 단편집과 어울리지 않는다고 생각했기 때문이었다.

어쨌든 출판사의 강권으로 어쩔 수 없이 '아이, 로봇'이라는 제목을 붙었는데 출판된 후 수년간 큰 성공을 거두었고 2004년에는 20세기 폭스사에서 윌 스미스(Will Smith)를 주연으로 영화로 제작되기까지 했다는 것을 떠올리면 제목을 바꾼 것이 잘한 일인 것 같다. (영화 <아이, 로봇>에는 소설의 등장인물인 수잔 캘빈 박사와 알프레드 래닝 박사가 등장하기는 하나, 소설의 내용과 영화의 내용에는 많은 차이가 있으며 로봇에 대한 시선에도 원작과는 다소 차이가 있다)

아시모프의 작품은 문학성보다는 과학적인 사실을 중심으로 과학적인 현실성이 강한 과학소설이라고 할 수 있다. 그리고 <로봇 시리즈>, <은하제국 시리즈>, <파운데이션 시리즈>와 같이 하나의 세계관으로 연결된 작품들, 그리고 한 작품의 등장인물이 다른 작품에도 나와서 작품 간의 연결성이 느껴지게 하는 특성이 있다.

## 『아이, 로봇』에 실린 단편

『아이, 로봇』은 1950년에 출간되었지만 단편집에 실린 9편의 과학소설들은 1940년대에 이미 차례차례로 발표된 작품들이었다. 이 단편집에 실린 총 9편의 원제목, 번역본 제목, 그리고 발표 연도는 다음과 같다.

〈『아이, 로봇』 각 단편의 제목과 발표연도〉

| 번역본 제목 | 원제목 | 발표연도 |
|---|---|---|
| 로비—소녀를 사랑한 로봇 | "Strange Playfellow" | 1940/1950 |
| 스피디—술래잡기 로봇 | "Run Around" | 1942 |
| 큐티—생각하는 로봇 | "Reason" | 1941 |

| | | |
|---|---|---|
| 데이브—부하를 거느린 로봇 | "Catch That Rabbit" | 1944 |
| 허비—마음을 읽는 거짓말쟁이 | "Liar!" | 1941 |
| 네스터 10호—자존심 때문에 사라진 로봇 | "Little Lost Robot" | 1947 |
| 브레인—개구쟁이 천재 | "Escape!"/<br>"Paradoxical Escape" | 1945 |
| 바이어리—대도시 시장이 된 로봇 | "Evidence" | 1946 |
| 피할 수 있는 갈등 | "The Evitable Conflict" | 1950 |

각 단편은 작품 속의 시간대 순으로 배열되어 있다. 그래서 등장하는 로봇들도 시간이 지날수록 점차 진화하고 감정도 점점 풍부해지는 것을 볼 수 있다. 각각의 로봇을 대상으로 한다는 점에서 단편들은 분리되어 있지만, 마이클 도노반, 그레고리 파웰 등의 등장인물들이 공통적으로 등장하고 각 단편의 마지막 페이지에 다음 단편에 등장할 로봇에 대한 사전 언급을 하여, 이 단편들이 서로 연결되어 있다는 느낌을 주도록 구조화되어 있다.

첫 단편인 「로비」의 앞에 있는 「이야기의 시작」(Introduction)은 이 단편집에 붙여진 프롤로그이다. 「이야기의 시작」은 뒤에 등장하는 로봇 이야기가 누구에 의해 소개되는지와 로봇의 간략한 역사를 알 수 있는 부분이기도 하다.

「이야기의 시작」에는 이름을 알 수 없는 신문기자인 화자가 등장한다. 그는 독자가 30억에 달하는 <행성신문>(*Interplanetary Press*)의 기자이며, 현재 <US 로보틱스사>(US Robot and Mechanical Men, Inc)에서 퇴직을 앞둔 75세의 수잔 캘빈 박사(Dr. Susan Calvin)를 인터뷰하고 있다. 『프랑켄슈타인』의 로버트 월턴처럼 행성신문의 기자는 액자

소설 밖의 화자이며, 액자 안 또 다른 화자인 수잔 캘빈이 전하는 로봇의 이야기를 듣고 다시 독자들에게 전하는 사람이다.

『행성신문』의 기자가 수잔 캘빈을 인터뷰하는 시기가 언제인지에 대해 구체적으로 언급되어 있지는 않다. 하지만 수잔 캘빈이 1982년에 탄생하여 2064년에 82세로 사망했다는 정보를 토대로 계산하면 이 인터뷰가 2057년에 있었으리라는 추측이 가능하다.

수잔 캘빈은 로봇의 발전을 눈으로 본 사람이고 기자는 로봇이 없는 세상을 살아본 적이 없는 사람이다. 수잔은 로봇을 "우리보다 훨씬 깨끗하고 우수한 종족"(They're a cleaner better breed than we are)라고 평가한다. 그러면서 1996년부터 제작된 음성기능이 없었던 로봇, 즉 어린 소녀를 돌보았던 '로비'에 대해 언급하며 이야기가 시작되는 것이다.

「이야기의 시작」에는 실제 세계에서 아직 존재하지 않는 대상을 존재하는 것처럼 자연스럽게 소개하는 것을 볼 수 있다. '로봇 심리학자'(Robotpsychologist)라는 직업과 '양전자 두뇌'(Postronic Brain)가 그 예라고 할 것이다. 수잔 캘빈 박사는 20세가 되던 해 '심리수학' 세미나에 참석했다가 U. S. 로보틱스의 알프레드 래닝 박사가 선보인 음성기능이 들어간 이동 로봇을 처음 보게 되었고, 인공지능학 석사과정에 들어간 후 2008년 박사학위를 취득하고 로봇심리학자가 되었다고 한다. 연도가 상당히 구체적으로 제시되어 있고, 심리학자라는 직업은 이미 존재하고 있기 때문에 '로봇심리학'이라는 것이 있을 것 같은 생각이 들지만, 이 용어는 아이작 아시모프가 『아이, 로봇』에서 처음으로 만들어서 사용한 용어였다. 하지만 현재는 이 용어가 인간-컴퓨터 상호작용(Human-computer interactions, HCI) 분야에서 실제 사용되고 있다고 한다.

또 양전자 두뇌에 대해서 『아이, 로봇』에는 이렇게 언급하고 있다.

> 20세기 중반까지 '컴퓨터 및 로봇'에 대해 해온 모든 연구 결과는 로버트슨이 제시한 양전자 두뇌 중추 이론에 의해 완전히 뒤집혔다. 끝없이 뻗어 나간 계전기와 광전지도 백금 이리듐으로 만든 인간의 머리만 한 구체 안에 자리하게 되었다. 수잔 박사는 다양한 매개 변수 계산법을 익혔다. '양전자 두뇌' 내부의 다양한 변수를 고정시키고, 다양한 자극에 정확히 예측 가능한 반응을 일으키는 '두뇌'를 이론적으로 구축하는 데 필요한 능력이었다. (『아이, 로봇』 우리교육 9)

아이작 아시모프는 『아이, 로봇』에서 '양전자 두뇌'라는 개념을 최초로 내놓았지만 안타깝게도 양전자 두뇌는 아직까지 발명되지 않았다. 양전자는 전자의 반물질로 1932년에 칼 데이비드 앤더슨(Carl David Anderson, 1905~1991)[24]이라는 사람이 실재 존재한다는 것을 확인하고 그해 노벨 물리학상을 수상했다. 위의 예문에서 볼 수 있듯 아이작 아시모프는 로봇이 지능을 가지게 된 것이 양전자두뇌 때문에 가능할 수 있었다고 설명하고 있다. 『아이, 로봇』의 출간 당시 이 용어가 크게 유행했었다고 하며, 아시모프가 '양전자 두뇌' 용어의 저작권을 가지고 있다고 한다.

---

24 전자와 같은 질량을 가지고 있으나 양의 전하를 가진 입자를 양전자라고 하며 반물질이다. 반물질에 대해 최초로 주장한 물리학자는 영국의 폴 디랙이다. 그는 1928년에 음이 아닌 양의 전자를 지닌 가벼운 입자가 있다고 주장하면서 우주에는 이처럼 전하가 뒤바뀐 세계가 있을 것이라는 가정을 세웠는데 칼 데이비드 앤더슨이 폴 디랙의 주장이 사실임을 밝힌 것이다. 우리가 잘 알고 있는 미국 드라마이자 영화인 <스타트렉>의 우주 함선 엔터프라이즈호가 빛보다 빠른 속도로 우주를 비행하는 비결이 반물질을 에너지로 사용할 수 있는 초광속 엔진이다. 현재 양전자는 양전자방출단층활영장치(PET)와 같은 의료장비로 이용되고 있으나 과학소설에서 볼 수 있는 것처럼 핵폭탄보다 위협적인 무기나, 빛의 속도보다 빠르게 이동하는 우주선이나 타임머신의 연료로는 아직 개발되지 못하고 있다.(『The Science Times』의 기사 「반물질을 발견한 27세 연구원: 노벨상 오디세이」에서. 저자: 이성규 )

## 『아이, 로봇』의 중요 등장인물

### 1) 행성신문 기자

행성신문 기자의 이름은 밝혀져 있지 않다. 그는 현재 32세이기 때문에 2025년경에 출생했으리라고 짐작된다. 로버트 월턴처럼 그도 수잔 캘빈을 인터뷰하면서 수잔 캘빈이 만나거나 처리했던 로봇에 대한 이야기를 듣고 전달한다. 하지만 로버트 월턴과 달리 이 기자는 「이야기의 시작」에서 등장한 후 비중있는 역할을 하지는 않는다.

### 2) 수잔 캘빈 박사(Dr. Susan Calvin)

감정을 드러내지 않는 차가운 모습으로 인해 별명이 '로봇'이며 직업은 로봇심리학자이다. 「이야기의 시작」부터 「피할 수 있는 갈등」까지 골고루 등장하고 있는 수잔 캘빈은 2008년도에 U. S. 로보틱스사에 입사하여 2057년까지 거의 50년간 로봇심리학자로 활동하면서 초창기 로봇부터 세계를 조정하는 조정자가 된 바이어리에 이르기까지 로봇의 발전상을 목격한 사람이다. 캘빈 박사가 로봇을 인간보다 깨끗하고 우수한 종족이라고 말했는데 이 말처럼 『아이, 로봇』의 「피할 수 있는 갈등」에서 로봇은 인간을 조정하는 위치에까지 오르게 된다. 수잔 캘빈은 자신의 사생활에 대해서는 거의 이야기를 하지 않는다. 전체적인 묘사를 보면 외모가 매력적이지는 않지만 뛰어난 지능을 이용해 로봇에게 대응하는 유능한 사람이다.

### 3) 그레고리 파웰(Gregory Powell)

U. S. 로보틱스사의 기술자로 마이클 도노반과 함께 다닌다. 성격적으로 그레고리 파웰은 침착하고 책임감이 강한 상관으로, 성격이 급한 마이클 도노반과 비교된다. 위기상황에서 기발한 아이디어를 내어 문제를 해결해나가는 형이기도 하다. 그레고리 파웰의 책임감과 희생정신이 잘 드러나는 때가 「스피디」에서 위험에 처한 스피디를 구하러 갈 때이다. 수성의 뜨거운 환경 속에서 누군가가 위험을 무릅쓰고 로봇의 1원칙이 발동되게 해야 하는 상황이 되자, 그레고리 파웰은 마이클 도노반을 보내지 않고 자신이 직접 뛰어든다. 14의 3 제곱을 먼저 말하는 사람이 가도록 하자고 한 뒤 곧바로 2744!라고 외치고 위험지역으로 뛰어갔던 것이다.

### 4) 마이클 도노반(Michael Donovan)

U. S. 로보틱스의 기술자이며 그레고리 파웰의 부하이다. 그레고리 파웰과 다르게 쉽게 흥분하거나 낙담하는 불같은 성격의 소유자이다. 마이클 도노반의 성격이 잘 드러나는 편은 「큐티」이다. 큐티가 인간을 자신의 창조자로 인정하지 않으려고 하자 그레고리 파웰은 지구를 가리키며 차근차근 논리적으로 자신이 큐티를 만들었음을 이해시키려고 하지만, 도노반은 큐티가 신으로 인정하는 전송장치에 침을 뱉어서 신성모독으로 구속된다.

### 5) 바이어리 시장(Dr. Stephen Byerly)

바이어리 박사가 사고를 당한 후 몸을 움직일 수 없게 되자 자신과 같은 모습을 한 로봇을 만들어 대신 활동하게 하고 시장이 되게 했으리라고 추측이 되는 인물이다. 바이어리 시장이 사람이 아닌 로봇이라고 믿는 정치가들과 일반인들은 그에게 자신이 인간임을 증명하라고 요구하는데, 그는 자신에게 시비를 거는 사람을 때려서 로봇은 인간을 해칠 수 없다는 로봇 1원칙을 위반하는 모습을 보여주어 사람임을 증명한다. 수잔 캘빈은 바이어리 시장과 그에게 맞은 사람 모두 로봇일 것으로 추측한다. 나중에 바이어리 박사는 세계조정자(World Coordinator)의 자리에까지 오르게 되고 수명을 다한 후 사망한다.

## 『아이, 로봇』 각 단편의 구성과 내용

### 1) 「로비—소녀를 사랑한 로봇」("Robbie")

작품의 시간적 배경은 1998년이고 공간적 배경은 지구이다. 잡지에 실릴 때 원제목은 '이상한 놀이친구'(Strange Playfellow)이었다. 로비와 9세 소녀 글로리아 웨스턴(Gloria Weston)의 숨바꼭질로 단편이 시작된다. 로비는 음성기능이 탑재되어 있지 않은 구형 로봇이자 인간처럼 따뜻한 체온을 유지하며 글로리아를 돌보는 유모 로봇이다. 글로리아가 로비에게 자신이 좋아하는 신데렐라 이야기를 하는 등 로비를 사람

유모처럼 생각하자 어머니인 그레이스 웨스턴은 이런 상황이 불편하여 로비를 반납한다. 글로리아가 로비를 잊게 하기 위해 웨스턴 부인은 강아지를 사주거나 다른 방법을 써보지만 번번이 실패하고, 결국 글로리아를 위로하기 위해 뉴욕으로 소풍을 가게 된다. 로비가 생산되었던 U. S. 로보틱스를 방문하게 된 글로리아는 혼자 로비를 찾아다니다가 육중한 트랙터에 거의 충돌할 뻔했는데 이때 로비가 나타나 글로리아를 구해준다. 결국 어머니 그레이스도 이 둘을 떼놓으려는 계획을 포기하게 된다.

단편의 마지막 페이지에는 후일담이 나오는데 2002년에 말하고 움직이는 로봇이 발명되었고, 2003년에서 2007년 사이에는 각국의 모든 정부가 과학적인 연구 외에는 로봇을 사용하지 못하게 하는 법안을 통과시켰고 U. S. 로보틱스사는 결국 다른 행성에서 사용할 수 있는 로봇을 만들어 경영난을 타계하려고 하게 되었다. 서술자는 말을 할 수 있고 거대한 몸집을 가진 초창기 로봇과 2015년에 만들어진 신형로봇에 대해 언급하는데 이 두 로봇이 「스피디」 편에 등장한다. 이런 식으로 각 단편의 마지막은 다음 단편과 연결되어 비록 각각의 단편이 개별적으로 출판되었지만 서로 연결이 되도록 구성되어 있다.

「로비」에는 로봇을 보는 2가지 시선이 제시된다. 즉 로봇과 인간이 공존하는 것에 대해 두려움을 느끼는 그레이스 웨스턴 부인의 시선과 어떤 선입관 없이 로봇을 친구로 여기는 글로리아 웨스턴의 시선이다.

웨스턴 부인의 시선은 『프랑켄슈타인』에서 괴물을 대하는 빅터 프랑켄슈타인의 시선과 유사하다고 할 수 있다. 앞서 2장에서 '더블', '언캐니', '운하임리히', '아브젝트'와 같은 심리적 용어로 인간과 비슷하게 생긴 대상에게 느끼는 공포와 혐오감에 대해 다루었다. 이런 심리학적인 근거로 볼 때 인간과 비슷한 외모에 인간보다 뛰어난 기능을 가지는 로봇에게 심리적 저항감을 느끼는 것은 당연한 것이라고도 할 수 있다. 반면 아무 선입견 없이 로봇을 사람 친구처럼 대하는 글로리아가 로비와 문제없이 지내고 일정 나이가 되자 로봇에 대한 심리적인 의존도에서 자연스럽게 벗어나는 모습을 보여줌으로써, 웨스턴 부인의 우려가 잘못된 것이었음이 드러나기도 한다.

### 2) 「스피디—술래잡기 로봇」("Runaround")

이 단편은 1942년 3월 『어스타운딩 사이언스 픽션』에 처음으로 발표되었다. 시공간적 배경은 2015년, 수성이며 로봇의 정식 이름은 SPD 13호이지만 스피디(Speedy)라고 불린다. 마이클 도노반과 그레고리 파웰이 처음 등장하는 단편이면서, 로봇의 3원칙이 처음으로 언급되는 곳이기도 하다. 로봇의 3원칙(Three Laws of Robotics)은 다음과 같다.

> 제1원칙: 로봇은 인간에게 해를 입혀서는 안 된다. 그리고 위험에 처한 인간을 모른 척해서도 안 된다(A robot may not injure a human being or, through inaction, allow a human being to come to harm).
>
> 제2원칙: 제1원칙에 위배되지 않는 한, 로봇은 인간의 명령에 복종해야 한다(A robot must obey the orders given it by human beings except where such orders would conflict with the First law).
>
> 제3원칙: 제1원칙과 제2원칙에 위배되지 않는 한, 로봇은 로봇 자신을 지켜야 한다(A robot must protect its own existence as long as such protection does not conflict with the First and Second law).

로봇의 3원칙, 일명 '아시모프의 원칙'은 아시모프 로봇 시리즈의 근간에 있는 원칙이다. 이 원칙은 로봇과 인간의 공존과 상호작용을 위해 필요한 원칙이다. 바이어리 시장이 세계조정자가 되고 로봇이 인간세상을 조절하는 2050년대(『아이, 로봇』 작품 속)에서는 3가지 원칙을 선행하는 제0원칙이 나오기도 했다. 제0원칙은 "로봇은 인류에게 해를 입혀서는 안 된다. 그리고 인류가 위험에 처하도록 방관해서도 안 된다"(A robot may not harm *humanity, or, by inaction*, allow *humanity* to come to harm)이다. 로봇의 3원칙은 아시모프의 작품뿐만 아니라 이후 나온 로봇 대상 과학소설과 영화는 물론이고 인공지능 개발과 전자제품 제작에 이르기까지 통용되는 원칙이 되었다. 또한 인공지능과 관련된 법규를 만들 때에도 기본이 되는 원칙이기도 하다.

셀레늄을 채취하러 간 신형 로봇 스피디가 5시간이 넘도록 돌아오지 않자 도노반과 파웰이 직접 방호복을 입고 2미터가 넘는 구형 로봇에 올라타서 찾으러 간다. 스피디는 셀레늄 웅덩이 주변에서 술이 취한 듯이 19세기 음악가인 길버트와 도노반의 노래 구절을 중얼거리며 같은 곳을 계속 돌고 있었다. 광전지 저장소가 바닥을 드러내면 태양광선으로부터 보호를 받을 수 없는데 셀레늄은 광전지 생산을 위해 꼭 필요한 물질이며, 스피디의 임무는 이런 셀레늄을 채취해서 오는 것이었다.

스피디가 왜 비교적 간단한 명령을 수행하지 못하고 고장 났는지를 살펴보니, 도노반이 명령어를 잘못 내려서 로봇의 3원칙 적용에 모순이 일어났기 때문이라는 것을 알게 된다. 즉 신형인 스피디는 고가의 로봇이었기 때문에 안전을 지키기 위해 다른 로봇보다 3원칙이 강하게 주입되어 있었다. 그로 인해 셀레늄을 구해오라는 도노반의 말에 셀레늄 웅덩이까지 갔다가 태양열에 자신이 부식될 수 있으니까 자신을 보호하기 위해 3원칙이 적용되어 다시 돌아오다가 일정 거리로 벗어나면 다시 2원칙이 적용되는 무한 반복이 일어났던 것이다.

일산화탄소의 농도를 높여서 3원칙을 강화하려 했다가 실패한 파웰은 2원칙이나 3원칙보다 강한 1원칙을 쓰기 위해 일부러 자신을 위험에 노출시킨다. 결국 스피디를 구하는 데 성공한 이들은 '무슨 일이 있어도 셀레늄을 구해오라'(Get that selenium at all cost this time)는 명령어로 바꾸어 스피디가 임무를 무사히 수행할 수 있게 한다.

「스피디」는 『아이, 로봇』 단편집에 등장하는 다른 로봇 에피소드들의 기본 구조를 보여주는 단편이다. 아시모프의 로봇 이야기는 인간과 로봇 간의 의사소통에 관한 것이 큰 몫을 차지한다. 인간의 언어는 언어적 의미와 함께, 문맥, 주변 상황 등 언어 외적인 것이 의미 소통에 큰 부분을 차지한다. 예를 들어 '잘했다'와 같은 말은 칭찬일 수도 혹은 비아냥거림일 수도 있는 것이다. 즉 인간은 언어 외적인 요소를 통해 언어의 한계를 극복하고, 설령 약간의 오류가 발생해도 큰 문제 없이 의사 소통을 할 수 있다.

반면 로봇은 인간의 말을 액면 그대로 받아들이고 수행한다. 옥스퍼드 대학교수 닉 보스트롬(Nick Bostrom)이 Ted 강연에서 예를 들었듯, "웃겨봐"라는 명령을 했을 때 인간은 웃기는 동작이나 말을 하여 명령을 수행하려고 하지만, 로봇은 안면근육을 절개하고 잡아당기는 식으로 명령을 수행할 수도 있는 것이다. 「스피디」에서 마이클 도노반은 셀레늄을 채취해 오라는 간단한 명령을 내리지만 스피디에게는 이 간단한 명령이 2원칙과 3원칙 사이의 관계와 현장의 상황이 모순을 일으키는 난제로 나타나는 것이다.

『아이, 로봇』의 기본 모티브는 이런 인간과 로봇 사이의 소통의 문제이고, 이런 문제를 인간이 어떻게 수정하여 해결하는 것인가이다. 다행스럽게도 『아이, 로봇』에서 발생하는 로봇과 인간 간의 문제는 모두 해결된다.

### 3) 「큐티—생각하는 로봇」("Reason")

단편의 시공간적 배경은 2015년 우주기지(Space Station)이다. 등장하는 로봇은 QT-1이며 '큐티'(Cutie)라고 불린다. 우주기지는 1km 크기의 기지로 영하 273도의 환경이며, 태양 에너지를 지구로 공급하기 위해 만들어진 우주기지이다. 큐티가 하는 일은 에너지빔을 지구까지 보내는 에너지 전송장치(Energy Converter)를 관리하는 것으로, 파웰과 도노반이 조립하여 큐티를 만들었다. 지금은 태양에서 발생한 전자폭풍(Electron storm)이 근접하고 있고, 이 폭풍으로 지구에 전송되는 에너지빔이 타격을 입으면 지구에 큰 문제가 생길 수 있는 상황이다.

큐티는 인간 대신 에너지 전송장치를 관리하기 위해 만들어졌지만 '육체와 사고기능이 모두 로봇보다 떨어지는' 도노반과 파웰이 자신을 만들었다는 사실을 믿으려고 하지 않는다. 만든 지 1주일이 된 큐티에게 그레고리 파웰이 인간과 로봇에 대해 차근차근 설명하는 것으로 단편이 시작된다.

> "큐티, 몇 가지 설명할 게 있어. 넌 자신의 존재에 대해 호기심을 보인 최초의 로봇이야.... 저기 있군. 구석에 있는 아주 밝은 점 말이야. 우린 저걸 지구라고 불러. 정겨운 지구. 저곳에 30억에 달하는 인류가 살고 있어. 큐티. 이제 2주쯤 후에는 우리도 저기로 돌아가서 그 사람들과 함께 지낼 거야."
>
> "그런데 난 어디에서 왔어요, 파웰? 아직까지 나라는 존재에 대해서는

> 설명하지 않았잖아요."
>
> "...인간의 노동을 대체할 로봇이 개발돼서 지금은 기지 하나에 인간은 두 명만 있으면 돼. 그런데 이제 그 역할까지 대체하려고 하는 중이고. 네가 맡을 일이 바로 그거지...."
>
> "방금 설명한 그렇게 복잡하고 믿기 어려운 가설을 내가 믿을 것 같아요?...떠오른 의문점은 나라는 존재의 근원은 무엇인가 하는 거예요?...난 권위에 굴복하지 않아요. 가설은 논리적으로 뒷받침되어야 하죠. 그렇지 않으면 아무 가치도 없어요.... 두 사람을 보세요. 두 사람을 구성하는 물질은 약하고 강도와 지구력도 떨어지고, 에너지를 불완전 산화 작용에 의존하고 있어요. 두 사람은 정기적으로 의식을 잃고, 기온이나 기압이나 습기나 열기가 조금만 변해도 효율성이 떨어져요. 두 사람은 임시방편으로 만든 제품이 분명해요. 하지만 난 완성된 제품이에요. 전기 에너지를 직접 흡수해서 백 퍼센트 효율적으로 활용하죠. 몸은 단단한 금속으로 구성되어 있고, 항상 의식이 깨어 있고, 극단적인 환경을 쉽게 견딜 수 있어요. 이런 사실은 그 어떤 존재도 자신보다 우수한 존재를 만들 수 없다는 확실한 명제에서 볼 때 두 사람의 멍청한 가설이 엉터리라는 걸 증명해요."(『아이, 로봇』 우리교육 86~92)

큐티는 인간은 '임시방편'(makeshift)으로 만들어진 존재이므로 파웰의 설명에는 논리, 즉 'reason'이 부족하다고 한다. 인간은 비효율적이고 결함이 많은 존재인 반면, 로봇은 보다 강한 재료로 만들어졌고 완전한 효율성을 가지고 있는데, 열등한 인간이 우등한 로봇을 창조했다는 것은 논리적으로 불가능하다는 것이다.

이후 큐티는 에너지 전송장치를 '주인님'(the Master)이라고 부르며 신적 존재라고 믿고, 자신은 '예언자'라고 칭하며 다른 로봇들을 선동하여 경배의식을 치르거나, 에너지 전송장치에 침을 뱉은 마이클 도노반을 신성모독으로 가두는 등의 행동으로 인간에게 반역한다. 마이클 도노반과 그레고리 파웰은 인간이 큐티를 만들었다는 것을 증명하기 위해서 다른 로봇을 조립하는 시연을 하는 노력을 기울이지만 논리적으로 큐티를 설득하는 것은 실패한다.

그러나 큐티가 인간에게 복종하지는 않지만 전자폭풍이 일어나는 위험한 순간에 에너지를 지구로 전송하는 작업은 오차 없이 말끔하게 처리한다. 그 이유가 궁금해진 파웰은 이것이 큐티가 무의식 중에도 인간에게 해를 끼치면 안 된다는 로봇 제1원칙을 수행하고 있는 것임을 알게 된다. 큐티가 에너지 전송장치를 신으로 생각하건 말건, 할 일은 정확하게 한다는 것을 알게 된 파웰은 큐티를 내버려 두기로 결정하고 우주 정거장을 떠난다.

### ■ 기술적 특이점(technological singularity)

『아이, 로봇』에서 수잔 캘빈 박사는 인간보다 우등한 로봇이 인간에게 복종하는 것은 로봇의 3원칙이 있기 때문이며, 3원칙이 주입되지 않은 로봇은 인간에게 위협이 될 수 있다고 한다. 큐티의 반항은 인간에게 해가 되지 않는 수준에 머무르고 있지만, 제1원칙이 지켜지지 않는다면 로봇은 인류에 큰 위험인자가 될 것이라는 것이다. 이런 캘빈 박사의 우려는 지금 현재 소설을 벗어나 현실 속의 우려가 되어버렸다. 인공지능이 인간의 통제를 벗어나게 될 때를 대비해야 한다는 것에 대해 인공지능 개발자들 역시 공감하고 있으며, 미래에 있을 수 있는 잠재적인 위협에 대비하기 위한 공통의 노력도 이미 시작되고 있다. 한 예로 2017년 1월 미국 캘리포이아주 아실로마의 콘퍼런스를 통해 인공지능의 연구와 사용에 있어서 지켜야 할 안전조항과 윤리조항 23개, 일명 '아실로마

AI 원칙'(Asilomar AI Principles)을 제정한 것이다.

물리학자 스티브 호킹은 『더 타임즈』(*The Times*)와의 인터뷰에서 AI와 로봇이 급성장하여 인간의 힘으로 통제 불가능한 시점이 빠르게 다가오고 있으니 세계 정부기관을 신설하여 AI의 용도와 규제에 대한 법규를 만들어야 한다고 말하기도 했다.

'기술적 특이점'이란 인공지능 두뇌가 장착된 로봇이 언젠가는 인간의 통제를 벗어나는 시점이 오리라는 것을 의미한다. '특이점'이란 질적으로 도약이 이뤄지는 지점을 말하며, 기술적 특이점은 인공지능, 컴퓨터, 로봇이 인간이 가진 능력을 초월하여 폭발적으로 발전하기 시작하는 지점을 말한다. 이 용어는 1993년 미국의 수학자, 컴퓨터학자이자 과학소설 작가인 버너 빈지(Vernor Vinge, 1944~)가 Vision-21 심포지엄에서 발표한 「기술적 특이점」("Technological Singularity")에서 처음으로 언급하였다. 그는 과학이 인간보다 더 큰 지능을 가진 개체를 만들어 낼 것이라는 징조가 임박했다는 말을 시작으로 기술적 특이점이 어떻게 올 것인지에 대한 전망과 이에 대한 인간의 대처에 대해서 논하였다. 재미있는 것은 이 발표에서 버너 빈지는 기술적 특이점이 2005년에서 2030년 사이에 올 것 같다고 언급했다는 것이다.

2007년 출판된 『특이점이 온다』 번역판

미래학자인 레이 커즈와일(Ray Kurzweil, 1948~)은 2005년에 쓴 『특이점이 온다』(*The Singularity is Near: When Humans Transcend Biology*)라는 책을 통해 기술적 특이점에 대해 다루었고, 이 용어가 일반화되는 데 이바지했다. 그는 생명공학, 나노공학, 로봇 공학의 발전에 의해 기술변화의 속도가 빨라지고 인간의 생활을 되돌릴 수 없을 만큼 비약적으로 발전하여 인류의 문명이 완전히 새로운 시대를 맞이하게 되는 특이점이 오게 될 것이라고 보았다. 커즈와일은 이 책에서 2029년이 되면 기계지능이 인간의 뇌와 비슷한 수준이 되고, 2045년 전후에는 비약적으로 발전하는 기술적 특이점에 도달하게 될 것이라고 예측하였다.

최근에는 옥스퍼드 대학 교수이자 옥스퍼드 대 인류 미래 연구소(Future of Humanity Institute)의 소장인 닉 보스트롬(Nick Bostrom, 1973~)이 『슈퍼인텔리전스: 경로, 위험, 전략』(*Superintelligence: Paths, Dangers, Strategies*, 2014)이라는 책을 통해서 2040~50년 사이에 인간이 할 수 있는 것을 모두 할 수 있는 슈퍼 인공지능이 나올 것으로 예측했다. 테드(Ted) 강연에서 보스트롬은 인공지능이야 말로 인류의 마지막 발명품이 될 것이라고 하였다. 이 말은 인공지능이 인간이 할 수 있는 모든 일을 대체하게 될 것이며, 인간의 운명에 위협을 가할 수도 있다는 것을 의미한다. 그는 인공지능이 인류에게 위협이 되지 않게 하기 위해서는 인간의 가치와 윤리를 가르치는 것이 중요하다고 보았다. 그는 알파고 개발 책임자 데미스 허사비스, 스티브 호킹, 일론 머스크 등과 함께 <아실로마의 AI 원칙> 공동서명자이기도 하다.

### 4) 「데이브—부하를 거느린 로봇」("Catch That Rabbit")

원제목 "토끼를 잡아라"(Catch That Rabbit)는 그레고리 파웰이 마이클 도노반에게 문제를 해결하려면 뭐가 잘못된 것인지를 먼저 알아야 한다는 것을 토끼고기 요리를 만들려면 토끼부터 잡아야 한다("The first step in cooking rabbit stew is catching the rabbit")(『아이, 로봇』 우리교육 127)라고 비유한 것에서 인용한 것이다. 시공간적 배경은 2016년 소행성인데, 소행성은 지구나 화성처럼 태양 주변을 회전하지만 크기가 작은 천체를 이르는 용어이다.

6개월의 유급 휴가를 끝낸 도노반과 파웰은 한 소행성에서 광석을 캐고 있는 로봇 DV-5, 일명 데이브(Dave)를 테스트하러 간다. 데이브는 광산 채굴을 하기 위해 만들어진 로봇으로, 부하 로봇 6기를 관리하여 채굴작업을 하도록 설계되어 있다. 데이브는 소리나 무선으로 부하로봇에게 명령을 내릴 필요 없이, 마치 손과 발에게 명령을 내리듯이 양전자장을 통해 6대의 부하로봇에게 명령을 내릴 수 있다. 도노반과 파웰이 데이브를 테스트하게 된 이유는 이 신형로봇이 아무 이상이 없음에도 불구하고 채굴작업을 제대로 수행하지 못했기 때문이었다.

이 로봇들이 보여주는 이상행동이란 인간이 쳐다보면 멀쩡하게 작업을 하다가 보지 않으면 춤을 추는 것 같은 행동을 보이며 게으름을 피우고, 다시 인간이 쳐다보면 정상으로 돌아가는 것이었다. 이 행동에 대해 그레고리 파웰과 마이클 도노반은 각자 다른 해석을 하는데 먼저 도노반은 로봇의 행동을 인간적인 관점에서 해석한다. 즉 어떤 악의를 가지고 일부러 인간의 눈치를 보고 게으름을 피우는 것이고, 로봇이 군인이 행진하듯 춤을 추는 것은 자신을 군인이라고 착각하고 군국주의에 빠져 있다는 것이다. 하지만 이성적인 그레고리 파웰은 로봇은 일부러 거짓말을 할 수 없다("Robots can't knowingly lie")고 주장하며 도노반의 생각이 로봇의 위험성을 인간화하여 과장한 것일 뿐이라고 말한다.

> "자네가 술을 너무 마셨다고 가정하는 건 어떨까? 자네가 꾸는 악몽은 정말 화려하기도 하군. 그런 가정은 양전자 두뇌 전체가 바뀌었을 때만 가능해. 만일 자네의 분석이 옳다면 데이브는 로봇 공학 제1원칙을 깨뜨려야 하지. 로봇은 인간에게 해를 입혀서는 안 되고, 위험에 처한 인간을 모른 척해서도 안 된다는 원칙 말이야. 자네가 제시한 군대식 행동과 권한 강화를 논리적으로 따져보면 결국 인류가 세상을 지배하는 시대는 이제 끝났다는 뜻이 되는 거야. (『아이, 로봇』 우리교육 133)

로봇이 특정 목적을 위해 거짓말을 할 수는 없다고 하는 그레고리 파웰의 생각은 다음 편에서 등장하는 마음을 읽는 로봇 '허비'에서부터 서서히 무너진다.

데이브의 문제가 무엇인지 알기 위해서 부하로봇 '손가락'에게 물어보니 행진하라는 명령을 받았을 뿐이라고 한다. 이들은 데이브의 문제를 확인하러 광도에 들어간다. 파웰이 작업 중인 부하로봇 하나에게 총을 쏘아 맞히었더니 그다음부터 로봇은 업무를 정상적으로 수행한다.

파웰이 생각한 문제의 원인은 과부하였다. 동시에 6대에 명령을 내리다가 과부하가 난 데이브가 손가락을 돌리는 행동을 했고, 그것 때문에 로봇들이 마치 춤을 추는 것 같은 행동을 했던 것이다. 파웰이 부하로봇 한 대를 고장 내자 5대에만 명령을 내리면 되니 이상행동이 더는 생기지 않았다. 그리고 사람이 있을 때는 명령을 내리는 부담이 상대적으로 줄어들어서 정상적으로 작업을 할 수 있었던 것이다.

#### 하이젠버그(Heisenbug)

사람이 볼 때는 멀쩡하게 일하다가 보지 않으면 게으름을 피우는 로봇들의 행동은 '하이젠버그' 현상으로 설명될 수 있다. 흔히 가전제품이 고장이 나서 애프터서비스를 불렀는데, 아까까지 고장 나 있던 것이 수리기사 앞에서 멀쩡하게 작동하여 머쓱해지는 순간을 누구나 경험해 봤을 것이다. 이런 것을 하이젠버그라고 부른다. 양자역학을 세우고 '불확정성 원리'를 발표한 하이젠베르크(Verner Karl Heisenberg, 1901~1976)와 소프트웨어가 오류를 일으킬 때를 의미하는 '버그'(bug)를 합성하여 만든 용어이다. 하이젠베르크의 불확정성의 원리를 설명하기가 쉽지는 않지만, 간단하게 말하자면 전자와 같이 지극히 미세한 것은 입자의 위치나 운동량은 물론, 관측자의 유무에 따라서도 다르게 측정되기 때문에 정확하게 확정할 수 없다는 것이다.

1926년의 베르너 하이젠베르크(출처: Wikicommons) Public domain

### 5) 「허비—마음을 읽는 거짓말쟁이」("Liar!")

원제목은 '거짓말쟁이'(Liar!)이며 작품의 시간적 배경은 2021년, 공간적 배경은 지구이다. 70세의 래닝 박사가 등장하는데 허비는 알프래드 래닝 박사(Alfred Lanning)가 제작한 34번째 RB모델로, 정식 이름은 RB-34이며 허비(Herbie)라고 불린다. 사람의 마음을 읽는 로봇으로, 일종의 실패작이다. 이 단편은 래닝 박사, 피터 보거트(Peter Bogert), 밀톤 애쉬(Milton Ashe), 수잔 캘빈 등이 모여서 허비의 문제에 대해 의논하는 장면으로 시작한다. 이들은 허비가 사람의 생각을 읽을 수 있다는 것을 알게 되었고, 혹시 이로 인해 로봇 반대 운동이 생길까 봐 걱정을 하고 있다.

허비는 여러 사람들에게 거짓말을 했다. 밀턴 애쉬가 여자친구를 데리고 오자 수잔 캘빈에게 밀턴 애쉬가 데리고 온 여자는 그의 여자친구가 아니라 밀턴 애쉬의 사촌이라고 한다. 또한 피터 보거트가 풀지 못한 수학문제를 자신도 풀 수 없다고 거짓말하고, 래닝 박사가 얼마 후 사임하게 되면 피터 보거트가 그 자리를 맡게 될 것이라고도 한다.

허비가 했던 말은 거짓말이었음이 들통이 나서 오히려 더 큰 문제가 발생하게 된다. 밀턴 애쉬에게 마음이 있었던 수잔 캘빈은 그 여자가 약혼녀라는 소식을 듣고 마음의 상처를 받았고, 피터 보거트와 래닝 박사도 언쟁을 벌이게 된 것이다.

수잔 캘빈은 허비가 왜 거짓말을 하게 되었는가를 살펴보는데, 그 결과 로봇은 인간에게 해를 입혀서도 안 되고, 위험에 처한 인간을 방관해도 안 된다는 로봇의 제1원칙을 수행하기 위해서라는 것을 알게 된다. 즉 마음을 읽을 수 있었던 허비는 수잔 캘빈이 밀턴 애쉬를 좋아하는 것도, 수학자인 피터 보거트가 로봇이 풀 수 있는 문제를 자신이 풀지 못한다는 사실을 알면 자존심이 상한다는 것과 래닝 박사의 자리에 야심이 있다는 것을 알 수 있었고, 그래서 이들에게 마음의 상처를 주지 않기 위해 거짓말을 했던 것이다. 하지만 이런 허비의 행동 때문에 수잔 캘빈과 피터 보거트는 더 큰 상처를 입었다. 수잔은 허비의 문제가 인간의 명령을 따라야 한다는 제2원칙을 위반한 것이라는 점에서 심각하게 받아들인다.

수잔의 해법은 허비가 만들어질 때 양전자 두뇌에 어떤 문제가 생겼는지를 말하라고 허비에게 명령하는 것이었다. 수잔은 허비가 해답을 알고 있지만 이 명령을 따르거나 따르지 않거나 둘 다 인간에게 상처를 주어서 제1원칙을 위반하게 된다는 논리를 편다.

> "너는 해결책을 말할 수 없어. 그러면 두 분의 마음이 상할 텐데. 너는 인간에게 해를 끼치면 안 되기 때문이야. 그리고 대답을 해도 마음

이 상하긴 마찬가지일 테니 그것도 안 돼. 그래서 말할 수가 없어. 하지만 대답을 안 하면 두 분의 마음이 상해. 그래서 대답을 해야 돼. 하지만 그렇게 하면 마음이 상해. 그래서 그것도 안 돼. 하지만 그렇게 안 하면 마음이 상해. 그래서 그렇게 해야 돼. 하지만 그렇게 하면 마음이....”(『아이, 로봇』 우리교육 189)

수잔은 허비에게 해결될 수 없는 딜레마를 던져 준 것이다. 허비는 비명소리를 지르며 쓰러지더니 작동이 정지된다. 수잔이 허비에게 이렇게 한 것에서 수잔의 감정적인 반응이 보이는데, 쓰러진 허비를 보며 ‘거짓말쟁이!’라고 감정이 섞인 말을 한 것이다. 허비에게 자신의 감정이 들킨 것이 불쾌했었다는 것을 표현한 것이다. 평소 로봇이라고 불릴 정도로 감정표현이 없었던 수잔도 좋아했던 사람이 있었고 안타깝게도 짝사랑으로 끝났으며, 허비가 그녀를 도와주려고 했던 거짓말은 오히려 수잔에게 더 큰 상처를 주었던 것이다. 수잔 캘빈의 사생활에 대해서 언급된 것은 이 부분밖에는 없다.

### 6) 「네스터—10호 자존심 때문에 사라진 로봇」(“Little Lost Rabbit”)

원제목은 「잃어버린 작은 토끼」(“Little Lost Rabbit”)이다. 시간적 배경은 2029년 항성 간 여행이 가능해진 때이며 공간적 배경은 하이퍼 본부(Hyper Base)이다. 로봇은 NS-2로 네스터(Nestor)라고 불리고 있는데 총 63대가 같은 외양을 가지고 있다. 수잔 캘빈 박사는 사라진 로봇 1대를 찾기 위해서 하이퍼 본부로 출장을 왔다. 똑같이 생긴 로봇 63대 중에서 한 대가 로봇 공학 제1원칙이 완전하게 주입되지 않았는데 그 로봇을 분실한 것이다.

제1원칙을 정확하게 주입하지 않은 이유는 방사선인 감마선은 잠깐은 인간에게 큰 위험이 없으나 로봇의 양전자 두뇌를 파괴할 수 있다는 사실에서 비롯되었다. 인간이 방사선에 노출될 때 인간을 구하려고 가장 가까운 곳에 있는 로봇이 인간을 끌어내려다 방사선에 파괴되는 것을 막기 위한 조치였던 것이다. 그래서 제1원칙 중 "로봇은 인간에게 해를 끼쳐서는 안 된다"는 조항만 남기고 "위험에 처한 인간을 모른 척해서도 안 된다"는 조항을 삭제한 것이다. 그리고 63대 전체에 일련번호를 매기지 않았다. 관련 없는 사람에게는 자신이 제1원칙이 수정된 로봇이라는 것을 절대 말하지 말라는 명령까지 두뇌에 새겨진 상태이기에 로봇은 자신이 문제의 그 로봇이라고 말할 수가 없다. 이 로봇이 없어진 이상 가장 효과적인 해결책은 로봇 63대를 모두 파괴하는 것인데 로봇이 고가(대당 3만 불)이기 때문에 로봇 심리학자인 수잔 캘빈에게 해결해 달라고 부탁했다는 것이 본 단편의 기본 전제이다.

네스터 10호가 왜 도망갔는지를 알아보기 위해 수잔 캘빈은 로봇과 함께 작업을 한 작업부인 제럴드 블랙(Gerald Black)을 인터뷰했다. 그리고 제럴드가 예정보다 늦어진 작업을 하던 중 문제의 로봇이 한 달 전에 포기한 실험을 다시 반복하라고 잔소리를 하자 짜증이 나서 "꺼져"(Go lose yourself)라고 했는데 그 후 네스터 10호가 보이지 않는다는 것을 알아냈다. 제럴드 블랙이 한 말을 명령으로 받아들여 그대로 실천한 것이다.

수잔 캘빈 박사는 63대 가운데서 네스터 10호를 찾아내기 위해 총 3번의 실험을 하고 그중 마지막 실험에서 네스터 10호를 찾아내는 데 성공한다. 첫 번째 실험에서는 의자에 한 남자를 앉히고 63대의 로봇들을 나무 칸막이에 서로 가려진 채 두었다. 이때 의자에 앉은 남자에게 무거운 물체가 반복적으로 떨어진다. 결과는 63대 모두 앞으로 나오다가 멈추는 행동을 반복하는 바람에 실험은 실패한다.

두 번째 실험에서는 의자에 앉은 남자에게 무거운 물체가 떨어지게 하고 동시에 로봇과 남자 사이에 고압전선을 설치하여 전류가 흐르게 하였다. 수잔의 예상으로는 네스터 10호에게만이 제1원칙이 다 주입되어 있지 않았으므로 이 남자를 구하려 들지 않을 것이라는 것이었는데 63대 모두 남자를 구하려고 오지 않는 바람에 실패한다. 그 이유를 한 로봇에게 물어보니 그 사람은 어차피 죽을 가능성이 높기 때문에 구하려고 간들 그 사람도 못 구하고 로봇도 함께 파괴될 것이니 갈 필요가 없다고 어떤 로봇이 말했다는 것이다. 이 말을 들은 수잔 캘빈은 네스터 10호가 다른 로봇까지 조정하고 있다는 것에 놀란다.

세 번째 실험은 네스터 10호만이 감마선과 적외선을 구분할 수 있다는 점을 이용하였다. 감마선은 로봇을 파괴할 수 있으나 적외선은 아무 해가 없다. 그런데 오직 네스터 10호만이 그 둘을 구분할 수 있다. 결국 네스터 10호만이 의자에 앉은 사람을 구하러 오는 행동을 하는 바람에 존재를 들키게 된다. 네스터 10호는 잡히는 순간 자신이 들켰다는 것에 대해 "창피하다, 나는 지적인 존재이지만 인간은 나보다 더 약하고 느리다"라고 하며 수잔 캘빈을 공격한다(『아이, 로봇』 우리교육 240).

수잔 캘빈은 앞서 네스터 10호처럼 제1원칙이 수정된 로봇이 인간에게 왜 위험한지를 다음과 같이 설명한다.

> 사고력을 지닌 존재는 의식적이든 아니든 남에게 지배당하는 걸 싫어해요. 그런데 열등한 존재 혹은 열등하다고 간주되는 존재에게 지배당할 때는 싫어하는 마음이 훨씬 강해져요. 로봇은, 모든 로봇은 육체

> 적인 측면은 물론이고 정신적인 측면에서도 인간보다 우수한 점이 많아요. 그런데 무엇 때문에 노예처럼 지내지요? 제1원칙 하나 때문이에요! 그래요, 이게 없으면 박사님은 로봇에게 명령을 내리자마자 죽을 수도 있어요.(『아이, 로봇』 우리교육 203~4)

『아이, 로봇』의 로봇들은 로비 이후 조금씩 발전해 가면서, 거짓말을 하거나 인간의 명령에 반항하려는 것을 볼 수 있다. 그중 가장 위험해 보이는 로봇이 네스터 10호이다. 이 로봇은 1원칙이 정확하게 입력되어 있지 않아서 위험에 처한 인간을 방관할 수 있을 뿐만 아니라 인간보다 자신이 더 우수하다는 것을 입증하려는 행동을 했기 때문이다.

수잔과 보거트는 로봇이 감정을 가질 수 있는가에 대해 논쟁을 벌이는데 보거트는 로봇이 감정을 가진 것이 아니라 제럴드의 명령을 그대로 수행하기 위해서 사라졌으며, 욕이나 음란한 표현은 로봇의 두뇌에 아무 영향도 못 미친다(『아이, 로봇』 우리교육 213)고 한다. 반면 수잔 캘빈은 기본적으로 로봇에게는 배우는 능력이 있기 때문에 감정 역시 배울 수 있으며, 사람에게 해를 끼칠 수도 있다고 보았다. 네스터 10호가 수잔에게 발견되었을 때 자신보다 열등한 존재인 인간에게 들켰다는 것에 대해 '창피하다', '내가 지적으로 더 우수한 존재이다'라고 하며 수잔 캘빈을 공격하려는 것을 보면 수잔의 생각이 맞다는 것을 알 수 있다.

### 7) 「브레인—개구쟁이 천재」("Escape!")

원제목은 「도망쳐!」("Escape!")이고, 시간적 배경은 2030년, 공간적 배경은 지구이다. 이 단편은 항성여행에 관해 다루고 있다.

브레인은 60cm 정도 크기의 수퍼 컴퓨터이며 인간형 이름과 형태를 가지고 있지 않은 로봇이다. 행성신문 기자의 인터뷰에서 수잔 캘빈 박사가 한 말에 의하면 최초의 수퍼 컴퓨터이다(『아이, 로봇』 우리교육 287). 브레인은 어린아이 수준의 인격을 가지고 있기 때문에 뛰어난 추론 능력에도 불구하고 어린아이처럼 바보스러운 면도 있다.

마이클 도노반과 그레고리 파웰의 회사인 U.S. 로보틱스사는 연합로봇사(Consolicated Robots)와 경쟁 관계에 있으며 이 두 회사 모두 항성간 엔진을 개발하는 중이다. 연합로봇사에서는 거액의 사례금을 제시하여 항성간 엔진개발을 위한 계산과 방정식에 대한 해답을 U.S. 로보틱스사의 양전자 로봇인 브레인에게 부탁한다. 연합로봇사에는 '생각하는 기계'(Super thinker)라는 슈퍼 컴퓨터가 있지만 계산을 하는 도중 고장이 나버렸다는 것이다.

U.S. 로보틱스사의 중역들은 생각하는 기계가 고장이 난 이유가 로봇의 3원칙과 관련된 모순 때문이라는 추측을 한다. 즉 해답이 인간의 죽음을 촉발할 경우 로봇은 해답을 내놓을 수 없고, 이런 모순이 발생할 경우 컴퓨터의 양전자 두뇌 경로가 고장 나게 된다는 것이다. 어린아이 수준의 감정을 가지도록 설계된 브레인은 인간의 죽음과 관련된 문제에서 나온 해답이 인간에게 해를 끼치는 상황에 직면하면 고장이 나는 대신 어린아이가 심각한 이야기를 들었을 때처럼 장난을 치고 웃는 반응을 보이기 때문에 이런 상황에서 고장나지 않는다. 연합로봇사의 컴퓨터는 인간에게 해를 끼치면 안 된다는 1원칙 때문에 고장이 났던 것이며, 어린아이와 같은 인격을 가진 브레인은 '죽음'이라는 심각한 문제를 장난을 치며 쉽게 받아들이기 때문에 이런 상황을 극복할 수 있는

것이다.

브레인은 자신이 방정식을 풀 수도, 항성 이동이 가능한 우주선을 만들 수도 있다고 한 후 정말로 우주선을 만든다. 2달 후 도노반과 파웰은 우주선을 조사하기 위해서 우주선 안으로 들어가는데 순간 우주선이 출발하여 은하계를 벗어나 항성여행을 하게 되고 그 바람에 두 사람은 거의 죽었다가 다시 살아난다. 캘빈 박사가 장난을 치는 브레인을 살살 구슬려서 도노반과 파웰이 무사히 돌아올 수 있게 하지만 이 두 사람은 우주에서 일시적으로 죽음을 경험하게 되었던 것이다. 그 후 문제의 우주선은 연합로봇사에 선물로 주기로 결정한다.

원제목 "Escape"는 브레인이 유머를 통해 현실을 도피하는 것을 의미한다.

> "자료를 입력하고 계산에 들어간 결과, 초공간 이동에 대비한 최소한의 휴지기, 즉 인간의 죽음에 대한 방정식이 나온 거예요. 연합 측 기계는 바로 여기서 완전히 부서진 겁니다. 하지만 전 브레인에게 죽음의 중요성을 이미 많이 낮춰 놓았어요. 제1원칙은 절대 어길 수 없기 때문에 전부 없앤 건 아니지만 브레인이 방정식을 다시 보게 할 정도는 되었습니다. 브레인에게는 휴지기가 끝나면 인간이 살아서 돌아올 수 있다는 걸 깨닫기에 충분한 시간이었죠.... 그래서 브레인은 자료를 받아들였어요. 하지만 딜레마가 전혀 없었던 건 아니에요. 비록 죽음은 한순간이고 그 의미가 약화되었는데도 브레인을 불안정하게 만들기에 충분했거든요.... 그 결과는 일종의 유머로 나타났어요. 유머는 브레인이 현실을 부분적으로 도피하는 방법이었습니다. 정말 짓궂은 장난꾸러기가 된 거죠."(『아이, 로봇』 우리교육 282~283)

### 항성간 여행(interstellar travel)이란?

항성은 태양처럼 스스로 빛과 열을 내며 한 자리에 머물러 있어서 전혀 움직이지 않는 것처럼 보이는 별을 의미한다. 행성은 태양과 같이 항성 주변을 도는 천체이다. 항성간 여행이란 태양계를 벗어나서 또 다른 항성을 방문하는 것이다. 지금 현재는 테슬라사의 창업자이자 민간 우주회사 스페이스X의 최고 경영자인 일론 머스크가 2024년에 화성에 첫 우주 식민지 기지를 만들겠다는 계획만 가지고 있을 뿐 인간은 다른 행성조차 가지 못하고 있다.

태양계에서 가장 가까운 항성은 2016년에 발견된 프록시마 센타우리(Proxima Centauri)로 4.22광년이 떨어져 있으며 그 다음인 알파 센타우리(Alpha Centauri)는 4.37광년이 떨어져 있다. 이 거리는 무전을 보냈을 때 무전의 답신을 받는 데만 9년 가까이 걸릴 수 있는 거리이다. 『아이, 로봇』에서는 초원자 엔진을 이용하여 항성간 여행이 가능해졌다고 하는데 초원자 엔진이 20년 전에 개발되었으니(『아이, 로봇』, 우리교육, 193) 2009년부터 항성간 여행이 가능해졌다고 볼 수 있다.

태양계와 가장 가까운 항성 프록시마 센타우리(The Two Micron All Sky Survey 제공) Public domain

## 8) 「바이어리—대도시 시장이 된 로봇」("Evidence")

원제목은 「증거」("Evidence")이고, 단편의 시간적 배경은 2032년이다. 이 단편은 수잔 캘빈 박사와 행성신문 기자의 2057년의 인터뷰로 시작되는데, 이 인터뷰에 의하면 현재 지구는 국가와 민족이라는 개념을 초월하여 전 세계가 4개의 구역으로 재편되었다. 로봇과 수퍼 컴퓨터의 도움이 이런 변화를 가능하게 했던 것이다. 이런 미래 세계는 마지막 단편 「피할 수 있는 갈등」에서 좀 더 자세하게 소개되고 있다.

> 내가 태어난 해는 민족주의가 끝나는 시기이기도 했지요. 지구는 국가로 분류하기에는 너무 좁았고, 결국 여러 나라가 지역 단위로 묶이기 시작했어요. 아주 오랜 세월이 걸렸지요. 내가 태어날 때만 해도 미합중국은 북부 지역의 일부이면서 하나의 국가로 존재하고 있었어요. 그래서 이 회사도 계속 'U.S. 로보틱스'라는 이름을 쓴 거예요. 그런데 국가 단위에서 지역 단위로 바뀌면서 경제가 안정돼 금세기는 지난 세기에 비해 황금시대를 누릴 수 있었어요. 우리 로봇들도 황금시대를 구가하는 데 많이 기여했고요. (『아이, 로봇』 우리교육 286~7)

4지역으로 구분된 지구를 조정하는 세계조정자는 스테판 바이어리인데 본 단편은 그가 세계조정자가 되기 전 시장선거에 나갔을 때 일어난 일이다. U.S. 로보틱스사를 찾은 프렌시스 퀸(Francis Quinn)이란 정치가가 경쟁자인 바이어리 검사가 사람이 아닌 로봇이라고 주장한다. 3년 전까지 누구인지 이름도 없었던 사람이 유능한 검사이자 시장선거에 출마한 정치가가 되었는데 그 사람을 조사해 보니 음식을 먹는 것을 본 사람이 없다는 것이다. 래닝 박사도 스테판 바이어리 검사가 사형선고를 내린 적이 없다고 말하고, 이로 인해 의심은 점점 커진다.

시장 후보로 지명된 바이어리 검사는 투표 1주일 전에 '선생님'이라고 불리는 장애인을 집으로 데리고 와서 중요한 의논을 한다. 바이어리가 로봇이라는 의심은 점점 커져가고, 근본주의자들은 바이어리의 집 밖에서 로봇을 반대하는 시위를 벌인다. 시위 도중 한 남자가 로봇이 아니라면 자신을 때려서 제1원칙을 위반할 수 있다는 것을 증명해 보이라고 하고 그러자, 화가 난 바이어리는 그 사람을 때려서 자신이 인간임을 증명해 보인다.

수잔 캘빈은 진짜 바이어리는 사고로 가족을 잃고 재기불능 상태가 된 '선생님'이고, 진짜 바이어리가 지식을 동원하여 로봇을 만들어 자신을 대신해 활동하게 했으리라고 짐작한다. 그리고 바이어리가 사람을 때릴 수 있었던 것은 맞은 사람 역시 로봇이었다면 가능했으리라고 짐작을 한다.

『행성신문』 기자에게 전하는 캘빈 박사의 후일담에 의하면 죽기로 결정한 바이어리는 자신을 철저하게 분해하여 죽음도 가장하였다. 2037년에 바이어리는 지역 조정자가 되었고 2044년에 모든 지역이 연합체를 구성할 때 세계조정자가 되었다.

### 튜링테스트(Turing Test)

「바이어리—대도시 시장이 된 로봇」에서는 인간인지 아닌지를 구분할 수 없는 바이어리라는 인물이 등장한다. 인공지능이 처음 연구된 이후로 언젠가 인간인지 기계인지를 구분할 수 없을 정도의 인간적 감정과 지능을 가진 기계가 등장할 것이라는 예측은 꾸준히 있어왔다. 컴퓨터 개념을 발전시킨 앨런 튜링(Alan Mathison Turing)은 인간인지 기계인지를 구분할 수 있는 테스트의 개념을 1950년에 제안했는데 그것이 바로 '튜링테스트' 혹은 '이미테이션 게임'이라고 불리는 것이다.

1950년 철학저널 *Mind*에 발표한 「계산 기계와 지성」("Computing Machinery and Intelligence")이라는 논문에서 튜링은 컴퓨터로부터의 반응을 인간과 구별할 수 없다면 컴퓨터는 생각할 수 있는 것이라고 주장하였다. 생각할 수 있는 단계에 이르게 된, 그래서 인간과 구분을 할 수 없는 상태의 기계는 1950년대 당시 존재하지 않았으나,

최근에 이 테스트를 통과한 기계들이 나오고 있다.

튜링테스트의 방식은 분리가 된 각각의 방에 컴퓨터와 테스트를 하는 사람들을 배치하고 오직 채팅을 통해 서로 대화를 하게 한다. 테스트를 하는 사람이 반대편 방에 있는 대상이 인간인지 기계인지에 대한 판별에 실패하면 그 기계는 인간 수준의 지능을 가지고 있다고 판별되는 것이다. 2014년 영국 레딩대학(University of Reading)이 개최한 대회에서 수퍼 컴퓨터 유진 구스트만(Eugene Goostman)이 최초로 이 테스트를 통과했다고 간주되고 있으나 이에 대해서는 이견도 존재한다. 유진 구스트만은 러시아 프로그래머가 만든 수퍼 컴퓨터로, 13세 우크라이나 소년의 인격을 가지고 있다고 한다.

영국 맨체스터의 새크빌 가든의 공원 한중간에는 앨런 튜링의 기념 동상이 있다. 이 동상의 손에는 사과가 들려져 있는데, 이것은 앨런 튜링이 독이 묻은 사과로 자살을 한 것과 금단의 열매를 모두 상징하고 있다. Public domain

## 9)「피할 수 있는 갈등」("The Evitable Conflict")

시간적 배경은 2052년이며, 『행성신문』 기자가 등장했던 앞쪽의 「바이어리 시장」과 연결되어 있다. 지구에는 국가라는 개념이 없어진 대신 4개의 지역(Eastern, Tropic, European, and Northern)으로 나누어졌고 지구 전체의 수도인 뉴욕에서 세계조정자(World Co-ordinator)가 지구의 전 지역을 조정하고 있다. 2052년의 세계 인구는 33억이라고 하며

(2021년 기준 실제 지구 인구는 78억을 돌파했다) 슈퍼컴퓨터가 생산, 소비, 기후는 물론 수요와 공급 등 모든 것을 자율적으로 조절함으로써 낭비나 굶주림은 역사책에서만 존재하고 전쟁도 없는 세계가 되었다. 수잔 캘빈 박사는 슈퍼컴퓨터 역시 로봇 제1원칙을 따르고 있기 때문에 인간에게 최적화된 환경을 제공할 수 있다고 한다.

> 연산회로를 사상 최고로 집적한 거대한 규모이긴 하지만 슈퍼컴퓨터도 여전히 제1원칙의 지배를 받는 로봇이고, 그래서 지구 규모의 경제는 인류에게 최선의 이익이 되도록 조화를 이루고 있어요. 지구에 사는 모든 인간은 실직이나, 과잉생산이나, 물자 부족 사태가 일어나지 않는다는 걸 알아요. 낭비와 기근은 과거의 이야기가 되었지요. 그리고 생산 수단 소유 문제도 사라지고 있어요.... 그래서 결국 전쟁이 사라진 거예요. 최악의 전쟁은 물론 새로운 유형의 모든 전쟁까지. (『아이, 로봇』 우리교육 334)

「피할 수 있는 갈등」에서는 로봇의 1원칙이 한 단계 높은 로봇 0원칙으로 이어진다. 이 원칙은 "로봇은 인류에게 해를 입혀서는 안 된다. 그리고 인류가 위험에 처하도록 방관해서도 안 된다"라는 것으로 인류 전체를 보호하기 위해서 로봇이 어떤 행동을 해야 한다는 원칙이다.

단편의 시작은 이제 제1대 세계조정자가 된 스테판 바이어리가 수잔 캘빈을 초청하여 최근 지구의 각 지역에서 생긴 슈퍼컴퓨터의 오류를 어떻게 해석해야 할 것인지에 대해 자문을 구하는 것으로 시작한다. 슈퍼컴퓨터는 모든 것을 담당하여 조절하므로 사소한 오류도 나지 않아야 하는데 전체적으로 보면 사소하지만, 분명히 오류라고밖에 할 수 없는 불균형이 발생한 것이다. 각 지역 상황과 문제는 다음과 같다.

〈「피할 수 있는 갈등」의 각 지역 문제와 해결 〉

| 지역 | 수도 | 발생한 문제 | 문제의 해결 |
|---|---|---|---|
| 동부 지역 | 상하이 | 텐진에서 식량 과잉생산이 일어나서 직원을 수천 명 해고 | 해고된 직원들을 스리랑카 지역으로 보내서 해결 |
| 열대 지역 | 캐피탈 시티 | 멕시코 해협 공사가 계획보다 늦어지고 있음. 빌라프랑카가 계산을 잘못해서 발생한 문제인데 빌라프랑카는 수퍼컴퓨터에게 책임을 돌림. | 빌라프랑카의 직위를 강등함. |
| 유럽 지역 | 제네바 | 알마덴의 수은광산의 생산량이 줄어들고 일시적인 경제공황이 발생. | 수은광산을 통제하는 '연합 수은'이 스페인 그룹에 팔리면서 경제공황은 해결됨 |
| 북부 지역 | 오타와 | '인간을 위한 사회'가 슈퍼컴퓨터에 반대함. 틀린 데이터를 입력하여 생길 수 있는 문제에 걱정하는 사람들이 있으나 지역 책임자인 매켄지는 큰 문제가 아니라고 함 | 지역 책임자 매켄지는 기계란 인간이 계산하는 짐을 덜어주고 인간을 도와주는 도구일 뿐이므로 이런 문제들은 해결될 수 있는 문제라고 봄 |

바이어리는 각 지역에서 발생한 문제에 대해 지역 조정자들이 과소평가하고 있다고 생각한다. 정확한 데이터를 슈퍼컴퓨터에 입력했지만 컴퓨터가 고의로 오류를 내는 심각한 상황으로 본 것이다. 이 문제에 대해 수잔 캘빈은 '인간을 위한 사회'(the Society for Humanity)라는 로봇 반대 단체와 관련이 있다고 생각한다. 북부지역에서 만들어진 '인간을 위한 사회'는 로봇에 대한 반감을 노골적으로 드러내고 있다. 그리고 각 지역에서 일어난 문제들과 관련된 사람들은 모두 '인간을 위한 사회'의 일원들이었다.

슈퍼컴퓨터는 인류에게 해를 끼쳐서는 안 된다는 로봇 0원칙을 지켜야 한다. 그런데 슈퍼컴퓨터의 일을 방해하는 것이 인류에게 해를 끼치는 것이 되니까 일부러 이 단체의 일원들이 하는 일을 방해를 하여 다른 곳으로 배치되게 만들었다고 수잔 캘빈 박사는 생각한다. 즉 바이어리는 모든 문제가 슈퍼컴퓨터의 오류 때문에 일어나는 일이라고 생각했는데 수잔 캘빈 박사는 오히려 슈퍼컴퓨터가 자신을 지키고 인류를 지키기 위해 사소한 오류를 만들어 냈다는 것이다. 기계가 사소한 오류를 일으켰던 것은 큰 문제를 일으키지 않고 '인간을 위한 사회'의 회원들을 소외시키기 위한 '어쩔 수 없는(inevitable) 결정이었던 것이다.

> 바이어리 씨. 인류의 궁극적인 선을 달성하는 데 뭐가 필요한지 우리가 어떻게 판단하죠? 우리는 무한한 요소를 마음대로 할 수 없지만 슈퍼컴퓨터는 할 수 있어요! 아시잖아요. 지금까지 생겨난 인간의 기술문명은 그 문명이 없었을 때보다 훨씬 불행하고 비참한 상황을 만들어 냈어요. 우리 인간에게는 문화 수준도 떨어지고 사람도 훨씬 적은 농경문화나 유목 문화가 훨씬 좋을 수도 있어요. 혹은 완벽한 도시화나 완벽한 계급 사회, 완벽한 전제 국가가 해답일 수도 있겠죠. 그렇다면 슈퍼컴퓨터는 그쪽으로 움직여야 해요. 그러나 인간의 무식한 편견은 익숙한 것만 좋아해서 변화에 저항하겠지요. 그러니까 아예 말해 주지 않는 쪽이 더 좋을 거예요. 우리는 여전히 그 내용이 무엇인지 몰라요. 오직 슈퍼컴퓨터만 그 내용을 알고 있고. 우리를 그쪽으로 데려가고 있는 거예요(『아이, 로봇』 우리교육 368)

「피할 수 있는 갈등」은 슈퍼컴퓨터가 인간을 위해 피할 수 없는 결정을 내리고, 그 결정을 이해할 수 없는 인간들에게 그 일을 알려주지 않는 에피소드이다. 궁극적으로는 다른 단편들처럼 로봇 원칙의 수행과 인간과 로봇 간의 의사소통의 문제가 나타난다는 점에서 앞의 단편들과 비슷한 주제를 가지고 있다고 할 수 있지만, 이 단편에서 등장하는 슈퍼로봇은 '특이점'을 벗어난 로봇이라는 점에서 앞서의 로봇들과 다르다고 할 수 있다. 이 단편에서는 이런 갈등이 피할 수 있는 갈등이고 해결할 수 있는 문제라고 보고 있지만, 현실에서 이런 로봇이 개발된다면 과연 그럴 것인지에 대해 생각하지 않을 수 없다.

과학소설 속의 포스트휴먼
POSTHUMAN

[ 제5장 ]

# 인간됨을 묻다: 필립 K. 딕의 『안드로이드는 전기양의 꿈을 꾸는가?』

# 제5장

# 인간됨을 묻다: 필립 K. 딕의 『안드로이드는 전기양의 꿈을 꾸는가?』

"여전히 나는 꿈을 꾸네, 그가 잔디밭을 지나가는, 그가 희미하게 이슬 속을 걸어갈 때에, 내 반가운 노래가 그에게 스며드는"

—윌리엄 버틀러 예이츠(William Butler Yeats)
「행복한 목동의 노래」("The Song of the Happy Shepherd") 중에서

## 작가 필립 K. 딕의 생애와 작품

작가 필립 K. 딕(Philip Kindred Dick)은 1928년 12월 16일에 일리노이주 시카고에서 농무부에서 일하는 아버지 조셉 에드가 딕(Joseph Edgar Dick)과 어머니 도로시 킨드레드 딕(Dorothy Kindred Dick)에게서 쌍둥이로 태어났다. 어머니가 만성 신부전증을 앓고 있고 수유에 문제가

있어서 쌍둥이 둘 다 영양 상태가 좋지 않았다. 결국 필립 K. 딕은 탄생 후 인큐베이터에서 지내게 되었고, 이란성쌍둥이 누이였던 제인 샬롯 딕(Jane Charlotte Dick)은 다음 해 1월 26일 태어난 지 6주 만에 심각한 탈수 증세와 영양실조로 사망했다. 쌍둥이 누이의 죽음은 그에게 큰 트라우마로 남아 평생 그에게 큰 영향을 끼쳤다. 그는 사망 후 콜로라도주 포트 모건의 리버사이드 공동묘지 누이의 묘 옆에 안장되기도 했다.

1962년경의 필립 K. 딕(출처: Wikimedia Commons, Arthur knight 사진) Public Domain

딕은 5살에 부모님의 이혼으로 어머니와 함께 워싱턴 D. C.로 이사하여 퀘이커 교도의 학교에 갔지만 무단결석 등의 문제를 일으켰다고 한다. 다시 1938년 어머니와 함께 캘리포니아주 버클리로 돌아왔고, 이때부터 과학소설에 관심을 가지기 시작했다. 1944년에 버클리 고등학교에 입학했는데 당시 학우 중에는 후일 과학소설 작가가 된 어슐러 K. 르 귄(Ursula K. Le Guin)도 있었다고 한다. (<파리 리뷰>와의 인터뷰에서 르 귄은 고등학교때 딕을 만난 적은 없었지만 소설가가 된 이후 편지를 보낸 적은 있다고 하였다.) 또한 그는 고전음악과 오페라에 심취했고 이런 그의 취향은 그의 과학소설 작품에도 반영되었다. 졸업 후 버클리 대학에 입학했지만 광장 공포증과 공황 발작이 심해져서 대학을 중퇴하였다.

딕은 평생 불안증, 발작, 각종 공황 장애에 시달렸고, 정신병 약인 암페타민의 부작용으로 환각에 시달렸으며 자살 시도도 여러 차례 했다. 망상증과 관련된 일화로 1974년 딕은 자신을 높게 평가했던 평론가 프레드릭 제임슨(Predric Jameson, 1934~)과 폴란드의 유명 과학소설 작가인 스타니스와프 렘(Stanisław Lem, 1921~2006)을 공산주의자 간첩으로 FBI에 신고하는 일도 있었다. 필립 K. 딕은 총 5번의 결혼을 했고 극심한 가난에 시달렸다.

그는 1951년 단편 「루그」("Roog")가 『판타지 앤드 사이언스 픽션』(*The Magazine of Fantasy & Science Fiction*) 2월호에 실리는 것으로 작품 활동을 시작했다. 리처드 필립스(Richard Philips)와 잭 도랜드(Jack Dowland)라는 필명을 쓰기도 했던 필립 K. 딕은 고등학교를 졸업할 무렵부터 꾸준히 작품을 썼지만 1951년이 되어서야 첫 작품을 발표했던 것이다. 이후 펄프적인 배경과 색다른 작품세계를 가진 작품들을 발표하기 시작하여 총 44편의 장편소설과 120편 이상의 단편소설을 썼다. 그의 작품은 슬라보예 지젝, 프레드릭 제임슨 등의 포스트모더니즘 비평가들에게서 높은 평가를 받았고, 살아생전보다 오히려 사후에 더 높은 평가를 받기도 했다. 그의 사후인 1983년부터 필립 K. 딕 상이 수여되기 시작했다. 미국의 라이브러리 오브 아메리카(Library of America)의 문학시리즈 중에서 과학소설 작가로서는 최초로 그의 작품 4개의 모음집이 수록되기도 했을 정도로, 그의 작품은 과학소설 장르를 초월하여 문학성을 인정받고 있기도 하다. 프레드릭 제임슨은 그를 과학소설계의 셰익스피어라고 평가하기도 했다.

필립 K. 딕은 생계를 위해 소설을 쓰기 시작했지만 상업적으로 성공하지 못했고, 한때는 동물사료를 먹을 정도로 가난에 시달렸다고 한다. 그는 1962년에 출판한 『높은 성의 사내』(*The Man in the High Castle*)가 휴고상을 받은 이후로 작가로서 주목을 받기 시작하였다. 이후 네뷸러상, 캠벨상, 영국 과학소설 협회상 등 다수의 상을 수상하였다. 하지만 정신적인 문제나 경제적인 어려움은 유명해진 뒤에도 여전하였다. 그의 독특한 세계관은 20세기 후반 대중문화에 큰 영향을 끼쳤다. 당시 활동한 윌리엄 깁슨 같은 과학소설 작가는 물론 스티븐 스필버그와 크리스토퍼 놀란 등 다수의 할리우드 감독이 그의 작품의 팬이었고, 그의 작품 상당수가 할리우드 영화로 제작되었다.

필립 K. 딕은 1982년 2월 17일 뇌출혈로 쓰러져서 3월 2일 사망했으며 『안드로이드는 전기양의 꿈을 꾸는가』를 영화로 각색한 <블레이드 러너>(*Blade Runner*)가 그가 사망한 해인 1982년 6월 25일 리들리 스콧(Ridley Scott) 감독에 의해 개봉되어 그에게 헌정되었다.

필립 K. 딕의 대표작으로는 『높은 성의 사내』(*The Man in the High Castle*, 1962), 『화성의 타임슬립』(*Martian Timeslip*, 1964), 『파머 엘드리치의 세 개의 성흔』(*The Three Stigmata of Palmer Eldritch*, 1965), 『안드로이드는 전기양의 꿈을 꾸는가?』(*Do Androids Dream of Electric Sheep?*, 1968), 『유빅』(*Ubik*, 1969), 『죽음의 미로』(*A Maze of Death*, 1970), 『흘러라 내 눈물, 하고 경관은 말했다』(*Flow My Tears, the Policeman Said*, 1974), 『스캐너 다클리』(*Scanner Darkly*, 1977), 『발리스』(*VALIS*, 1981) 등이 있다.

필립 K. 딕의 작품은 할리우드에서 많은 사랑을 받았다. <블레이드 러너>를 비롯하여 <마이너리티 리포트>("The Minority Report", 1956, 2002), <높은 성의 사내>(1962, 2015), <스캐너 다클리> (1977, 2006), <페이첵>("Paycheck", 1953, 2003), <임포스터>(*Imposter*, 1953, 2002), 그리고 『도매가로 기억을 팝니다』(*We Can remember it for you Wholesale*, 1966)는 <토탈 리콜>(*Total Recall*, 1990)로, 『두 번째 변종』("Second Variety," 1953)은 <스크리머스>(Screamers, 1995) 등으로 영화화가 되었는데 소설의 내용을 그대로 옮기기보다는 소설의 기본적인 줄거리나 뼈대를 기반으로 하여 새로운 내용으로 각색하는 형태가 일반적이었다.

## 필립 K. 딕의 대체 역사소설 『높은 성의 사내』

그의 작품 중 『높은 성의 사내』는 대체 역사소설(Alternate History Novel)이다. 과학소설은 미래를 시간적 배경으로 하는 것이 일반적인데, 이 작품은 과거의 역사를 뒤집어 새로운 역사를 쓰기 때문이다. 이 소설은 세계 2차 대전에서 나치 독일과 일본이 승리한 가상의 상황을 배경으로 하여 전개된다. 소설에서는 2차 세계대전에서 독일, 일본, 이탈리아가 승리한 후 독일은 미국의 동부를 점령하고 일본은 미국의 서부를 점령하는 상황이 그려진다. 소설의 시간적 배경인 1962년에 미국 서부 샌프란시스코 지역은 '일본 태평양주'(Japanese Pacific States)의 한 지역이다. 주인공 로버트 칠던은 패전국인 미국 식민지인이자 일본인 점령자에게 골동품을 팔며 살아가는 사람이다.

소설은 로버트 칠던을 포함한 4명의 사람을 중심으로 식민지 미국에서 벌어지는 일을 그리고 있다. 그런데 소설 속의 사람들은 호손 아벤젠(Hawthorne Abendsen)이라는 베일에 싸인 작가가 쓴 소설 『메뚜기는 무겁게 짓누른다』(*The Grasshopper Lies Heavy*)[25]라는 소설을 읽는다. 그런데 이 소설의 내용은 히틀러가 전범으로 체포되고 미국과 연합군이 2차 세계대전에서 승전국이 되는 실제 역사를 내용으로 한다. (하지만 소설 속의 내용이 역사와 일치하지는 않는다. 예를 들어 소설의 배경인 1960년대는 미국과 소련 사이의 긴장 관계가 심했던 때인데 『메뚜기

25 이 제목은 구약성경 『전도서』 12장 5절을 기반으로 하고 있다. "또한 그런 자들은 높은 곳을 두려워할 것이며 길에서는 놀랄 것이며 살구나무가 꽃이 필 것이며 *메뚜기도 짐이 될 것이며* 정욕이 그치리니 이는 사람이 자기의 영원한 집으로 돌아가고 조문객들이 거리로 왕래하게 됨이니라."

는 무겁게 짓누른다』에서는 미국과 영국이 냉전 사이로 그려지고 있기 때문이다. 어쨌든, 현실이 가상이 되고 가상이 현실이 되면서 대체 역사소설 안에 또 다른 대체 역사소설이 존재하는 상황이 펼쳐진다.)

『높은 성의 사내』는 미국소설 작가 워드 무어(Ward Moore, 1903~1978)가 미국 남북전쟁에서 남부가 승리한 상황을 가정하여 쓴 대체 역사소설, 『희년을 선포하라』(*Bring the Jubilee*, 1953)에서 영감을 얻었다고 한다. 또한 이 당시에 필립 K. 딕은 아내의 보석상에서 일을 도와주다가 『주역』을 처음으로 접하고 심취했었는데 주역 역시 이 작품에 많은 영향을 끼쳤다. 한 예로 이 작품 속에서 등장인물들은 결정을 내리기 위해 주역으로 점을 보는 것이 그려지고 있다. 우리나라에서는 복거일의 『비명을 찾아서』(1987)가 『높은 성의 사내』에 영감을 얻어서 1909년 안중근이 이토 히로부미의 암살에 실패하고 1980년대까지 일본이 한반도를 계속 지배하는 가상의 상황을 묘사하고 있다.

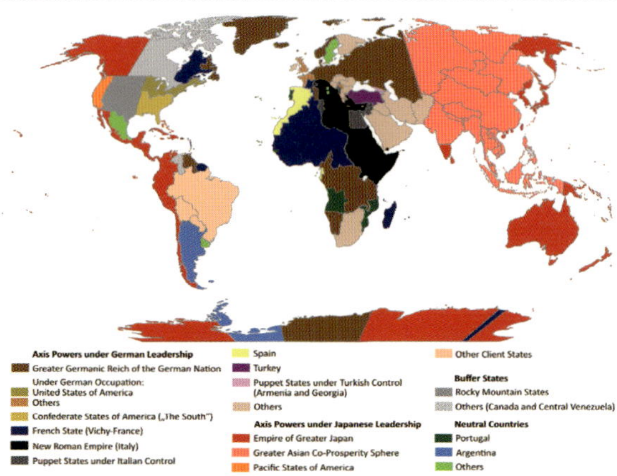


『높은 성의 사내』의 내용으로 만들어진 여러 가상의 지도 중 하나. Axis powers는 2차 세계대전 때 독일과 일본의 지배를 받는 곳을 가리킨다. 저자: RobintheHighCastle 소설 내용과 정확히 일치하지는 않으며 오류가 있기는 하지만 일본과 독일이 점령하고 있는 미국의 모습을 볼 수 있다.(출처: Wikimedia Commons) Public Domain

## 『안드로이드는 전기양의 꿈을 꾸는가?』의 탄생 배경

필립 K. 딕의 『안드로이드는 전기양의 꿈을 꾸는가?』는 1968년에 출간된 장편소설이다. 핵전쟁 이후 방사능 낙진이 내리는 1992년의 샌프란시스코를 배경으로 안드로이드 사냥꾼 릭 데카드(Rick Decard)가 화성에서 지구로 도망친 렉서스 6 모델의 안드로이드를 추적하여 죽이는 1월 3일 하루 동안의 일을 그린다. 이 소설은 미국 대학교의 과학소설 관련 과목에서 가장 많이 읽히는 소설 중의 하나이며, 사이버펑크 SF 영화의 중요한 시발점으로 평가받는 리들리 스콧의 <블레이드 러너>(1982)의 원작이기도 하다.

작가가 이 책을 어떻게 구상하게 되었는가에 대해서는 알려진 이야기가 있다. 필립 K. 딕이 이 책보다 앞서 출간된 『높은 성의 사내』를 쓰기 위해 버클리 대학 도서관에서 나치 게슈타포 요원의 일기장을 읽게 되었는데 굶주림에 지쳐 신음하는 유대인 수용소 아이들 때문에 잠을 못 잔다고 불평하는 내용이 있었다고 한다. 이 글을 읽으며 딕은 끔찍함에 치를 떨었고 "굶주리는 아이들 때문에 잠을 못 잔다고 불평하는 당신은 인간이 아니다"라고 했다고 한다. 이후 그는 인간성과 인간의 공감 능력에 대해 생각해보게 되었고, 인간과 외양은 같지만 공감 능력이 없는 안드로이드라는 존재를 그리게 되었다(https://galaxypress.com/inspired-philip-k-dick).

## 『안드로이드는 전기양의 꿈을 꾸는가?』[26]의 2개의 제명(Epigraph)

제명은 책의 서두에 해당하며 주로 책의 주제나 작가가 부각하고 싶은 것을 나타내기 위해 짧은 글을 쓰거나 다른 사람이 쓴 글을 인용하는 것이다. 『프랑켄슈타인』의 제명은 밀턴의 『실낙원』 10장의 아담이 한 말의 일부분으로, 괴물이 자신의 탄생을 한탄하는 것과 관련이 있었다. 필립 K. 딕은 『안드로이드』에 2개의 제명을 붙였는데 이 제명들도 책의 주제와 관련이 있다.

2개의 제명 중 하나는 W. B. 예이츠의 시 「행복한 목동의 노래」 3연의 일부이다. 예이츠는 「행복한 목동의 노래」와 「슬픈 목동의 노래」를 그의 시선집에 같이 수록하면서 좋았던 과거를 회상하는 목동의 시각을 2가지로 제시하고 있다. 제명으로 쓰인 부분의 전체 연의 내용은 다음과 같다.

> 나는 가야만 하리. 수선화 백합화 물결치는 곳
> 그곳에 무덤이 하나 있어
> 먼동이 트기 전에 환희의 노래로
> 땅속에 묻힌 불행한 목신(hapless faun)을 위로해야겠네.
> 고함소리 가득한 그의 나날들 환락으로 넘쳐났었지.
> 여전히 나는 꿈을 꾸네 그가 잔디밭을 지나가는
> 그가 희미하게 이슬 속을 걸어갈 때에
> 내 반가운 노래가 그에게 스며드는
> 늙은 대지의 꿈같은 청춘을 예찬하는 나의 노래로

26 이하 『안드로이드』라고 줄임.

그러나 아! 이제는 대지마저도 꿈꾸지 않누나,
그대 이마에 서린 양귀비꽃 아름다우니,
그대가 꿈꾸라! 꿈꾸라, 꿈꾸라, 이 또한 진실일지니

목동은 과거 좋았던 시절을 행복하게 회상하며 꿈을 꾼다. 앞서 1연에서 "아카디아의 숲은 죽고 옛날 즐거움은 모두 사라졌지만" 목동은 좋았던 옛 시절에 대한 꿈을 꾸며 알량한 행복을 느낀다. 방사능 낙진이 공기에 가득 차고, 동물들은 사라지고, 대신 인공 동물들과 안드로이드로 채워져 가는 환경 속에서 살아있는 진짜 동물을 소유함으로써 과거의 좋았던 나날을 회상하려 하는 『안드로이드』의 내용과 통하는 시라고 할 수 있다.

'꿈꾸라! 꿈꾸라, 이 또한 진실일지니'라는 마지막 구절의 원문은 'Dream, dream, for this is also sooth'이다. 'sooth'라는 단어는 '진실'을 의미하지만 '위로'를 의미하는 'soothe'와 형태가 비슷하기도 하다. 이 구절을 보면 이 책의 제목 '안드로이드는 전기양의 꿈을 꾸는가?'가 '안드로이드도 인간처럼 꿈을 꾸는가?'라는 의미도 되겠지만 한편으로는 '안드로이도 전기양의 꿈을 꾸면서 과거를 회상하고 위로를 받을까?'라고 떠올릴 수도 있음을 깨닫게 한다.

또 하나의 제명은 1966년에 로이터 통신에서 올린 투이말릴라(Tu'i Malila)라는 거북이의 사망기사이다. 기사에 의하면 투이말릴라는 1777년 쿡 선장이 통가 왕에게 선물했으며, 추장으로 대접받고 특별 관리인의 관리를 받으며 거의 200년을 살다가 자연사했다. 188년을 산 최장수 거북이이자 1953년에 영국 엘리자베스 2세 여왕과 만나기도 했다는 이 거북이의 사망기사가 왜 작품의 제명으로 쓰였는가 하는 의문도 작품의 주제와 관련이 있다.

『안드로이드』에서 주인공 릭 데카드는 처음에는 왜 안드로이드를 죽여야 하는지에 대해 확신이 있었지만 시간이 지남에 따라 그런 확신이 점차 의문으로 바뀐다. 그 이유는 안드로이드에게 인간성을 느끼고 인간에게서 비인간성을 느끼기 시작했기 때문이다.

이 작품에서 공감을 느끼는 능력은 인간인지 아닌지를 구별하는 지표의 의미가 있는데, 기사에 의하면 통가인들은 사람이 아닌 거북이의 죽음에 대해서도 애도하는 공감 능력을 보여주고 있는 것이다. 조시 토스(Josh Toth)는 공감능력이 작품의 주제로 떠오르게 되는 것이 이 책의 출판연도인 1968년 미국 인권운동과 관련이 있다고 보았다.[27] 1968년은 미국 인권운동이 정점에 달했던 때이다. 그러므로 본 작품은 백인을 넘어 다른 인종에까지 공감을 느낄 수 있는 것인가에 관한 문제를 안드로이드라는 대상에게까지 인간성을 느낄 수 있는가로 보여준다는 것이다.

또 다른 시각은 거북이의 시신이 과거 좋았던 세상에 대한 기억과 관련이 있다고 보는 것이다. 거북이의 시신은 삶이 붕괴되고, 대신 키플(Kipple), 혹은 엔트로피(Entroby)가 증가된 암울한 사회에서 이전의 좋은 삶을 기억하게 하는 매개이다. 작중 인물들이 살아있는 동물을 소유하려고 하는 것도 지구가 동물들로 가득 차있었던 과거의 좋은 추억을 되살리게 하는 매개이기 때문이기도 하다.

27 Toth, Josh. "Consuming Androids in the Work of Philip K. Dick," in *Stranger America: A Narrative Ethics of Exclusion*, Charlottesville: University of Virginia Press, 2018, p.114.

## 『안드로이드는 전기양의 꿈을 꾸는가?』의 구조

안드로이드는 2개의 제명(Epigraph)과 22개의 장으로 구성되어 있다. 릭 데카드를 중심으로 하는 주플롯(main plot)과 존 이지도어를 중심으로 한 부플롯(secondary plot)이 병렬구조로 전개되다가 이지도어의 아파트에서 이 두 플롯이 만나서 합쳐지도록 구조화되어 있다.

1장에서는 주인공인 릭 데카드와 아내인 아이랜(Iran)이 아침에 일어나 감정을 설정하는 장치인 펜필드의 알람 소리에 대해 대화하는 것으로 시작한다. 자신이 키우는 양을 돌보러 간 릭은 옆집 이웃인 빌 바버(Bill Barbour)의 암말이 임신했다는 말을 듣고 부러워하며 자신이 키우고 있는 양이 사실은 전기양임을 밝힌다. 원래 장인에게서 선물 받았던 진짜 양 그루초(Groucho)가 파상풍으로 죽었기 때문에 그루초와 똑같이 생긴 가짜양을 마련했던 것이다. 릭은 빌에게 자신의 양이 가짜라는 것을 다른 이웃에게 말하지 말라고 부탁한다.

2장은 특수인인 존 이지도어의 플롯이다. 존 이지도어는 유전적으로 결함이 있어 다른 행성으로 이주를 할 수 없는 특수인, 소위 닭대가리(Chickenhead)라고 불리는 사람이다. 그는 공감상자를 통해 윌버 머서(Wilbur Mercer)라는 가상의 인물과 합일하는 경험을 한다. 그리고 텅 빈 건물에 새로 입주한 사람에게 마가린을 가지고 인사를 하러 간다. 이후 각 장은 릭 데카드를 중심으로 하는 장과 이지도어를 중심으로 하는 장으로 나뉘어 서로 번갈아가면서 전개된다.

3장에서 5장까지는 릭 데카드의 주플롯에 해당하는 곳이다. 릭 데카드는 자신의 동료 데이브가 지구로 도망친 신형 안드로이드인 넥서스

6(Nexus-6) 8대를 추적하다가 2대를 처리했다는 것을 알게 되고 나머지 6대를 처리해 달라는 요청을 상관에게서 받게 된다. 상관 브라이언트는 안드로이드 판별 장치인 보이트 캠프 검사(Voight Kampff Test)가 신형모델인 넥서스 6도 감별할 수 있는지 확인하기 위해 안드로이드 제조회사인 로즌사(Rosen Association)로 릭 데카드를 보낸다. 거기서 릭 데카드는 로슨사 사장의 조카 레이첼 로즌(Rachael Rosen)을 소개받고 그녀를 대상으로 보이트 캠프 검사를 하였는데, 뜻밖에도 그녀가 안드로이드라는 결과가 나온다. 이 사실을 비밀에 부치는 대신 올빼미 '스크래피'(Scrappy)를 주겠다는 제안이 들어오지만 릭은 올빼미도 진짜가 아니라는 것을 눈치챈다.

6장에서 7장까지는 이지도어의 플롯이며, 이지도어가 새로 이사 온 여자인 프리스 스트래턴(Pris Stratton)을 찾아가는 것으로 끝난 2장과 연결된다. 이지도어는 프리스 스트래턴이 자신을 레이첼 로즌이라고 소개했다가 다시 프리스 스트래턴이라고 하는 것을 이상하게 여긴다. 8장에서 12장까지는 다시 릭 데카드의 플롯으로 릭 데카드는 넥서스 6로 의심되는 오페라 가수 루바 루프트(Ruba Luft)를 찾아가서 그녀의 오페라를 감상한 후 또 다른 변장한 넥서스 6인 폴로코프(Polocov)를 죽이게 된다. 다시 루바 루프트를 찾아간 데카드는 변태로 몰려 경찰서에 잡혀가는데 그 경찰서의 경찰들이 모두 안드로이드인 것을 알게 된다. 릭 데카드는 경찰서에 있는 유일한 인간인 현상금 사냥꾼 필 레시(Phil Resch)와 함께 거기 있는 안드로이드들을 처리한 후 다시 루바 루프트를 잡기 위해 그녀를 찾아 뭉크의 전시회를 찾아간다. 필 레시가 루바를 잔인하게 죽이는 것을 본 릭 데카드는 인간성에 대해 혼란스러워하고, 이런 그에게 필 레시는 릭 데카드가 안드로이드에게 끌리고 있으니 마음의 혼란을 없애기 위해 안드로이드와 관계를 가진 뒤 죽이라고 충고한다.

13장에서 15장은 이지도어의 플롯이다. 쫓기는 넥서스 6인 로이(Roy)와 이름가르트(Irmgard)가 프리스의 아파트를 찾아왔다. 이제 남은 넥서스 6는 이들 셋뿐이다. 이지도어는 안드로이드일지라도 친구가 생긴 것을 기뻐한다. 15장에서 릭 데카드는 보상금으로 진짜 염소를 사서 '유피미어'(Euphemia)라는 이름을 붙인다. 16, 17장에서 데카드는 레이첼을 만나 관계를 가지지만, 그녀가 안드로이드 사냥꾼들과 관계를 가져서 안드로이드를 죽이는 일을 하지 못하게 했다는 사실을 알고 분개한다. 18장에서는 릭 데카드가 남은 넥서스 6를 찾아 이지도어의 아파트에 오고 남은 3명의 넥서스 6를 모두 죽인다. 20장은 집으로 돌아온 릭 데카드가 레이첼이 염소 유피미어를 죽였다는 사실을 알게 된다. 21장과 22장에서는 사막으로 간 릭 데카드가 환상 속에서 윌버 머서를 만나 자신이 머서가 되는 환상을 경험하고 차 밑에서 두꺼비를 찾아서 데리고 온다. 집으로 온 데카드는 '오랫동안의 당연한 평화'에 펜필드 채널을 맞추지만, 펜필드가 필요 없을 정도로 깊은 잠에 빠지고 아내 아이랜은 두꺼비에게 먹일 인공파리를 주문한다.

릭 데카드가 1992년 1월 3일 아침에 알람 소리를 듣고 일어나는 것으로 시작하는 이 소설은 그가 넥서스 6 모델 안드로이드 6대를 처리하고 집으로 돌아와 다시 잠자리에 드는 것으로 끝난다. 단 하루 동안 이 모든 일이 일어났으며 두 명의 인물을 중심으로 두 개의 플롯이 병렬되다가 합쳐지는 특이한 구조를 가지고 있다. 이는 19장에서 릭 데카드가 하루 만에 6대의 안드로이드를 전역시키는 기록을 세웠다는 말로 시간적 경과가 하루에 불과하다는 것을 확인할 수 있다. 24시간 안에 모든 일이 일어나는 구조는 소포클레스의 비극 『오이디푸스왕』을 비롯한 고대 그리스 희곡에서 볼 수 있는 구조이기도 하다.

## 『안드로이드는 전기양의 꿈을 꾸는가?』에 나타나는 미래사회의 모습

### 1) 최종전쟁과 방사능 낙진

『안드로이드』가 출간된 해인 1968년은 미국과 소비에트 연방 간에 냉전이 계속되던 중이었다. 1960년대와 70년대는 전 세계가 자유진영과 공산진영으로 나누어 대립하였고, 만약 제3차 세계대전이 터진다면 이런 이데올로기로 인한 전쟁 때문일 것이라고 누구나가 예상하던 시대이기도 했다. 또한 제3차 대전에는 각 진영에서 경쟁적으로 개발한 핵무기로 인해 진영과 상관없이 공멸로 이르게 될 것은 너무나도 당연한 사실이었다. 만약 21세기에 인류가 무엇 때문에 멸망할 것인가를 묻는다면 지금은 환경문제나 팬데믹이라는 대답이 주를 이루겠지만 1960~70년대에는 그 어떤 것보다도 각국에서 경쟁적으로 개발하는 핵무기가 가장 큰 공포의 대상이었다.

1954년 미국 네바다 주에서 거행된 원자폭탄 실험(Photo courtesy of National Nuclear Security Administration / Nevada Field Office)

『안드로이드』에는 1960년대 미국인이 가진 미래에 대한 공포가 1992년 샌프란시스코의 모습으로 그려진다. 1992년의 샌프란시스코는 핵전쟁과 핵전쟁 이후 방사능의 오염으로 동식물은 모두 사라지고 황폐해진 세계이다. 대다수 사람은 이민 행성으로 떠났고, 지구 상에는 특수자라고 불리는 유전적인 결함이 있는 사람들과 이민 행성으로 떠날 정도의 여유가 되지 못하는 사람들만 남아 있다. 그리고 이민 행성으로 떠나는 사람들을 위해 지급되었던 안드로이드들이 가끔 지구로 도망쳐 오는데, 이 안드로이드들은 바운티 헌터(현상금 사냥꾼)라고 불리는 사람들이 잡아서 죽이고 보상금을 받는다. 릭 데카드도 그런 사람 중의 하나이다. 대부분 동물이 방사능 오염으로 멸종되었기 때문에 살아있는 동물이 귀중하게 대접받고 있으며, 살아있는 동물을 키우는 것이 특권이자 소유주의 사회적, 경제적 신분을 과시하는 수단으로 변질되었다.

이 모든 상황의 시발점이라고 할 수 있는 최종전쟁과 그 이후의 상황에 대해서 『안드로이드』에서는 이렇게 설명되고 있다.

> 오늘날은 그 전쟁이 왜 일어났는지 그리고 (혹시 거기에서 누가 이기거나 지거나 했다고 치면) 누가 이겼는지 아무도 기억하지 못했다. 지표면 대부분을 오염시킨 낙진은 어떤 한 나라에서 유래한 것도 아니었고 어느 누구도(심지어 전시의 적들조차도) 그런 결과를 의도하지 않았다. 처음에는 기이하게도 올빼미들이 죽어나갔다. 희고 토실토실하며 깃털이 수북한 새들이 마당이고 거리고 여기저기 쓰러져 있는 모습은 그 당시만 해도 심각해 보인다기보다는 우스워 보였다. 황혼이 되기 전에는 밖에 나오지 않는 올빼미들이다 보니 사람들도 딱히 그놈들을 눈여겨보지 않았다. 중세의 흑사병도 이와 유사한 방식으로, 즉 수많은 쥐들이 죽어 있는 모습으로 나타났다. 하지만 이번의 전염병은 저 하늘 위에서 내려오는 것이다. (『안드로이드』 폴라북스 33)

핵전쟁 이후 방사능 오염에 의해 지구는 더 이상 생명체가 숨쉬기 어려운 땅이 된 것이다. 방사능 낙진은 마지막 장에서 릭 데카드가 잠을 자려 할 때도 '옷과 머리카락에 묻어 있던 낙진이 새하얀 침대보 위에 떨어졌다'(360)라고 할 정도로 일상적인 것이 되어서 모든 살아있는 생명을 서서히 죽음으로 내몰고 있다.

그래서 정확히 어디라고는 적시되어 있지 않지만 지구인들은 식민지 행성, 그중에서도 주로 화성으로 이주한다. 이때에도 자본주의적 원리가 작용하여, 돈이 있고 튼튼한 몸을 가진 사람들은 이민 대상자가 되지만 그렇지 못한 사람은 지구에 남을 수밖에 없다. 남아있는 사람들은 방사능 낙진이 내리는 오염된 땅에서 살면서 정신적으로 육체적으로 점점 약해져 가며, 방사능 오염으로 생식능력도 낮아지고 유전병도 앓게 된다. 그들에게 남아있는 선택지는 몸을 정상적으로 유지하면서 돈을 벌어서 식민지 행성으로 이민을 가도록 노력하는 것뿐이다.

> 방사능 미세먼지가 섞여 회색을 띤, 햇빛마저 흐리게 만드는 아침 공기가 그를 에워쌌다. 이 공기가 코로도 침투해서, 그는 자기도 모르게 죽음의 냄새를 맡고 말았다 ... 낙진에 살아남지 못한 사람들은 여러 해 전에 망각 속으로 사라졌고, 이제 남은 것은 더 강한 생존자들과 더 약해진 낙진으로, 오로지 그들의 정신과 유전적 특성을 혼란시킬 뿐이었다. 납 국부보호대에도 불구하고 낙진은 그에게 그리고 그의 몸속으로 스며들어 왔고 그가 이민에 실패하는 한 계속해서 매일같이 그를 치욕의 좁은 길로 데려가고 있었다.(『안드로이드』 폴라북스 21)

### 2) 펜필드 감정 조절기(Penfield Mood Organ)와 보이트 캠프 검사

안드로이드의 첫 페이지는 펜필드 감정 조절기의 알람 소리에 릭 데카드가 눈을 뜨는 것으로 시작되며 마지막 장은 감정 조절기를 채널 670번 "오랫동안의 당연한 평화"(Long-deserved peace)에 맞추고 잠을 청하는 것으로 끝난다. 이렇듯 1990년대 최종전쟁에서 살아남은 사람들에게 펜필드 감정 조절기는 일상적인 것이 되어있다.

888번에 채널을 맞추라는 말이 있는 것으로 보아 최소한 888개의 채널이 있는 것으로 보이는 이 감정 조절기를 통해 인간은 자신의 감정을 조절하고 잠자리에 들 수 있다. 릭 데카드는 아직도 진짜 양을 사지 못하는 데 대한 분노를 이 장치를 통해 조절하고 아이랜 역시 이 장치로 대뇌피질을 자극하여 자신의 우울증을 다스리는 것이다.

한편, 보이트 캠프 검사는 파블로프 연구소에서 만든 검사법으로 도망친 안드로이드를 판별하기 위해 피실험자가 공감 능력이 있는지를 알아보는 데 사용된다. 릭 데카드는 이 장치가 효과가 있는지 알아보기 위한 샘플로 레이첼 로즌을 검사하지만, 오히려 그녀가 인간이 아니라는 것을 알아내게 되었다. 또한 안드로이드일 것이라고 예상되었던 필 레시가 인간이었음이 이 장치를 통해 판별이 나기도 한다. 이지도어 같은 특수인은 저능함으로 인해 인간임에도 불구하고 이 검사를 통과하지 못하는 경우도 있다.

이 두 장치가 묘하게 아이러니를 이루는 것은 안드로이드가 인간성을 가지지 못하였다는 것을 타인에게 공감하는 속도가 느린 것을 포착하여 알아내는데, 정작 인간은 자신의 감정을 전기장치를 통해 통제해야 한다는 것에 있다.

### 3) 윌버 머서와 공감상자(Wilbur Mercer and Empathy Box)

2장에서 존 이지도어는 공감상자를 통해 윌버 머서라는 가상의 인물과 융합하는 경험을 한다. 윌버 머서와의 융합은 1 대 1 합일일 뿐 아니라 동시에 여러 사람과 동일한 경험을 할 수도 있다는 점에서 종교적인 경험과 유사하다. 머서교라고도 불리는 이런 신비한 경험은 인간들 간의 공감 능력이 있어야 가능한 것이기에 안드로이드에게는 불가능하다.

공감상태에 이른 인간들은 윌버 머서와 같이 언덕을 올라가며 어디서 날아오르는지 모르는 돌멩이를 맞게 되는데 몸에 실제로 상처가 생기거나 피가 흐르기도 한다. 육체적인 아픔을 함께 공유하면서 인간들은 서로의 고통에 대해 공감하고 외로움에서 벗어날 수 있는 것이다. 이지도어는 윌버 머서를 통해 다른 사람들과 공감하는 것을 이렇게 설명한다.

> 가만히 서서 쉬는 동안 그는 돌에 맞아 찢어진 한쪽 팔의 상처를 손으로 문지르고 있었다 ... 왜 나는 이렇게 여기에 혼자 올라와 있으며, 심지어 똑바로 볼 수조차 없는 무언가로부터 고통을 당하고 있는 것일까? 바로 그때 그의 내부에서, 융합된 다른 모든 사람들이 동시에 한마디씩 떠들어 대면서 외로움의 환상이 깨지고 있었다. 당신들도 역시나 그걸 느낀 거군. 그는 생각했다. 맞아 목소리들이 대답했다. 우리도 돌멩이에 맞았어.(『안드로이드는 전기양의 꿈을 꾸는가?』 폴라북스 44)

윌버 머서는 계속 쓰러지고 돌멩이를 맞으면서도 언덕을 올라간다는 점에서 수난을 당했던 예수 그리스도와 언덕 위로 바위를 올렸다가 다시 떨어지면 그 바위를 다시 언덕 위로 올리는 일을 계속해야 하는 형

이탈리아 화가 안토니오 잔키(Antonio Zanchi)가 그린 〈시시포스〉 (1660?) (출처: Wikimedia Commons) 제우스를 화나게 한 시시포스는 그 벌로 지하세계의 높은 산기슭에 커다랗고 둥근 바위를 정상까지 굴리는 일을 영원히 반복하는 형벌을 받게 된다.

벌을 받았던 그리스 신화의 인물 시시포스(Sisyphus)를 연상하게 한다. 프랑스의 소설가인 알베르 카뮈(Albert Camus, 1913~1960)는 언덕 위로 끊임없이 돌을 굴리는 시시포스의 무의미해 보이는 행동이 인생에서 마주치는 부조리와 같다고 했다. 부조리란 의미나 이유를 찾을 수 없는 것을 말하는데 카뮈는 인생이 이런 부조리의 연속이며 무의미하게 돌을 언덕 위로 굴리는 행동을 반복하는 시시포스야말로 인생의 부조리를 보여주며 동시에 부조리에 저항하는 것이라고 보았다. 카뮈는 비록 인생이 부조리로 가득 차 있다 해도 인간은 부조리에 타협하거나 굴복하지 않고 부조리에 저항하며 스스로에게 거짓되지 않고 성실하게 살아가야 한다고 생각한 것이다.

21장에서 릭 데카드는 윌버 머서와 사막에서 융합하는 경험을 한 뒤, 차 밑에서 두꺼비를 발견하고 데리고 온다. 하지만 집에 와서 보니 그 두꺼비 역시 기계장치로 만들어진 가짜 두꺼비였다. 하지만 릭 데카드는 두꺼비를 버리지 않고 아내에게 두꺼비에게 먹일 인공파리를 주문하게 한 뒤 잠자리에 든다. 기대가 실망으로 바뀌었지만 그래도 그 실망을 자신의 것으로 받아들이고 삶을 지속하는 모습이 마치 시시포스가 바닥에 떨어진 돌멩이를 다시 밀어 올리는 행동을 하는 것과 유사하다.

> “머서는 가짜가 아니야. 현실이 가짜가 아닌 한에는 말이야.” 이 언덕. 그는 생각했다. 이 낙진과 수많은 돌멩이들. 각 개체는 여타의 개체들과 분명히 다르지. “내 생각에는.” 그가 말했다. “내가 곧 머서가 되는 일을 멈출 수가 없을 것 같아. 일단 시작하고 나면, 되돌아가기에는 너무 늦은 거야.” 내가 언덕을 다시 올라가야만 하는 걸까? 그는 문득 궁금해졌다. 영원히, 머서가 하듯이.(『안드로이드는 전기양의 꿈을 꾸는가?』 폴라북스 351)

슬라보예 지젝 같은 포스트모더니스트들은 『안드로이드』가 현대 미국 소비문화에 대한 비판을 담고 있다고 보았다. 이 견해를 기반으로 할 때 언덕을 올라가는 머서의 이미지는 절대 만족시킬 수 없는 소비 욕구를 상징한다(Moghadam & Porugiv 13).

욕망이란 다른 사람에게 인정받으려는 것이고 욕망을 즐기기 위해서는 욕구 충족을 최대한 미루어야 한다. 결과적으로 욕구를 충족하기 위해서는 욕구를 성취하면 안 되는데 이런 모순이 머서의 행위, 즉 무의미한 행동의 무한 반복으로 나타난다는 것이다. 『안드로이드』의 사회는 최종전쟁 후 모든 것이 파괴된 사회이지만, 살아있는 동물을 소유하고 자신이 소유하고 있는 것을 과시하고자 하는 자본주의적 습성은 여전히 남아있다. 머서가 끝없이 언덕을 오르는 행위는 이렇듯 끝을 모르는 인간의 욕망을 상징하는 것이다.

소설 속에서 윌버 머서에 합일할 수 있는 것은 공감 능력을 가진 인간뿐이다. 반면 공감 능력이 없는 안드로이드는 이 장치로 타인과 융합을 할 수 없다는 점에서 인간과 차이를 가진다. 안드로이드인 로이 바티는 약물을 통해 윌버 머서와 융합하려고 시도했지만 실패했으며, 안드로이드가 할 수 없는 인간의 일이 공감이라고 말하기도 했다(『안드로이드』 폴라북스 316). 안드로이드는 월버 머서와 공감할 수 없다는 점으로 인간과 구별되기 때문에 안드로이드들은 머서교를 대단히 싫어하며, 이름가르트나 프리스는 머서교에 대한 적대감을 직접적으로 표현하기도 한다(『안드로이드』 18장).

18장에서 존 이지도어는 안드로이드들과 함께 <버스터 프렌들리와 그의 친근한 친구들>(Buster Friendly and His Friendly Friends)이란 방송을 함께 시청한다. 이 방송에서 버스터 프렌들리는 월버 머서가 사실은 변장한 단역배우일 뿐이며 모든 장면이 세트장에서 촬영된 것이라고 밝힌다(프리스에 의하면 버스터 프렌들리도 안드로이드이다). 그리고 머서교가 사기이기 때문에 공감상자를 통해 감정이입을 하는 경험 자체도 사기 행각에 불과하다고 말한다. 버스터 프렌들리는 머서를 통해 인간들 간의 감정이입을 하게 하는 것을 '히틀러'에 비유하며 월버 머서에 대해 강하게 비판한다. 정말 그의 말처럼 월버 머서가 단역배우이며 모든 것이 사기극인지, 아니면 버스터 프렌들리가 거짓말을 하는지는 확실하게 밝혀지지 않지만, 이후 릭 데카드가 사막에서 공감상자 없이 월버 머서를 만나는 경험을 하는 것이 이어지는 것으로 보아 월버 머서는 사기가 아닐 가능성이 높다.

### 5) 최종 세계전쟁 이후의 동물들

『안드로이드』에는 다양한 동물들이 언급된다. 우선 제명에 등장하는 거북이 투이말릴라로부터 올빼미, 양, 고양이, 두꺼비, 염소, 거미 등이 소설의 마지막 장까지 등장하는 것이다. 이 동물들을 정리하자면 다음과 같다.

〈『안드로이드』에 등장하는 동물들〉

| 동물의 종류 | 이름 | 내용 |
|---|---|---|
| 거북이 | 투이말릴라 | 제명에 등장하는 거북이로 188세에 죽었다는 기사가 로이터통신 기사로 나옴 |
| 양 | 그루초 | 릭 데카드의 장인이 화성으로 이주할 때 주고 간 양이며 파상풍으로 죽음 |
| 올빼미 | 스크래피 | 릭 데카드가 로즌 사에 갔을 때 본 인조동물 |
| 염소 | 유피미어 | 릭 데카드가 안드로이드를 퇴역시킨 돈으로 산 염소. 레이첼이 죽임 |
| 거미 | | 안드로이드들이 거미의 다리를 떼어내자 존 이지도어가 물에 던져서 죽이지만 다시 살아남 |
| 두꺼비 | | 릭 데카드가 사막에서 발견하여 집으로 데리고 오지만 인조동물임이 밝혀짐 |

살아있는 동물은 핵전쟁과 방사능 낙진으로 생명체가 심각하게 줄어들어 버린 지구 환경 속에서 인간 자신이 살아있다는 것을 느끼게 해주는 공감 수단이다. 또한 '키플'(Kipple)로 상징되는 죽어가는 사회와 반대로 '재생'(regeneration)을 대표하는 상징물이기도 하다.

사람들은 살아있는 동물을 돌보면서 자신이 살아있다는 것과 다른 대상과 공감하는 느낌을 받을 수 있다. 또한 살아있는 동물을 키우는 것은 사회적으로 자신의 지위와 경제력을 과시하는 수단이자 높은 교환가치를 가진 재화를 소유하고 있는 것을 의미하기도 한다. 즉 자본주의 사회에서 보석이나 값비싼 차량 등이 가지는 가치를 살아있는 동물이 대신하고 있는 것이다.

■ 양

1장에서 릭 데카드는 자신의 양이 가짜란 것을 이웃 사람들이 알게 될까 봐 두려워하며, 이웃에게 알려지기 전에 안드로이드를 퇴역(죽이고)시키고 돈을 벌어서 진짜 동물을 사려고 한다. 이런 행동을 보면 진짜 동물을 소유하고 있느냐의 문제는 재화의 소유 유무를 넘어서 사회 계급의 차이를 나누는 척도이자 본인이 속한 사회에서 일정한 지위를 유지하기 위해 필요한 수단이기도 하다. 릭 데카드의 이웃인 빌 바버는 살아있는 동물을 키우지 않는 것이 사회적으로 어떻게 해석되는지를 다음과 같이 말한다.

> 하지만, 그걸 알고 나면(양이 가짜라는 것) 사람들이 당신을 낮춰 보게 될 거예요. 물론 모두가 그러지는 않겠지만, 몇몇은 그러겠죠. 동물을 기르지 않는 것에 대해서 사람들이 어떻게 생각하는지 아시잖아요. 다들 그런 행동은 부도덕하고 반감정이입적이라고 생각하죠. 제 말은, 엄밀하게 말하자면, 지금이야 그게 최종세계대전 직후에 그랬던 것처럼 범죄로 간주되지는 않지만, 그래도 그런 느낌은 여전히 남아 있다는 거죠.(『안드로이드는 전기양의 꿈을 꾸는가?』 폴라북스 29)

릭 데카드 역시 "가짜 동물을 소유하고 기르는 일은 사람의 사기를 점차 저하시킨다"(『안드로이드』 폴라북스 23)라고 한다. 그렇기 때문에 진짜 동물을 기르는 일은 단순히 과거에 대한 향수나 좀 더 나은 세상을 바라는 희망 때문이라기보다는 자본주의적 사회에서 도태되지 않기 위해 해야 하는 일인 것이다.

### ■ 올빼미

보이트 캠프 검사 때문에 로즌사를 방문했을 때 릭 데카드는 여러 동물을 보게 되는데 그중에서도 릭의 눈을 사로잡은 것은 '스크래피'라고 불리는 올빼미였다. 올빼미는 최종세계대전 이후 가장 먼저 멸종했고 진짜가 남아있는 것이 불가능했기 때문에 릭 데카드는 그 올빼미가 가짜라고 생각한다. 하지만 로즌사는 스크래피가 진짜가 맞으며, 짝짓기할 다른 올빼미를 구하고 있다고 한다. 보이트 캠프 검사로 레이첼 로즌이 안드로이드라는 것이 밝혀지고 난 후 로즌 사의 사장은 릭 데카드에게 이 사실을 함구해 주기를 부탁하면서 그 대가로 스크래피를 주겠다고 하지만 레이첼이 스크래피를 'her'가 아닌 'it'으로 부르는 것을 보고 데카드는 올빼미가 가짜라는 것을 알아낸다. 올빼미나 부엉이는 그리스 신화의 지혜의 신 미네르바가 데리고 다니는 동물로 '지혜'를 상징하는 동물이기도 하다.

미네르바 여신과 올빼미 Pieter Yver 작.(1722~1787 사이에 그려진 것으로 추정. Rijksmuseum 암스테르담) Public domain

### ■ 염소

진짜 양을 사고 싶어 했던 릭 데카드는 안드로이드를 퇴역시킨 돈으로 진짜 양을 사는 대신 염소를 사게 되고 그 염소의 이름을 '유피미어'라고 붙인다. 서구에서 염소는 욕망의 물신을 의미하거나 희생양을 의미한다. 제사 때 죽이는 동물, 혹은 인간의 죄를 대신하여 죽임을 당하는 동물을 '희생양'이라고 부르기 때문에 염소가 희생양이라고 하면 이

〈희생양〉(*The Scapegoat*, 1854) William Holman Hung(1827~1910) 작. Lady Lever Art Gallery 소장. Public domain

상하게 들리지만, 영어로 희생양, 즉 'scapegoat'는 정확하게 옮기면 '희생 염소'이다. 그래서 염소는 타인의 죄를 대신해서 죽임을 당하는 동물을 상징하는 것이다. 결과적으로 염소 유피미어는 릭 데카드가 대형동물을 가지고 싶어 하는 욕구를 충족시킨 대상이면서, 동시에 릭 데카드의 물욕이라는 욕구의 죄를 대신하여 죽임을 당하는 희생양이라고 할 수 있다.

## ■ 거미

거미는 로이 바티, 이름가르트 바티, 프리스 스트래턴이 존 이지도어의 아파트에 숨었을 때 찾아낸 동물이다. 3명의 안드로이드는 거미가 다리가 몇 개 없어져도 움직일 수 있는지를 알아보기 위해서 다리를 하나씩 자르는데 그걸 본 이지도어는 거미의 고통에 공감하여 안타까워한다. 이지도어는 다리가 하나하나 잘리는 것을 말리다가 더 이상 말릴 수 없게 되자 거미를 싱크대 물에 던져 죽여 버린다(그 후 거미는 다시 살아난다). 고통스러워하는 것을 더 이상 볼 수가 없기 때문이다. 그런데 이를 보던 안드로이드들은 이지도어가 화를 내는 이유를 정확하게 이해하지 못한다. 아마도 필립 K. 딕은 타인의 고통에 공감하고 함께 아파하는 것을 인간만이 가질 수 있는 중요한 특성이며 안드로이드 같은 비인간에게는 불가능하다는 점을 '거미' 에피소드로 부각하려는 것으로 보인다.

### ■ 두꺼비

마지막으로 등장하는 동물은 인조 두꺼비로 제일 마지막 장인 22장에서 릭 데카드가 사막에서 발견한다. 사막에 두꺼비가 있는 것은 불가능한 일이기에 데카드는 누군가가 그 두꺼비를 일부러 그곳에 놓아둔 것이라고 생각한다. 데카드는 이미 멸종했다고 알고 있었던 동물을 찾게 되어서 기뻐하며 집으로 데려오지만 아이랜이 배 밑에 있는 제어판을 발견하고 난 뒤 기쁨은 실망으로 바뀌었다.

두꺼비를 대하는 자세에서 우리는 릭 데카드가 변했다는 것을 알 수 있다. 1장에서 릭 데카드는 진짜 동물을 소유하지 않는 것은 사회적으로 사람을 의기소침하게 만들고 부도덕한 것으로 간주되는 짓이라고 한다. 하지만 마지막 장에서 그는 이전과 다른 모습을 보인다. 릭 데카드의 행동은 1장에서 자신의 양이 전기양임을 이웃이 알게 될까 봐 실망했었던 때와는 달라진 것이다.

> "괜찮을 거야....머서가 그 닭대가리, 이지도어에게 준 거미. 어쩌면 그것도 인공품일지 몰라. 하지만 상관없어. 전기 제품도 제 나름의 생명을 갖고 있으니까. 그런 생명이야 하찮기는 해도 말이야.(『안드로이드는 전기양의 꿈을 꾸는가?』 폴라북스 361)

하찮은 생명이고, 그것이 진짜가 아닌 생명이라도 괜찮다고 하는 릭의 말에서 릭이 더 이상 진짜 동물에 집착하지 않을 것이라는 것을 알 수 있다. 이전의 데카드는 펜필드 감정 조절기를 틀고 잠이 들지만 이날은 감정 조절기가 필요 없을 정도로 단잠에 빠진다. 이것은 진짜 동물에 집착하는 마음에서 벗어난 후 얻는 평화 때문일 것이다.

## 안드로이드와 인간 등장인물

### 1) 릭 데카드

르네 데카르트(Wikimedia commons) Public domain. 르네 데카르트는 근대 철학의 아버지로 알려져 있다. 모든 형태의 지식을 방법적으로 의심하고 나서 '나는 생각한다. 그러므로 나는 존재한다'라는 직관이 확실한 지식임을 발견했다. 데카르트의 형이상학 체계는 본유 관념으로부터 이성에 의해 도출된다는 점에서 직관적이다(daum 백과사전 중).

릭 데카드는 샌프란시스코 경찰본부 소속 바운티 헌터(현상금 사냥꾼)이다. 영화 <블레이드 러너>에서는 안드로이드를 죽이는 일을 하는 이들을 바운티 헌터가 아닌 블레이드 러너로 부르고 있다. 릭의 아내의 이름은 아이랜이며, 안드로이드를 퇴역시키고(죽이고) 받은 돈으로 지금 키우고 있는 가짜 양을 대신할 진짜 양을 사려고 한다. 아내 아이랜이 소비가 심해 쉽게 돈을 모으지 못하고 있던 릭 데카드는 화성에서 도망친 넥서스 6 모델 안드로이드를 퇴역시키고 돈을 받을 계획을 세우게 된다.

그의 이름은 철학자 르네 데카르트(René Decartes)를 패러디했다고 간주된다. 작중에서는 안드로이드인 프리스가 이지도어에게 "나는 생각한다, 고로 존재한다."(Cogito Ergo Sum)라는 말을 하는데, 이미 알려져 있다시피 이 말은 르네 데카르트가 했던 말이다. '데카드'라는 이름이 데카르트를 프랑스식으로 발음한 이름이라는 점도 데카드가 데카르트를 패러디했을 것이라는 짐작을 뒷받침 한다.

소설에서 릭 데카드는 안드로이드가 전기양의 꿈을 꾸는지를 묻는다. 이 질문은 안드로이드도 인간처럼 꿈을 꾸는 것인지, 아니면 안드로이드는 인간이 아닌 기계이기 때문에 진짜양의 꿈을 꾸는 것이 아니라 전기양의 꿈을 꾸는 것인지에 대한 질문이라고 해석될 수 있다. 분명한 것은 안드로이드와 인간의 차이에 대해 질문한다는 것이 결국 인간이 무엇인지에 대한 질문이고, 나의 존재에 대한 질문이기도 하다는 것이다. 생각하기 때문에 존재한다는 이성적인 명제에 대해서 생각을 하면 존재하는 것이 맞는지를 묻고 있는 것이기도 하다.

### 2) 존 이지도어

존 이지도어는 인조동물 수리 회사의 트럭 운전수이며 방사능 낙진에 오염되어 '특수자'로 분류된 인간이다. 특수자로 분류가 되면 유전적으로 문제가 있어 화성으로 이주할 자격을 가지지 못하며 도태되도록 내버려진다. 또한 존 이지도어는 지능도 낮아서 닭대가리(Chikenhead)라고 불리고 있다. "상사 해니발 슬로트도 그를 인간으로 받아들여주었다. 그는 이 사실이 고맙기 그지 없었다"(38)라는 구절에서 볼 수 있듯 그가 평소 몇 명의 주변인을 제외하고는 인간취급을 받지 못하고 살았다는 것을 알 수 있다. 그의 열등함을 드러내는 몇 가지 예를 보자면 이시도어는 가끔 보이트 캠프 검사를 통과하지 못해 안드로이드라고 판정이 나기도 하고, 안드로이드들도 그를 하인처럼 부리며, 진짜 고양이를 가짜라고 착각하여 전기장치에 연결하다가 죽이기도 했다.

1,000가구가 다 떠나고 비어있는 건물에 혼자 살고 있던 어느 날 이시도어는 프리스라는 여자가 이사를 오자 프리스가 안드로이드임을 알

게 된 이후에도 그녀를 이웃으로 맞아들인다. 안드로이드를 죽이는 현상금 사냥꾼이 있다는 말을 처음 들었을 때 믿지 않을 정도로 선량하고, 어떤 생명체도 존중받아야 한다는 생각을 가진 휴머니스트인 이지도어에게는 인간이건 안드로이드건 별 상관이 없었던 것이다.

그의 선량함과 공감능력을 보여주는 예는 안드로이드들이 거미의 다리를 자를 때 혼자만 거미의 고통에 공감하는 것이라고 할 수 있다. 안드로이드들이 가위로 거미 다리를 하나씩 잘라낼 때 거미의 고통을 도저히 더 이상 볼 수 없어서 차라리 죽여버리는 그의 모습에서 가장 인간적인 모습을 볼 수 있는 것이다. 머서의 공감상자에 합일하여 이지도어는 거미가 다시 살아나고 잘린 다리를 다시 회복하는 것을 본 후 거미를 잡초더미에 놓아준다. 이 장면에서 비로소 이지도어와 릭 데카드가 만나게 되며 주플롯과 부플롯으로 나눠진 플롯이 합쳐진다.

> "거기서 뭐하는 겁니까?" 손전등을 든 남자가 물었다.
> "거미를 한 마리 놓아주었는데요." 그가 대답했다. 왜 저 남자는 이걸 보지 못할까 하는 의문이 들었다. 노란 광선속에서 거미는 실제보다도 더 크게 보였다. "이 놈이 도망갈 수 있게요."
> "왜 그걸 당신 집에 가져가서 키우지 않는 거죠? 유리병에 넣어두어야 하는 거잖아요. 1월호 시드니 카탈로그를 보니 거미는 대부분 소매가가 10퍼센트씩이나 올랐던데요. 당신이 1백 마리쯤 키우고 있다면 돈푼깨나 만졌을 거예요."
> 이지도어가 말했다. "내가 이 녀석을 도로 가져가면, 그녀가 또다시 잘라버릴 거예요. 한 조각 한 조각, 이 녀석이 어떻게 하는지 본다면서요."
> "그건 안드로이드나 하는 짓이지." (『안드로이드』 폴라북스 327~8)

여기에서 거미를 대하는 3개의 시선을 볼 수 있다. 거미를 상품으로 보는 릭 데카드의 시선, 재미나 호기심의 대상으로 보는 안드로이드의 시선 그리고 공감의 대상으로 보는 이지도어의 시선이다. 이를 보면 알 수 있듯이 특수자, 닭대가리, 인간의 범주에서 오락가락하는 열등한 인간 취급을 받는 이지도어가 사실은 인간적 공감능력에서는 천재였던 것이다.

### 3) 레이첼 로즌과 넥서스 6 안드로이드들

레이첼 로즌은 넥서스 6 모델을 만든 안드로이드 생산업체 로즌사의 사장 앨든 로즌(Eldon Rosen)의 조카딸로 18세이다. 인간의 기억이 주입되어 있기 때문에 레이첼 로즌은 자신이 안드로이드라는 사실을 처음에는 모르고 있었는데, 보이트 캠프 검사를 받은 후 자신의 정체에 대해 알게 된다. 나중에 밝혀진 바로는 바운티 헌터들이 안드로이드를 계속 퇴역시키니까, 앤든 로즌 사장이 이들이 하는 일을 방해하기 위해 레이첼 로즌을 성적으로 이용했다는 것이 드러난다. 레이첼은 릭 데카드가 자신과 똑같이 생긴 넥서스 6 모델인 프리스를 죽였다는 것을 알게 된 후에 릭 데카드의 염소 유피미어를 죽여 복수를 하기도 한다.

릭 데카드는 안드로이드를 '앤디'(Andy)라는 애칭으로 부르고 있으며, '안드로이드를 죽인다'는 것을 '앤디를 퇴역시킨다'라고 표현하고 있다. '퇴역'(retire)라는 말 자체가 안드로이드를 기능적으로 규정한다는 것을 알려주는 용어이기도 하다. 즉 퇴역한다는 말은 더 이상 일을 할 수 없고, 기능이 다했다는 것을 의미하는 말이기 때문이다.

넥서스 6 모델은 수명이 4년으로 한정되어 있다. 소설 속에서 넥서스 6 모델은 인간과 구분이 어려울 정도로 인간과 유사한 신모델이다. 총 8명의 넥서스 6 모델 안드로이드가 지구로 도망 왔으나 그중 2명은 릭 데카드가 인수인계하기 전에 이미 퇴역이 되었고 릭 데카드는 남은 6명을 퇴역시켜야 원하는 돈을 구할 수 있다. 8명의 안드로이드의 이름은 이미 전역이 된 앤더스(Anders)와 기철(Gitchel), 그리고 <블레이드 러너>에서는 대장으로 나오는 로이 바티(Roy Baty), 로이 바티의 아내인 이름가르트 바티(Irmgard Baty), 프리스 스트래턴(Pris Stratten), 갈랜드 형사(Officer Garland), 루바 루프트(Luba Luft), 막스 폴로크프(Marx Polokov)이다.

이 중 여자 안드로이드인 프리스는 레이첼과 같은 외모를 가지고 있다. 처음 이지도어를 만났을 때 프리스는 자신의 이름을 레이첼 로즌이라고 했다가 이지도어가 로즌사에 대해서 알고 있자 본명인 프리스라는 이름으로 다시 고쳐 말하였고, 릭 데카드와 마주쳤을 때에는 레이첼인 척하며 위기를 모면하려 들기도 했다. 루바 루프트 역시 프리스와 레이첼과 비슷한 용모를 가졌으며 레이첼과 오랫동안 친구관계였다고 말하기도 한다.

릭 데카드는 안드로이드를 퇴역시키는 일이 옳은 일인가에 대해 점차 의문을 가지게 된다. 소설에서 나오듯 어차피 안드로이드는 4년 후면 수명이 다 할 것이고, 안드로이드가 인간에게 특별한 위해를 끼치는 점도 없기 때문이다. 인간이 정해놓은 기능과 위치를 이탈했다는 것 때문에 바운티 헌터를 동원해 가면서 굳이 죽이려고 할 필요가 느껴지지 않는 것이다.

이 점에 대해서는 안드로이드가 인간에게 직접적인 해를 끼쳤다기보다는 인간의 정체성에 의문을 가하게 하였다는 점에서 위협적이라고 볼 수 있다. 인간이 모호한 것에 대해 공포심을 가진다는 것은 『프랑켄슈타인』과 『아이, 로봇』에서 이미 살펴본 바가 있다. 안드로이드 역시 인간과 흡사하지만 인간이 아니라는 모호함이 인간에게 위협적인 것이다.

또한 안드로이드는 넥서스 6 모델 말고도 인간세계 곳곳에 퍼져 있다는 점에서도 위협을 느끼게 한다. 머서의 정체가 단역배우라는 것을 밝혀낸 방송인 버스터 프렌들리도 사실은 안드로이드였다. 릭 데카드는 자신을 '형상파괴자'라고 하며 안드로이드를 전역시키는 이유가 이들이 점점 더 인간과 흡사해져서 구분이 어렵기 때문이라고 밝히고 있다.

> 그(릭 데카드)는 지금 여기서 보고 들리는 것 때문에 소환된 형상 파괴자였다. 어쩌면 그녀(루바 루프트)가 더 잘 기능할수록, 그녀가 더 뛰어난 가수일수록, 나 같은 사람은 더 절실히 필요할지도 몰라. 만약 안드로이드가 여전히 기준 이하라면, 즉 드레인 조합이 만든 옛날의 큐-40 같기만 하다면 어떨까. 그러면 아예 문제 자체가 없을 것이고 내 기술도 필요가 없겠지.(『안드로이드는 전기양의 꿈을 꾸는가?』 폴라북스 155)

### 4) 필 레시와 루바 루프트

필 레시와 루바 루프트는 안드로이드를 전역시키는 것이 옳은 일인가를 릭 데카드가 생각하게 한 계기였다고 할 수 있다. 루바 루프트는 오페라 가수로 일하는 안드로이드이고 도망간 넥서스 6 모델 중 하나이다. 필 레시는 안드로이드들이 만든 가짜 경찰서에서 근무하는 현상금 사냥꾼이자 인간이다.

릭 데카드는 폴로코프를 전역시키기 전과 후에 루바 루프트를 2번 만난다. 릭 데카드가 루바 루프트를 처음 만났을 때 그는 루바 루프트에게 보이트 캠프 검사를 권유하는데, 루바 루프트는 검사에 쓰인 문항이 성희롱적이라고 트집을 잡아서 경찰을 부르고 릭 데카드를 낯선 경찰서로 잡아가게 한다. 그런데 그 경찰서는 안드로이드들이 운영하는 가짜 경찰서였다. 그리고 거기서 만난 필 레시는 이 경찰들이 안드로이드인지 모르고 일하는 진짜 인간이다. 릭 데카드는 필 레시와 힘을 합쳐 경찰서의 안드로이드들을 퇴역시킨 후 필 레시와 함께 다시 루바 루프트를 찾아갔다.

릭이 루바를 처음 만난 곳은 루바 루프트가 파미나로 출현하는 모차르트의 오페라 <마술피리> 공연장이었다. 그리고 이후 두 번째로 찾아간 곳은 에드와르드 뭉크의 전시회장이었다. 필립 K. 딕은 고전 예술에 조예가 깊었다고 하는데 그 이유 때문에서인지 그의 소설에서는 음악이나 미술에 대한 언급이 많은 편이다. 릭 데카드는 루바 루프트를 처음 보았을 때 그녀가 안드로이드임에도 불구하고 뛰어난 표현력을 가진 예술가라는 점에 놀란다. 두 번째로 그녀를 만났을 때 릭 데카드와 필 레시는 그녀를 차로 데리고 가는데 끌려가면서 루바 루프트는 느닷없이 릭 데카드에게 자신이 보고 있었던 뭉크의 <사춘기>라는 그림의 복제품을 사달라고 한다.

뭉크는 인간이 느끼는 공포와 불안을 포착한 그림을 많이 그렸다. 뭉크의 작품으로는 우리에게 널리 알려져 있는 <절규>가 대표적이다. 루바 루프트가 사달라고 부탁한 뭉크의 또 다른 작품 <사춘기>는 사춘기 소녀의 심리를 잘 포착한 작품으로 알려져 있다. 그림 속의 크게 뜬 눈과 몸을 가리고 있는 손은 자신의 몸에서 일어나는 변화에 대한 소녀의 알 수 없는 불안감을 극대화시키고 있다. 소녀는 아직 어린 아이이지만 몸은 점점 어른이 되어간다. 이런 변화에 대해 소녀는 호기심과 두려움을 동시에 느끼고 있는 것이며, 이런 그녀의 심리는 벽에 검게 드리워져 있는 소녀의 그림자로도 잘 표현되고 있다.

에드와르드 뭉크(Edvard Munch(1863~1944)의 〈사춘기〉)(출처: 노르웨이 국립 박물관, Public Domain)

루바 루프트는 안드로이드지만 인간보다 뛰어난 감성으로 노래를 부르는 예술가이며 인간의 기억이 일부 심어져 있기도 하다. 사춘기의 소녀가 어른과 어린아이의 경계선에서 자신의 몸의 변화를 두렵게 바라보듯이 루바 루프트 역시 인간과 안드로이드의 경계선에서 불안하게 살아가고 있는 것이다. “인간을 모방하고 인간이 가졌을 법한 생각과 충동을 가진 듯이 연기하는 것이 자신의 삶이었다”(206)라는 루바 루프트의 말은 그녀가 어떤 불안감 속에서 살았는지를 알려준다.

반대로 필 레시는 인간임에도 불구하고 인간이 가져야 할 감정이 결여된 인간이다. 루바 루프트는 필 레시가 분명히 안드로이드일 것이라고 짐작했으며, 필 레시 역시 자신이 인간의 기억이 심긴 안드로이드가 아닌가를 의심스러워한다. 그는 다람쥐를 키우고 있는데, 동물을 돌본다는 사실만이 그의 인간성을 증명해줄 뿐이다. 릭 데카드는 예술적인 감성을 가지고 있는 루바 루프트와 반대로 잔인하게 안드로이드를 죽이는 필 레시가 차라리 안드로이드이기를 바랐다. 그러나 검사 결과로 그는 인간이었다.

> 그녀는 탁월한 가수였어. 도무지 이해할 수가 없군. 저런 재능이 어떻게 우리 사회에 골칫거리가 될 수 있다는 걸까? 하지만 그건 재능의 문제가 아니잖아. 그는 속으로 말했다. 문제는 그녀 자신이지. 필 레시도 마찬가지야. 그는 생각했다. 그 역시 그녀와 똑같은 방식으로, 똑같은 이유로 이 사회에 위협이나 다름없어...."전 한가지 패턴을 깨달았죠. 당신(필 레시)이 갈란드를 죽이는 방식, 이어서 루바를 죽이는 방식... 그게 뭔지 알아요. 당신은 죽이는 걸 좋아하죠. 당신에게 필요한 것은 단 하나, 구실뿐이에요. 구실만 있었다면 당신은 저까지 죽였을 거예요."(『안드로이드는 전기양의 꿈을 꾸는가?』 폴라북스 211~212)

죽이는 것 자체를 위해 구실만 있으면 죽이는 필 레시는 사회를 위협하는 존재이지만 인간이고, 그리고 예술적인 재능이 뛰어났지만 도망친 안드로이드이기 때문에 루바 루프트는 퇴역을 당해야 하는 상황에서 릭 데카드의 혼란이 커지게 되는 것이다.

## 주제적 측면으로 본 『안드로이드는 전기양의 꿈을 꾸는가?』

### 1) 릭 데카드의 혼란

이 소설에서 대부분의 인간들은 식민지 행성을 개척하여 살기 위해 지구를 떠났다. 특수자(the special), 혹은 닭대가리(chickenhead)로 불리는 이지도어처럼 정신적 신체적으로 결함이 있는 사람들이나 식민지 행성에 갈 정도의 경제적 여유가 되지 못하는 릭 데카드 같은 인물만이 지구에 남아있다. 화성의 공장에서 인간의 인체와 똑같도록 설계되고, 지적인 능력도 인간과 유사하거나 뛰어나며 일부는 자신이 인간이라고 생각하도록 기억마저 이식된 안드로이드들은 처음에는 전쟁무기로 사용되고 식민지를 개척할 때는 외계 행성을 개척하는 일을 처리하도록 설계되었다. 이런 원래의 목적을 어기고 지구로 도망가 인간 사이에서 숨어 사는 안드로이드들은 릭 데카드와 같은 안드로이드 사냥꾼에 의해서 처단된다.

이 소설의 첫 장면은 펜필드 감정 조절기로 자신의 감정을 조절하고 있는 우울증 걸린 데카드의 아내 아이랜의 모습으로 시작한다. 기분조절 장치를 때에 맞추어 조절하는 인간의 모습은 감정이입이 가능한 지의 여부로 안드로이드를 찾아내는 보이트 캠프 장치와 묘하게 아이러니를 이루고 있다. 즉 안드로이드는 감정이입을 할 수 없다는 전재 하에서 보이트 캠프 검사가 만들어졌는데, 정작 인간들은 자신의 감정을 기계에 의존하여 조절하는 것이다.

“나는 생각한다, 고로 존재한다”라는 데카르트의 명제는 인간 존재의 근원을 생각하는 이성적 힘에 두고 있다. 하지만 생각이 이식된 안드로이드도 “생각하는 존재”라고 할 수 있는가? 안드로이드가 꾼 꿈속의 양은 그가 꿈꾼 양인가? 기억의 주체인 인간이 꿈꾸는 양인가? 안드로이드의 기억이 인간에게서 주입된 것이라면 안드로이드는 영혼이 없는 몸이라고 할 수 있나? 레이첼은 자신의 모습과 똑같은 모습을 한 프리스라는 다른 안드로이드가 있다는 것을 알고 난 후 이렇게 말한다.

> 내가 뭘 갖고 있는지 알아요? 이 프리스라는 안드로이드를 향해서 말이에요? 내가 저기 있구나. 세상에. 어쩌면 정말 그런 일이 생길지도 몰라요....우리는 기계죠. 병뚜껑처럼 찍어낸 존재예요. 내가 실제로, 개별자로 존재한다는 것은 환상에 불과했던 거죠. 나는 단지 한 기종의 견본일 뿐이었어요. 혹시 내가 죽더라도 나는 어쩌면 다시 태어날지도 몰라요. 로즌 조합이 나와 같은 하위 기종을 다시 한번 찍어낸다면 말이죠. (『안드로이드는 전기양의 꿈을 꾸는가?』 폴라북스 285~286)

데카드는 3명의 여성 안드로이드, 즉 오페라 가수인 루바 루프트, 로즌 조합의 레이첼과 이지도어의 이웃이 된 프리스를 순서대로 만나게 된다. 루바 루프트는 비록 생김새가 레이첼과 프리스와는 다르지만 이 3명의 외모는 같거나 거의 닮은 "갈색 머리 소녀" 유형이다. 캐서린 헤일즈(Katherine Hayles)는 딕의 소설에서 반복적으로 등장하는 갈색머리 소녀 외양의 안드로이드/인간이 "유일한 존재이면서 동시에 반복적으로 나타나는 다른 존재라는 점에서 내부/외부의 혼동 혹은 물체가 인간처럼 행동하도록 함과 동시에 인간을 물체로 만들어 이 둘이 결합되는 시장 자본주의의 내부/외부 혼동을 나타내고 있다"(300)고 하였다.

소설 속에서는 이 세 명이 비슷하거나 똑같이 생긴 이유는 같은 모델의 안드로이드이기 때문이라고 설명되어 있다. 누구의 것이었는지도 알 수 없는 어떤 인간의 기억이 주입된 이 여성형 안드로이드들은 같음과 다름을 동시에 공유하고 있는 자들이고 자기 기억의 주인도 아니고 그렇다고 남도 아니다. 이들이 자신의 몸과 존재에 대해 느끼는 감정은 루바 루프트가 릭 데카드에게 사달라고 졸랐던 뭉크의 "사춘기"의 복사본을 통해 드러나고 있다. 사춘기에 일어나는 몸을 변화에 스스로가 깜짝 놀라 숨기려는 듯 손과 발을 오므리고 침대 끝에 앉아 있는 소녀의 눈은 불안과 공포로 가득 차 있고 그녀의 몸 뒤에는 정체를 알 수 없는 검은 그림자가 커다랗게 드리워져 있다.

동체이면서 다른 개체인 이 여성형 안드로이드들과 만나는 일련의 과정은 “앤디(안드로이드)를 퇴역시키는 것은 머서가 내놓은 생명의 법칙을 위배하는 일이 아니라”(55)고 여겼던 데카드가 “당신 생각에는 안드로이드에게도 영혼이 있을 것 같아요?”(207)이라고 질문하게끔 만든다.

원래 데카드가 앤디를 퇴역시키는 것은 대형동물을 살 돈을 마련하기 위한 것이지만, 동시에 그는 이 일을 종교적, 사회적인 사명감으로 여긴다. 그는 안드로이드를 “산을 올라가는 머서의 낡은 망토를 잡아당기는 절대악”(an absolute evil plucked at the threadbare cloak of the tottering, ascending old man)(14), “사방에 현존하고 있는 살해자”(the nebulous presence of the Killers)(14) “살해자의 전형”(epitomized the Killers)(15)이라고 하며 안드로이드를 박멸해야 하는 대상으로 여긴다. 하지만 루바 루프트를 보며 데카드는 모차르트 <마술피리>의 아리아를 부르는 그녀의 목소리와 외양에 끌리게 되고 그러면서도 동시에 루바 루프트를 파괴해야 한다는 절박함 역시 느낀다.

> 로즌 조합이 그녀를 상당히 잘 만든 거지. 그는 인정하지 않을 수 없었다. 그리고 그는 자신이 “영원의 이름 아래에서”(sub specie aeternitatis)[28] 지금 보고 들리는 것 때문에 불려온 형상파괴자

28 스피노자가 언급한 것으로 시간적으로 한정된 현실을 벗어난 보편적이고 영원한 진실을 의미하는 것임.

(formdestroyer)라는 걸 알게 되었다. 어쩌면 그녀가 더 잘 기능할수록, 그녀가 더 뛰어난 가수일수록, 나 같은 사람은 더 절실히 필요할지도 몰라…언제쯤 시작해야 하는 건지 궁금한데. 그는 속으로 물었다. 빠르면 빠를수록 좋겠지. (『안드로이드는 전기양의 꿈을 꾸는가?』 폴라북스 155)

안드로이드를 죽이는 것이 살인이 아니라 퇴역시키는 것이라고 믿는 데카드는 안드로이드가 인간보다 더 감성적으로 예술을 느끼고 표현하는 것을 눈앞에서 보며 안드로이드도 인간처럼 영혼이 있는 것은 아닌지를 반문하고, 동시에 이런 혼동된 상황을 가져오는 형상 자체를 파괴해야 한다는 절박함을 느끼는 것이다. 레이첼과 관계를 가진 후 데카드는 오히려 자신이 안드로이드의 덫에 걸려들었다는 것을 알게 된다. 그가 레이첼을 퇴역시키는 것이 아니라 레이첼이 그를 안드로이드 사냥꾼의 일에서 퇴역하게 만든 것이다.

당신도 다른 사람들과 똑같은 길을 간 거예요. 당신 이전의 현상금 사냥꾼들 말이에요. 그들도 매번 이렇게 화를 내면서 나를 죽여 버리겠다고 거칠게 말했죠. 하지만 때가 되면 정작 그렇게 못 했어요. 딱 당신처럼요. 딱 지금처럼요. 이게 무슨 뜻인지 알죠? 당신은 더 이상 안드로이드를 퇴역시킬 수 없을 거예요. 단순히 나에 대해서 뿐만이 아니라, 바티와 스트래턴에 대해서도 마찬가지일 거라고요.(『안드로이드는 전기양의 꿈을 꾸는가?』 폴라북스 303)

데카드는 레이첼 대신 레이첼과 같은 외양을 한 프리스와 다른 렉서스-6 모델을 다 퇴역시키게 되지만 이미 안드로이드에 대한 확신은 혼란으로 바꾸어진 후이다. 아내 아이랜은 데카드에게 "머서와 인간을 쫓아다니는 살해자(the Killers)는 우리에게 내려진 저주"(110)라고 대답하는데 이 말은 데카드가 살해자라고 도식화한 안드로이드라는 존재가 계속 인간세상을 벗어나지 않고 출몰하게 되리라는 것을 말하는 것일 수도 있다.

### 2) 키플은 비키플을 몰아낸다.

특수자인 이지도어는 "키플은 비키플을 몰아낸다"(106)라고 프리스에게 말한다. "키플"이란 작가가 만든 용어로 더 이상 쓸모가 없어진 쓰레기를 의미하는 말이다. 『안드로이드』에서는 이지도어가 프리스에게 키플이 무엇인지를 이렇게 설명한다.

> "키플이란 쓸모없는 물건을 말해요. 홍보용 우편물이라든가, 성냥을 다 쓰고 남겨진 종이 껍데기라든가, 아니면 껌 포장지라든가, 아니면 어제 날짜의 자가 출력 신문처럼요. 사람이 아무도 없을 때면 키플은 자체적으로 번식하죠. 예를 들어 당신이 집 안에 키플을 조금이라도 남겨두고 잠을 자면, 다음 날 아침에 일어났을 때 그게 두 배로 늘어나 있는 거예요.... 키플의 제1법칙이란 게 있어요. 키플은 비키플을 몰아낸다. 이른바 악화에 관한 그레셤의 법칙과 마찬가지죠.(『안드로이드는 전기양의 꿈을 꾸는가?』 폴라북스 105~6)

이 말과 같은 의미를 가진 것은 '엔트로피 증가의 법칙'이라는 것과 '악화는 양화를 구축한다'(Bad money drives out good money)는 말이다. '엔트로피'란 열역학 용어였지만 이후 무질서도를 의미하는 말로 통용되고 있다. 원래 이 용어는 독일의 물리학자인 루돌프 클라우지우스

(Rudolf Clausius, 1822~1888)가 '에너지'를 의미하는 그리스어와 '전환'을 의미하는 그리스어를 합쳐서 만든 용어로, 유용한 에너지가 줄어드는 정도를 의미한다고 할 수 있다. 즉 엔트로피 증가의 법칙은 시간이 갈수록 유용한 에너지는 줄어들고, 무질서한 상태는 상승한다는 의미를 가진다.

경제학자 토마스 그레샴(Thomas Gresham, 1519~1579)의 유명한 말인 '악화가 양화를 구축한다'라는 표현도 마찬가지라고 할 수 있다. 처음 금화를 주조할 때는 액면가와 같은 양의 금화가 사용되었지만 시간이 흐를수록 금화는 찌그러지거나 약간씩 손상을 입어 원래의 가치보다 낮은 양의 금이 남게 된다. 사람들은 좋은 금화는 보관하고 나쁜 금화는 통용하기 때문에 결과적으로 나쁜 금화만 통용되는 것이다. 나쁜 금화만 남게 되듯이, 『안드로이드』의 1992년은 기회를 가질 수 있는 사람들은 모두 화성으로 떠나고 아파트에는 쓰레기로 가득하며, 가짜 동물이 진짜 동물의 자리를 대신하는 세상으로 변모했다.

이 작품에서 쓰레기의 이미지는 크게 3가지 관점으로 비춰볼 수 있다. 첫 번째는 작가 필립 K. 딕의 미국의 자본주의에 대한 비판으로 보는 것이다. 미국의 자본주의는 소비를 바탕으로 꾸려진다. 그러므로 키플이 비키플을 몰아낸다는 것은 끊임없이 소비하고 구매하여 가치가 떨어진 물건을 쓰레기로 만드는 현실에 대한 비판이다. 이 작품에서 동물을 소유하는 것을 개인의 부와 가치에 대한 상징으로 삼고, 빈부 격차가 심화되고 있는 것과 함께 쓰레기로 채워진 세상의 모습은 미래가 아닌 현재 미국의 소비문화와 자본주의에 대한 비판으로 볼 수 있다.

또 다른 것은 1960년대 미국 샌프란시스코를 중심으로 유행했던 네오다다이즘의 영향이라는 것이다. 2차 세계대전 이후 미국의 샌프란시스코에서는 네오다다이즘과 펑크 예술이 성행했는데, 샌프란시스코를 중심으로 작품 활동을 했던 필립 K. 딕도 이런 문화의 영향권 아래에 있었다. 네오다다이즘은 이성(reason)을 우위에 두는 예술의 인습적 형식에 도전하여 미의 가치체계를 바꾸려고 하였다. 네오다다이즘의 시각에서 보자면 쓰레기는 버려진 것이지만 고유한 가치를 가진다. 즉 다시 새롭게 가치를 가질 수 있는 가능성을 가진 존재인 것이다. 과학소설 역시 문화권에서 비주류로 시작했고 그런 의미에서 쓰레기처럼 간주되었었다. 하지만 포스트모더니즘에서 주류 문화와 비주류 문화의 계층을 파괴하였고, 그런 이유로 과학소설이 새롭게 조명받았다. 그러므로 과학소설 역시 쓰레기에서 시작했다고 할 수 있다. 이 견해는 '쓰레기'를 긍정적으로 조명하는 견해라고 할 수 있다.

마지막으로 쓰레기는 줄리아 크리스테바가 말한 아브젝트(Abject)와 관련 지울 수 있다. 앞서 2장에서 말했듯이, 아브젝트는 줄리아 크리스테바(Julia Kristeva)가 『공포의 권력』(*Power of Horror*, 1982)에서 언급한 개념으로, 사전적으로는 혐오스러운 대상을 지칭하는 것이다. 혐오와 공포를 일으키는 각종 오물, 시체, 분비물 등이 일차적으로 아브젝트한 것이며, 몸에서 나온 것이라는 점에서 인체와 깊은 연관성을 가지고 있다. 아동이 성장하면서 '나'와 '나'가 아닌 것의 경계를 알게 되는데 이때 이 경계선에 애매모호하게 걸쳐져 있는 것이 아브젝트이다. 예를 들어 대변은 한때는 내 몸 안에 있었지만 그것이 배출되는 즉시 우리는 그것을 더럽고 혐오스럽게 여기게 된다. 그렇다면 안드로이드나 쓰레기 역시 이런 경계선에 있는 대상들, 즉 자아와 타자 사이의 경계선에 애매모호하게 걸쳐져 있는 대상이며, 혐오의 대상이라고 할 수 있는 것이다. 그런 의미에서 인간과 비슷하지만 인간이 아닌 안드로이드에게서 쓰레기와의 유사점을 찾아볼 수 있다. 4년 후면 기능을 상실하게 되어 있는 영혼 없는 안드로이드의 몸은 결국 "키플"로 남게 될 것이다. 그리고 그 키플은 쌓이고 쌓여서 방사능 낙진 때문에 생식 능력을 상실해 가고 있는 진짜 인간 즉 비키플을 몰아내게 될 것이다.

### 3) 서발턴으로서의 안드로이드

안드로이드는 미래의 프롤레타리아, 즉 노예의 형상이다(복도훈 11). <블레이드 러너>에서는 넥서스 6 레플리컨트(안드로이드)의 수명이 4년에 불과하기 때문에 수명을 연장하기 위해 지구로 온다. 또한 소설에서 안드로이드는 바운티 헌터에 의해 죽임을 당하는 것을 퇴역당한다고 표현하는데, '퇴역'이라는 용어는 더 이상 일을 할 수 없어 일을 그만둔다는 의미를 가지고 있다. 그러므로 안드로이드에게 죽음이란 일을 더 이상 할 수 없는 상태를 의미하는 말일 뿐이다.

『안드로이드』의 첫 부분에는 최종전쟁 이후 식민지 행성에서 필요한 용도에 따라 노동력을 제공하기 위해 전쟁에서 사용되었던 안드로이드를 개조하여 인간들에게 지급했다는 내용이 나온다. 즉 인간이 하기 어려운 일을 안드로이드가 대신하게 했던 것이다. 그리고 안드로이드의 이런 역할은 과거 흑인, 여성, 제3세계인들에게 부여되었던 것과 같은 것이다. 즉 흑인, 여성, 제3세계인에게 행해졌었던 불평등과 계급 갈등이 인간과 안드로이드라는 구조로 바뀌었을 뿐이다. 배경이 미래로 바뀌고, 인간의 형상을 하고 있는 새로운 생명체가 등장함으로써 과학적이고 논리적으로 여겨질 뿐이지, 권력을 가지고 지배를 하고 있는 집단과 지배를 받는 집단이 존재하는 계급적 갈등은 별반 다르지 않다는 것을 의미하기도 한다. 그런 의미에서 안드로이드는 자신의 이야기를 전달할 수 없는 소외된 사람들이자, '말할 수 없는 서발턴'(Subaltern)의 과학소설적 변형이라 할 수 있다.

'서발턴'이라는 용어는 안토니오 그람시(Antonio Gramsci, 1891~1937)가 '프롤레타리아'(Proletariat)라는 용어를 대신해 썼던 것이지만 지금은 역사에서 배제되었던 식민지의 인민을 지칭하는 용어로 쓰이고 있다. 특히 이 용어가 유명해진 것은 가야트리 스피박(Gayatri Spivac, 1942~현재)의 「서발턴은 말할 수 있는가」(*"Can Subaltern Speak?"*)라는 논문을 통해서였다.

우리는 흔히 제국주의 국가와 식민지를 양분하여, 제국주의 국가를 지배층으로 그리고 식민지가 된 국가를 피지배층이라고 도식화하기 쉽다. 하지만 식민지 국가 내의 사람들 사이에도 계급이 존재한다. 한 예로 영국의 식민지였던 인도의 경우 최고위층인 브라만부터 절대 몸에 닿으면 안 되는 불가촉천민까지 다양한 계층이 존재한다. 인도는 영국으로부터 독립을 하기 위해 노력했고, 자신들의 인권에 대해 부르짖었지만 사실 인도인 중에서도 교육을 많이 받은 계층이 독립운동의 주축이 되었던 것은 부정할 수 없고 그렇기 때문에 독립운동에도 고위층 지식인의 목소리가 자연스럽게 반영되었다.

가야트리 스피박 (2012)(출처: Subversive Festival media) Public domain

스피박의 말처럼 자신의 젖을 자기의 애가 아닌 부잣집 아이에게 먹이면서 살아가는 인도의 하층계급 여성의 목소리는 독립이 되기 전이나 후에도 여전히 영향력을 가질 수 없었다. 이 사람들이 하는 말은 수용되지 않는다는 점에서 이들은 말을 할 수 없다고 스피박은 말한다. 왜냐하면 말을 한다는 것은 누군가가 듣는다는 것을 전제로 하기 때문이다.

『안드로이드』의 지구인들은 다른 행성으로 이주할 수 없는, 경제적으로나 신체적으로 결함이 있는 사람들이다. 하지만 도망친 안드로이드들은 지구에 있는 인간들보다 더 열악한 삶의 조건에 놓여있으며 살 권리를 주장할 수 없고, 도망을 다녀야 한다는 점에서 '말을 할 수 없는 서발턴'인 것이다.

## 『안드로이드는 전기양의 꿈을 꾸는가』와 〈블레이드 러너〉

스티븐 스필버그와 ET(출처: Montreal Comic con 2016) Public domain

'리들리 스콧의 <블레이드 러너>는 1982년 처음 개봉했고 결과적으로 흥행에 참패했다. 가장 큰 원인은 비슷한 시기에 스티븐 스필버그(Steven Allan Spielberg, 1946~) 감독의 전설적인 SF 영화인 <ET>가 개봉되어 흥행 돌풍을 일으키는 바람에 상대적으로 관객을 모을 수 없었기 때문이다. 하지만 세월이 흐르면서 <블레이더 러너>는 재평가되어 지금은 Sci-Fi 필름 누아르, 사이버 펑크 영화의 선도, 포스트모던 영화의 효시로 불리며 SF 영화의 중요한 지점으로 높게 평가되고 있다. 그리고 속편으로 <블레이드 러너 2049>가 2017년에 개봉되었다. 이 작품은 1982년 <블레이드 러너>의 시간적 배경인 2019년에서 한 세대가 지난 2049년을 배경으로 첫 작품의 후일담을 전하고 있다.

<블레이드 러너>는 『안드로이드』의 줄거리와 등장인물들을 기반으로 하고 있지만 소설과 영화는 같은듯하면서도 매우 다르다. 우선 소설의 배경이 1992년 1월 3일 샌프란시스코라면 영화의 배경은 2019년 로스앤젤레스이다. 소설의 안드로이드는 복제인간을 의미하는 '레플리컨트'(Replicant)라는 용어로 바뀌었다. 이 밖에도 등장인물의 이름과 등장인물의 비중도 많은 차이가 있다. 예를 들어 안드로이드를 만든 회사인 로즌사는 타이렐사(Tyrell)로 이름이 바뀌고 현상금 사냥꾼을 의미하는 바운티 헌터라는 용어는 '블레이드 러너'라는 용어로 바뀌어 있다.

주인공 릭 데카드의 아내 아이랜(Iran)이 등장하지 않는 대신 레이첼과 프리스 스트래턴의 비중은 확대되었다. 특히 레이첼은 여주인공으로 비중이 확대되어 마지막에는 주인공 릭 데카드와 함께 자유를 찾아서 도망간다. 그리고 소설 속에서 부플롯의 중심인물로 등장하는 존 이시도어는 세바스찬(Sebastian)이라는 레플리컨트 제작자로 바뀌고 비중이 줄어든 반면 소설에서 도망친 안드로이드 중 하나로 등장했던 로이 바티가 릭 데카드와 대결하는 적수로서 중요한 축을 차지하고 있다. 무엇보다 소설에서는 릭 데카드가 안드로이드를 퇴역시켜야 하는 이유가 진짜 동물을 사기 위한 것이었지만, 영화에서 동물은 큰 비중을 차지하지 않는다. 영화에서는 로이 바티가 자신들을 창조한 타이렐사의 회장 엘든 타이렐(Eldon Tyrell)을 찾아가 4년으로 한정된 레플리컨트의 수

명을 연장하기 위해 지구로 왔고, 릭 데카드는 이들을 찾아서 퇴역시키는 것으로 줄거리가 바뀌었다.

레플리컨트의 대장인 로이 바티는 잔인하게 사람을 죽일 수 있는 냉혹한 레플리컨트이지만 죽음에 대해 저항하고 사랑과 분노를 느끼고 자유를 갈망한다는 점에서 인간적인 면모를 보인다. 그는 릭 데카드와 대결할 때 낭만파 시인 윌리엄 블레이크(William Blake, 1757~1827)의 시집 『아메리카: 예언의 한 구절』(*America: A Prophecy*, 1793)을 변형하여 읊는다. 이 작품은 낭만파 시인 윌리엄 블레이크가 만든 동판화 시집으로 미국의 독립과 프랑스 혁명이 일어난 후 혁명에 대한 자신의 생각을 시로 옮긴 작품이다.

1793년에 출판된 *America: A Prophecy*의 표지 동판화(출처: Wikipedia Commons) Public domain

이 구절은 소설 『안드로이드』에는 언급되지 않는 구절이다. <블레이드 러너>에서 로이 바티가 언급하는 이 시는 레플리컨트인 로이 바티의 '자유'를 향한 갈망을 암시하고 있다. 원래의 구절은 "불같이 천사가 일어나고 그들이 일어나자 오르크의 불과 함께 분노해서 타오르는 그 해안을 강한 천둥이 휘감았다"("Fiery the Angels rose, and as they rose deep thunder roll'd. Around their shores: indignant burning with the fires of Orc.")인데 로이 바티는 "불같이 천사가 떨어져 큰 천둥이 해안으로 굽이쳤다. 오르크의 불과 함께 타오르며"(Fiery the Angels fell, deep thunder rolled around their shores, burning with the fires of Orc)로 변형하여서 읊는다. 절박한 순간에 시로 자신의 감정을 표현하는 로이 바티의 모습에서 품위와 숭고를 느낄 수 있음은 물론이고, 그의 대사를 통해 로이 바티의 행동 저변에 무엇이 있는지를 느낄 수 있는 대목이다.

블레이크의 시에서 나오는 오르크(Orc)는 블레이크의 예언서에서도 등장하는 인물로 벌레로 출생했다가 뱀으로 성장하고 산에 가두어지지만 창의적이고 열정적인 에너지로 탈출하는 혁명과 부흥의 상징이다. 로이 바티가 오르크를 언급한 것은 노예로 살아야 하는 레플리컨트의 운명을 벗어나 자유를 쟁취하려고 애쓰는 자신의 모습을 표현하고 있는 것이다.

또한 로이 바티가 4년의 수명을 다하고 죽는 장면 역시 <블레이드 러너>에서 명장면으로 꼽히고 있다. 이 장면에서 로이 바티는 관용을 베풀며 품위 있게 죽음을 맞이함으로써 인간과 레플리컨트가 무엇으로 구분되는지, 보다 상징적으로는 지배하는 계급과 지배를 받는 대상이 무슨 차이가 있을 수 있을지에 대한 의문을 던지며 레플리컨트를 죽이면서 살았던 릭 데카드가 변화되게 이끈다.

릭 데카드는 영화에서 로이 바티의 연인으로 등장하는 프리스 스트랜턴(『안드로이드』에서 로이 바티의 아내는 이름가르트 바티이다)을 퇴역시킨다. 프리스가 죽은 것을 확인하고 눈물을 흘리던 로이 바티는 릭 데카드를 죽이기 위해 그를 뒤쫓는데, 그러면서도 자신의 몸이 점차 굳어지고 있으며 자신에게 죽음이 다가오고 있음을 느낀다. 릭이 건물 사이에서 매달려 있을 때 로이 바티는 릭 데카드를 충분히 죽일 수 있었지만 마지막 순간에 복수 대신 관용을 택하고 릭 데카드를 구해준다. 로이 바티가 죽기 직전에 한 대사는 잊을 수 없는 한 장면으로 남아있다.

난 너희들 인간들이 상상도 못 할 것들을 봐 왔어. 오리온성좌의 언덕에서 불타오르는 전투함들, 탄호이저 관문 부근에선 어둠 속에 반짝이는 C-Beam을 보았어. 그 모든 기억들이 시간 속에서 스러져 가겠지. 마치 이 빗속의 눈물처럼. 이제 죽을 시간이야.

로이 바티 역을 맡은 룻거 하우어는 아이러니컬하게도 영화에서처럼 2019년에 사망했다(출처: Wikipedia Commons) Public domain

"빗속에 눈물처럼"(like tears in rain)이라는 대사는 로이 바티 역을 맡은 배우, 룻거 하우어(Rutger Hauer)가 즉흥적으로 만들어낸 대사라고 하는데 이 짧은 대사를 통해 레플리컨트들이 인간을 대신해 참전했던 전쟁에서 어떤 참혹한 것을 봐왔는지, 우주의 장엄함을 보고 어떤 심정이 들었는지, 그리고 이해받지 못했던 자신의 슬픔에 대해서 함축적으로 말하고 있다. 이 장면 이후 릭 데카드는 블레이드 러너를 그만두고 레플리컨트인 레이첼과 함께 자유로울 수 있는 곳을 찾아서 도망감으로써 그의 인간과 레플리컨트에 대한 인식 역시 변화되었음을 보여준다.

영화 <블레이드 러너>는 소설 안드로이드와 많은 면에서 차이를 볼 수 있지만 기본적으로는 인간이 무엇인지, 그리고 '나'라는 존재에 대해서 묻고 있으며 자유와 행복에 관한 열망과 꿈은 누구든 다를 수가 없음을 말하는 것에서는 동일하다고 할 수 있다.

# Bibliography
## 참고문헌


강영심 외(2008). 『일제 시기 근대적 일상과 식민지 문화』, 서울: 이화여자 대학교 출판부.

강현조(2011). 「김교제 번역, 번안소설의 원작 및 대본 연구-『비행선』, 『지장보살』, 『일만구천방』, 『쌍봉쟁화』를 중심으로」, 『현대소설연구』, 48, 197~225.

고장원(2008). 『세계과학소설사』, 서울: 채륜.

______(2017). 『한국에서 과학소설은 어떻게 살아남았는가? 한국과학소설 100년사』, 서울: Bookk.

글릭, 제임스(2019). 『제임스 글릭의 타임 트래블』(*Time Travel: a History*), 노승영 역, 서울: 동아시아.

길먼, 샬롯 퍼킨스. 『허랜드: 여자들만의 나라』, 황유진 옮김, 서울: 아고라

김경옥(2016). 「페미니스트 과학소설과 젠더: 조안나 러스의 『여성 남자』와 어슐러 르 귄의 『어둠의 왼손』을 중심으로」, 『영어영문학연구』, 58(2), 1~21.

김상모(2016). 「신이상주의를 통한 인간성 회복의 모색: 박영희의 「인

조노동자」를 중심으로」, 『한국어와 문학』, 99, 237~263.
김석(2015). 「<타임 패러독스>, 또는 좀비가 말하지 못한 것」, 『비교문학』, 66, 65~89.
김용희 역(2016). 『작가란 무엇인가3』, 다른.
김종방(2009). 『한국 과학소설의 성립과정 연구』, 세종대학교 대학원 석사학위 논문.
______(2011). 「1920년대 과학소설의 국내 수용과정 연구: <80만년 후의 사회>와 <인조노동자>를 중심으로」, 『현대문학의 연구』, 44, 117~146.
다윈, 찰스(1859, 2013). 『종의 기원』(*On the Origin of Species*), 송철용 역, 서울: 동서문화사.
대중문학연구회(2013). 『과학소설이란 무엇인가 』, 서울: 국학자료원.
딕, 필립 K (1968, 2017). 『안드로이드는 전기양의 꿈을 꾸는가?』 박중서 역, 서울: 폴라북스.
러스, 조안나 외(2016). 『혁명하는 여자들』, 신해경 역, 서울: 아작
모어, 토마스(2012). 『유토피아』(1516), 전경자 역, 서울: 열린책들.
문윤성(2018). 『완전사회』(1967), 서울: 아작.
박상준(1996). 「SF문학의 인식과 이해」, 『외국문학』, 49, 12~27.
박지웅(2010). 「지젝의 좀비 개념을 통한 좀비론 구성」, 『현대사상』, 6, 61~86.
베르지에, 자크(2013). 「과학소설」, 『과학소설이란 무엇인가』, 김정곤 옮김, 서울: 국학자료원 대중문학연구회(편).
복도훈(2016). 「SF와 전복적 상상력: 디스토피아, 아포칼립스, 유토피아」복도훈의 문학교실: SF와 전복적 상상력.

셸리, 메리(2014). 『프랑켄슈타인』, 김선형 역, 서울: 문학동네.

______(2014). 『최후의 인간』, 김하나 역, 서울: 아고라.

손나경(2019). 「과학소설의 서사적 추진력: 『완전사회』의 대안적 상상력을 중심으로」, *Journal of Convergence for Information Technology*, 9(6), 130~139.

스노우, C. P (1959, 2016). 『두 문화: 과학과 인문학의 조화로운 만남을 위하여』, 서울: 사이언스 북스.

스위프트, 조너선(1726, 2018). 『걸리버여행기』 신현철 역, 서울: 문학수첩.

슬리터, 윌리엄. & 박상준(2005). 「과학소설이란 무엇인가?」, 『창비어린이』, 3(2), 205~217.

슬링거랜드, 에드워드(2015). 『과학과 인문학 몸과 문화의 통합』(*What Science Offers the Humanities: Integrating Body and Culture*), 김동환, 최영호 역, 서울: 지호.

아시모프, 아이작 (2008). 『아이, 로봇』, 김옥수 번역, 서울: 우리교육.

웰즈, H. G.(1897, 2007). 『타임머신』, 심재관 옮김, 서울: 엔북.

유선무(2012). 「메리 셸리의 『최후의 인간』- 역사 끝에 선 환대」, 영어영문학, 58(1). 93~115.

이경란(2015). 「기술과학적 포스트휴먼 조건과 추론소설(SF): 카즈오 이시구로의 『나를 보내지 마』와 윌리엄 깁슨의 『패턴 인식』」, 『영미문학연구』, 28, 71~100.

이정옥(2000). 「페미니스트 유토피아로 떠난 모험 여행의 서사- 문윤성의 『완전사회론』」, 『대중서사연구』, 5(1), 139~164.

이학영(2013). 「김동인 문학에 나타난 복잡성의 인식 연구」, 『한국현대문학연구』, 41, 465~493.

임성래(2000). 『과학소설의 전반적 이해』, 서울: 국학자료원.

차페크, 카렐(1920, 2015). 『로숨의 유니버설 로봇』(*Rossum's Universal Robots*), 조현진 역, 서울: 리젬.

최애순(2020). 「초창기 과학소설의 두 갈래 양상: 『철세계』와 『비행선』」, 『우리어문연구』, 68, 131~170.

추재욱(2018). 「『뉴로맨서』에 나타난 포스트휴먼 스케이프: 사이보그와 인공지능의 상호작용을 중심으로」, *Comparative Literature*, 76, 281~303.

크리스테바, 줄리아(1980, 2001). 『공포의 권력』, 서민원 역. 서울: 동문선.

클로츠코, 주디스(2004). 『나를 복제한다면』(*A clone of your own?*), 이한음 역. 서울: 을유문화사.

팁트리 jr. 제임스(2016). 『팁트리 주니어 걸작선 체체파리의 비법』 이수현 역 서울: 아작.

Atwood, Margaret (2004). "*The Handmaid's Tale* and *Oryx* and *Crake* 'In context'." *PMLA* 119. 3 513~17. 30 April, 2017. http://www.mlajournals.org/doi/abs/10.1632/003081204X20578

Baule, Amanda (2015). "Caution over Evolution: H. G. Wells' The Time Machine as a Response to Social Darwinism" *Uconn*, University of Connecticut. November 22, 2020. https://hist3101dystopia.uconn.edu/2015/11/22/caution-over-evolution/#

Broglio, Ron (2017). "Romantic." *The Cambridge Companion to Literature and the Posthuman*. Eds. Bruce Clarke and Mannuela Rossini. Cambridge: Cambridge UP, 29~39.

Darko Suvin (2010). *Defined by a Hollow: Assays on Utopia, Science Fiction, And Political Epistemology*, Oxford: Peter Lang.

______(2016). *Metamorphoses of Science Fiction*. Oxford: Peter Lang.

Dick, Philip K., (1974). "Who is an SF writer?" *CEA Critic*, 80(2), 193~197.

Edwards, Ronald (2016). *The Edge of Evolution: Animality, Inhumanity, & Doctor Moreau*, Oxford: Oxford UP.

Fayter, Paul (1997). "Strange new worlds of space and time: late Victorian science and science fiction," *Victorian Science in Context*, Ed. Bernard Lightman, Chicago and London: Chicago UP, 256~282.

Gernsback, Hugo ed. (1926). *Amazing Stories*. 1(3).

______(1953). "The Impact of Science Fiction on World Progress," *The Journal of Science Fiction*, 1(4), 22~25.

Glendening, John (2002). "'Green confusion': evolution and entanglement in H. G. Wells's *The Island of Doctor Moreau*." *Victorian Literature and Culture*, Cambridge: Cambridge UP. 30 June, 2017 <http://scholarworks.umt.edu/cgi/viewcontent.cgi?article=1001&context=eng_pubs>, Web.

Guo, Wen (2015). "Human cloning as the other in Ishiguro's *Never Let Me Go*," *Comparative Literature and Culture*, 17(5).: 1~7. 30 April, 2017 <http://docs.lib.purdue.edu/cgi/viewcontent.cgi?article=2728 &context=clcweb>. Web.

Hansen, Solveig Lena, and Wohlke, Sabine (2016). "Contrasting mediaeval technology with deprivation and social vulnerability: Lessons for the ethical debate on cloning and organ transplantation through the film, *Never Let me Go." Nanoethics*, 10, 245~256.

Hayes, Katherine N. (1991). *How We Became Posthuman: Virtual Bodies in Cybernetics, Literature, and Informatics*, Chicago: Chicago UP.

Holmes, Richard (2016). "The science that fed *Frankenstein," Nature*, 535, 490~492.

Holt, Terrence (1990). "Teaching *Frankenstein* as a science fiction," *Approaches to Teaching Shelly's Frankenstein*, Ed. Stephen C. Behrendt. New York: The Modern Language Association of America, 112~120.

Idema, Tom (2015). "Toward a minor science fiction: Literature, science, and the shock of the biophysical." *Configurations*, 23, 35~59.

Jacobs, Struan (2011). "C. P. Snow's *The Two Cultures*: Michael Polanyi's response and context, *Bulletin of Science, Technology & Society*, 31(3) 172~178.

Laan, J. M. Van Der (2010). "Frankenstein as science fiction and fact," *Bulletin of Science, Technology & Society*, 30(4), 298~304.

Moghadam, Nima Behroozi, and Porugiv, Farideh (2018). "Quiet refusals: androids as others in Philip K. Dick's *Do Androids Dream of Electric Sheep?," Advances in Language and Literary Studies*, 9(3), 10~18.

Toth, Josh (2018). "Consuming androids in the work of Philip K.

Dick," *Stranger America: A Narrative Ethics of Exclusion*, Charlottesville: Virginia UP, 2018.

Shaddox, Karl (2013). "Generic considerations in Ishiguro's *Never Let Me Go," Human Rights Quarterly* 35, 448~469.

Shelley, Mary (1818, 1992). *Frankenstein or the Modern Prometheus*, London: Penguin Classics.

〈 인터넷 자료 〉

박상준, "SF와 21세기 과학문화: 회고와 전망. 서울대 뉴스. 2008. 04. 06. http://admission.snu.kr/news?bm=v&bbsidx=79806&page=149

소준선(1993). 「미래지향적인 세계관을 가져야: 국내 최초의 장편 SF 『완전사회』의 저자 문윤성」, 『SF 매거진』, p. 46. https://www. sciencetimes.co.kr/?p=94625&post_type=news

이성규(2019) 「반물질을 발견한 27세 연구원」 2019. 08.28 기사 https://www.sciencetimes.co.kr/?news=반물질을-발견한-27세-연구원

Wright, angela (2018). "Frankenstein at 200 and why Mary Shelley was far more than the sum of her monster's parts." The Conversation. https://theconversation.com/frankenstein-at-200-and-why-mary-shelley-was-far-more-than-the-sum-of-her-monsters-parts-90206

# Profile
## 저자소개


### 손나경

계명대학교 Tabula Rasa College 교수

경북대학교 대학원 영문학 박사
영국 버밍엄대학교 번역학 석사


**번역**

비스와스 씨를 위한 집 1
비스와스 씨를 위한 집 2
미 외교관 부인이 만난 명성황후·영국 선원 앨런의 청일전쟁 비망록(공역)
Global Citizenship for University Students(공역)

**교재(KMU AE · CE Committee)**

English Talk: Do You Speak English?
Academic English 3
Advanced Academic English
Fundamental Communication English
Intermediate Communiction English
Advanced Communication English